英国市场经济体制的起源

——重商主义市场经济体制研究

The Origins of the British Market Economy

李新宽 著

人民出版社

责任编辑：杨美艳

图书在版编目（CIP）数据

英国市场经济体制的起源：重商主义市场经济体制研究／李新宽 著．—
北京：人民出版社，2019.12
ISBN 978－7－01－021582－2

I. ①英… II. ①李… III. ①市场经济体制－研究－英国 IV. ① F735.61

中国版本图书馆 CIP 数据核字（2019）第 271564 号

英国市场经济体制的起源
YINGGUO SHICHANG JINGJI TIZHI DE QIYUAN
——重商主义市场经济体制研究

李新宽 著

人民出版社 出版发行
（100706 北京市东城区隆福寺街 99 号）

北京中科印刷有限公司印刷 新华书店经销

2019 年 12 月第 1 版 2019 年 12 月北京第 1 次印刷
开本：710 毫米 ×1000 毫米 1/16 印张：19.25
字数：305 千字

ISBN 978－7－01－021582－2 定价：68.00 元

邮购地址 100706 北京市东城区隆福寺街 99 号
人民东方图书销售中心 电话（010）65250042 65289539

序　言

·朱　寰·

李新宽博士这部新著是在博士论文的基础上进一步加工和补充最终完成的。2014—2015年他曾去英国作学术访问，对英国社会的现实和历史都有了更加深入的了解。这部研究成果是他最近几年心血的结晶。

这部成果明确标明是对“英国市场经济体制的起源”进行研究，而不是对市场经济制度的研究。这样明确的标题，我认为是很重要的。一般地说，人们往往容易忽视“经济制度”与“经济体制”二者之间的区别。因此，不揣冒昧，根据我个人的理解，不妨多说几句。什么是经济制度？经济制度是指社会发展一定阶段上的生产关系的总和。每种社会形态确立后，必定有它自己的经济制度，其中包括该社会的生产资料所有制形式、人们在生产中所处的地位和相互关系，以及产品的分配形式。这种经济制度对于相应的上层建筑来说是它们的经济基础。一定的社会中的经济制度具有相对的稳定性，贯穿于该社会历史阶段的始终。然而在整个历史阶段中，生产关系每个时期的具体形式就是经济体制。而经济体制总是随着客观情况的变化而变化，所以经济体制是经济制度的具体体现，它始终是为经济制度服务的。经济体制的改革是为了更好地发挥经济制度的作用，促进生产力的发展。总之，经济体制是作为一定内容的经济制度的具体表现。例如，我国社会主义生产关系没有固定的模式，我们的任务是依据生产力发展的要求，在每一阶段找到推动生产力发展的具体形式，这就是经济体制改革的任务。

本著作选定研究英国重商主义时代的市场经济体制，我认为这是一个很好的选题。英国是欧洲同时也是世界资本主义制度的典型国家。荷兰和英国是世界历史上最早建立资本主义制度的国家：荷兰偏重于商业，英国则工业与商业并重。15—16 世纪西欧的社会生产力出现了明显的进步。这种进步的一个明显的标志是动力技术发生明显变革，用自然力取代人力和畜力。风车的运用相当普及，新的水车安上了上击水轮，利用水的落差推动水车叶片旋转，从而使水车的应用范围明显扩大，生产力大为提高。在冶金业方面水车带动的鼓风设备远远超过手拉风箱的效率。鼓风设备的改进，使熔炉的温度也大为提高，炉体也扩大了。钢铁和冶金技术的变革为工业和矿业的大发展创造了条件。15—16 世纪欧洲商品货币经济的发展，彻底瓦解了封建自然经济，为资本主义生产方式的产生创造了必要条件。于是西欧城市里的封建行会手工业逐渐转变为资本主义性质的工场手工业；在英国农村开始了大规模的圈地运动，大贵族圈占了公有地，并把农民赶出了自己耕种的土地，剥夺了农民的土地占有权和使用权。大批农民与土地分离，构成资本主义市场经济原始积累的条件。

16—18 世纪的重商主义分为早晚两个时期：早期重商主义被称为货币差额论，认为货币（包括金银）收入越多，国家财富越多；晚期重商主义被称为贸易差额论，认为在国际贸易中输出超过输入，贸易顺差，国家越富。因此重商主义者实行保护关税政策，由国家管制国际贸易，保证国际贸易出超和顺差。资本主义国家在早期阶段有许多是执行重商主义政策的。李新宽博士研究英国市场经济体制的起源，对于人们了解资本主义制度的兴起会有启发作用。特此为序。

2017 年 10 月 31 日

目　录

前　言

本成果是在博士论文的基础上经过大幅度修改而成。当初之所以选择这一题目，是基于两个方面的考虑，一是重商主义是理解英国从封建主义向资本主义过渡的关键，而体制变革是制度变迁的前提，因此有必要对英国重商主义市场经济体制加以深入研究；二是从现实角度看，弄清英国市场经济体制的起源和确立过程，能够为我国市场经济体制的变革提供有益的镜鉴。经过十年时间对英国重商主义的深入研究，笔者注意到，当初的研究有必要进一步深化，因为学术界对英国市场经济体制的起源史着墨不多，英国市场经济体制起源于重商主义时代，必须对重商主义市场经济体制进行全面系统的研究；我国虽然确立了市场经济体制，但向市场经济体制的变革并未彻底完成，向市场社会的转型困难重重，学术界面对中国当今经济形势众说纷纭莫衷一是的情况表明对市场经济的认识仍有待完善，要进一步推进我国的市场经济，认清历史，借鉴先行者的经验尤为重要。

研究英国市场经济体制的起源史对我们弄清什么是市场经济、怎样利用市场经济理论来进一步深化我国社会主义市场体制改革具有至关重要的意义。经济学本身陷入发展困境，无法对当今的经济现象做出合理的解释，是世界范围内的共识，国内外经济学家已经开始进行深入反思。笔者认为，经济学走入今天的困境，失去了对经济发展和经济危机的解释力，一个主要原因是由于经济学的纯粹化或者说专业化。经济学纯粹化的努力是从亚当·斯密批判重商主义开始的，力图把经济发展从国家、社会、文化等诸多因素中抽离出来分析，19 世纪的经济学家把经济学进一步专业化，20 世纪的经济学家把经济学进一步数理化和抽象化，到今天经济学变成数学语言的堆积，只见抽象的模型，没有具体的现实，只有当今，没有历史，如果说中世纪晚期的读者还能理解经院学者的市场经济思想，近代早期的读者更能读懂重商主义者用本国语言描写的通俗易懂的经济学小册子，18 世纪的读者能够轻易明白亚当·斯密在《国富论》中表达的经济学思想，那么今天即使是专业读者要想读懂经济学家的著作也需要经过长期的专业训练。

经济学纯粹化的一个重要后果就是经济学不能解释世界各国形态各异的经济发展，一个典型的例子就是国内外经济学家无法解释中国改革开放四十年的经济发展，西方经济学家只能隔靴搔痒，中国经济学作为西方现代经济学的“二道贩子”，对西方经济学的起源史所知不多，只能大而化之地用各种所谓的“模式”“道路”来概括中国的市场经济发展史，成为学术苍白无力的明证，就连一些大力提倡市场经济发展的中国经济学家也无法用所谓的主流经济学理论来解释中国的市场经济发展，甚至把市场经济分为“好的市场经济”和“坏的市场经济”。须知，市场经济没有好坏之分，但为什么世界上发展市场经济的各个国家的发展呈现出千差万别的形态，这就要从一个最基本的常识开始：经济发展任何时候都不能独立于国家、社会和文化之外，而是紧紧“内嵌”于国家、社会和文化之内。对这一常识的认识最早是从卡尔·波兰尼开始的，卡尔·波兰尼的《大转型》核心主题之一就是人类经济一直都是嵌入社会之中的，一种脱嵌的、完全自发调节的市场经济是彻头彻尾的乌托邦。正如卡尔·波兰尼指出，正是从古典经济学家马尔萨斯和李嘉图等人开始，构建起一种完全自发调节的市场经济体系理论，试图让社会的运转从属于市场。实际上，在此之前的重商主义经济学家和中世纪晚期创立市场经济思想的经院学者都把对经济问题的研究与当时的社会发展、国家建设、文化演进紧紧联系在一起。在近代早期，西欧各国普遍实行重商主义政策，但英国、西班牙、法国、瑞典等国家的市场经济发展却命运迥异。一部生动的近代早期重商主义发展史给我们最大的启发就是，要分析市场经济问题，光靠经济学的分析工具是远远不够的；要弄清当今的经济问题，没有历史眼光是远远不行的。

因此，本书提出英国市场经济体制起源于重商主义时代，正是在重商主义时代，英国形成了市场经济体制的三大核心机制：市场协调机制、政府调控机制、市场决策机制，政府调控机制是其核心要素之一，并且提出一个将国家、社会和文化等要素熔于一炉的大概念，那就是“社会技术”，指出英国市场经济体制的起源与形成受到了社会技术的影响，将市场经济体制起源分析与国家、社会、文化因素紧密联系起来，同时运用经济学、历史学、社会学等学科的分析工具来解读英国市场经济体制的起源。本书对英国市场经济起源史的研究，也是要说明一个问题：市场经济体制的起源史对我们认识当今的经济问题具有不可或缺的借鉴意义。李伯重先生在《读书》发表《为何经济学需要历史》，指出经济学不能脱离历史和实际，要从社会制度、文化习俗和心态上给经济学提供广阔的视野。可见，通过研究历史来提升经济学的解释力正成为学界的共识。

笔者认为，要改变当今世界范围内经济学的研究困境，研究当今世界范围内的经济衰退或危机，要从两个方面来开展历史研究，第一方面是要研究各国、各地区乃至全世界从古到今的经济发展史，从根本上理清人类社会走过的经济历程，并且将其放在具体的社会历史环境中，梳理出不同类型社会的经济演进轨迹，分析为什么会出现如此千差万别的经济形态，认清经济发展与不同的国家形态、社会结构和文化状态的相互关系；第二方面是研究经济学理论本身的发展史，现在中西方的经济学家对亚当·斯密之前的经济学思想普遍缺乏认识，殊不知，从中世纪晚期到近代早期，在经院学者和重商主义思想家手里，现代经济学的核心思想已经发展出来，甚至现代经济学理论中被视为独创的分析工具已经被使用。真正现代意义上的经济学正是从17世纪的经济危机中浴火涅槃，破壳而生，因此被经济史家称为“危机经济学”。在全世界都为由2008年美国金融危机引发的全球经济衰退寻求解决方案的今天，向古人取经显得尤其必要。鉴往昔才能知未来，知史方能明智，经济史大有可为。

导 论

从农本经济向市场经济的转变是一个重大的经济机制转换过程，那么在这一转换过程中，市场经济体制确立的最终标志是什么？笔者认为，市场经济体制确立的标志就是三大核心机制的形成。

这三大市场经济体制的核心机制分别是市场协调机制、市场决策机制和政府调控机制，是市场经济体制形成的关键性标志。所谓的市场协调机制，是指根据市场供给和需求的关系，也就是市场价格的波动，通过市场竞争来配置资源、调节经济运行的方式。所谓市场决策机制，就是生产什么、如何生产和为谁生产的决策是由谁做出、凭借什么做出，市场经济主要是由个人和企业根据市场价格、市场信息、盈亏收益、奖励刺激等一套机制来决定生产和消费。所谓政府调控机制，就是国家为了促进市场发育、推动市场要素流动、规范市场经济运行，对经济进行总体管理、调节和控制的方式。

要追溯英国市场经济体制的起源，就必须回到重商主义时代。正是在重商主义时代，英国形成了市场经济体制。

因此本书所研究的英国重商主义市场经济体制，指的就是英国市场经济体制的第一阶段，因为重商主义是市场经济理论的早期形态，重商主义时代正是英国市场经济体制三大核心机制形成和确立的关键时期。因此重商主义市场经济体制的形成过程就是英国近现代市场经济体制形成和确立的过程。

经济体制的变革是理解经济制度变迁的关键所在。在1500—1750年左右的重商主义时代，英国经历了从中世纪的封建农本经济制度向近代资本主义自由经济制度的过渡，因此英国重商主义市场经济体制是理解和解读这一制度变迁的钥匙。

著名英国史专家基思·赖特森曾经指出，从 15 世纪后期到 18 世纪中期这一历史时期的历史在经济史研究领域内有着特殊的地位。[①] 英国重商主义市场经济体制正形成于这一历史时期，从而与当时三大时代发展主题有着内在的紧密联系：一是从封建主义向资本主义过渡的过渡主题；二是农业文明向工业文明变迁的文明演进主题；三是从传统社会向现代社会转变的经济和社会转型主题。围绕这三大主题，国内外研究者在许多层面上取得了突破性进展。由于英国是第一个从封建社会自发地过渡到资本主义社会的国家，国内外学术界从政治、经济、外交、文化等诸多方面都对其展开了专题研究，特别是在经济史方面的研究，可谓成果斐然。但是，对英国重商主义市场经济体制的专题史研究，在国内外都相对薄弱。因此，本书拟以欧洲从封建主义向资本主义过渡为大背景，以追寻英国市场经济体制的起源为切入点，揭示英国重商主义市场经济体制的主要内容、重要作用及其形成、确立和衰落的历史过程，从而为市场经济体制在英国的兴起和确立、工业革命率先在英国获得突破等问题的研究奠定基础。

第一节　国内外相关研究状况

对英国市场经济体制的起源或者说重商主义市场经济体制的国内外相关研究，在学术上可以划分为两大方面、两种思路。两大方面，主要指的是对这一时期英国经济变革的研究和对英国重商主义的研究；两种思路，主要指的是存在着历史学和经济学的两种研究思路，这两种思路遵循的是不同的理论方法和学术话语。通过对这两大方面和两种思路的梳理，可以显现本选题的意义所在。

---

① Keith Wrightson, *Earthly Necessities: Economic Lives in Early Modern Britain, 1470–1750*, Penguin, 2002, p.2.

一、国外相关研究

1. 史学研究方面

从史学研究方面来看，国外研究者主要从多个侧面、多种角度分析和探讨了英国及西欧封建社会的危机、资本主义的起源、从封建主义向资本主义社会的过渡、资本主义制度的确立、工业革命、重商主义学说和政策等问题，可谓观点纷呈、新说不断。尤其是围绕16—18世纪这一过渡时代英国经济变革的研究，较为深入，对农业、工业（手工业）、对外贸易的发展都有专题研究，但是，运用经济学方法，从市场经济体制起源的角度对英国重商主义市场经济体制进行历史研究相对来说比较薄弱。

国外关于本选题的历史研究，主要是围绕从封建主义向资本主义的过渡等问题展开，在20世纪50年代和70年代分别进行了两次国际性大讨论。围绕这两次国际大讨论和对过渡问题的深入研究，国外研究者从各自的着眼点出发参与讨论和研究，形成了观点各异的流派，一般将其归纳为"贸易根源说""人口根源说""阶级斗争推动说""世界体系理论""产权革命说"等学说和流派。[①] 由于英国是第一个自发过渡到资本主义和实现工业革命突破的国家，具有典型意义，这些流派一般以英国历史作为理论出发点和

① 相关观点参看亨利·皮朗:《中世纪欧洲经济社会史》，上海人民出版社2001年版；P. M. Sweezy, ed., *The Transition from Feudalism to Capitalism*, London, 1954; Maurice Dobb, *Studies in the Development of Capitalism*, London, 1946; T. H. Aston, *The Brenner Debate Agrarian Class Structure and Economic Development in Pre-Industrial Europe*, Cambridge, 1985; 伊曼纽尔·沃勒斯坦:《现代世界体系》第一卷，高等教育出版社1998年版；道格拉斯·诺斯、罗伯斯·托马斯:《西方世界的兴起》，华夏出版社1999年版。关于这两场大讨论的具体情况，中国学者齐思和、庞卓恒、侯建新、沈汉、王晋新等都在各自的文章和论著中作了较为详细的总结性评介。参见齐思和:《西欧进步史学家关于英国资本主义萌芽问题的论战》，《北大史学论丛》1959年；庞卓恒:《人的发展与历史发展》，吉林文史出版社1988年版；侯建新:《社会转型时期的西欧与中国》，济南出版社2001年版；沈汉、王建娥:《欧洲从封建社会向资本主义社会过渡研究》，南京大学出版社1993年版；王晋新:《15—17世纪中英两国农村经济比较研究》，东北师范大学出版社1996年版。最近，向荣教授对这两场大讨论作了重新梳理和评介，为推进欧洲"从封建主义向资本主义过渡"这一重大史学课题的深入研究奠定了基础。见向荣:《欧洲"从封建主义向资本主义过渡"问题研究述评》，载《中国世界中世纪史研究会第七次代表大会暨学术研讨会会议论文集》，2010年武汉，第481—495页。

实证依据，从而使得英国史的研究在广度和深度上不断拓展。概括而言，这些流派主要从生产关系的转变、自然经济蜕变为商业经济的过程、资本主义精神的发展、世界体系的形成等多个方面阐述了封建社会的危机、过渡时期的经济变革、资本主义的起源等问题。如英国马克思主义学者多布从生产关系的转变出发，把封建主义和资本主义都看作一种特定的生产方式，从生产方式的角度解释封建制度的解体："封建制度解体的基本原因是封建制度作为一种生产制度的局限性和统治阶级所征收的租税的增加，而租税的增加已使得直接生产者的负担达到了不可忍受的程度。"① 他十分重视资本主义在农村的发展，主张从封建社会内部寻找其解体和资本主义兴起的原因。美国学者斯威齐继承了亨利·皮朗的"贸易根源说"的主要观点，强调远程贸易对瓦解封建制度的决定性意义，从封建社会以外去寻求促使封建制度解体和资本主义起源的原动力，在论战中受到了各派的批评和诘难，贸易根源说日趋衰落。但是无论哪一派，都对贸易在向资本主义过渡中的重要作用给予了肯定。值得注意的是，贸易根源说至今仍余绪不断，不时与新的经济理论和方法结合，提出新的论证。

这两次大论战，虽然涉及了英国农奴制的瓦解、庄园制的崩溃等农本经济体制的变革，以及工商业的兴起和国内国际贸易体制的变革，但未能从经济体制变革的视角分析英国重商主义市场经济体制问题。

在专题史研究方面，国外史学界对英国重商主义时代经济变革的诸多方面进行了深入细致的探讨，如农业经济的变革，工业组织的演进，商业和市场的拓展，等等，特点是对其研究的微观对象剖析深刻，资料翔实，对从宏观层面研究该时期英国经济体制的演变极富启发性。②

---

① M. Dobb, *Studies in the Development of Capitalism*, London, 1946, p.42.

② 这方面的研究著述很多，如 R. H. Tawney, *The Agrarian Problem in the Sixteenth Century*, London, 1912; J. Thirsk, *England's Agricultural Regions and Agrarian History 1500–1750*, Macmillan, 1987; N. S. B. Gras, *The Evolution of The English Corn Market*, Cambridge: Harvard University, 1926; W. Cunningham, *The Growth of English Handicraft and Commerce during the Early and Middle Ages*, Cambridge, 1910 ; G. Unwin , *Industrial Organization in the Sixteenth and Seventeenth Centuries*, New York , 1963; G. D. Ramsay, *The English Woolen Industry 1500–1750*, London 1982; R. Mukherjee, *The Rise and Fall of the East India*

从经济史角度来看，经济史作为一门独立学科，19 世纪后期才正式从历史学科中独立出来。第二次世界大战以后西方经济史研究形成三大流派，一是 20 世纪 30 年代兴起的法国年鉴学派形成以布罗代尔为首的整体观史学；二是以福格尔为首的计量史学；三是以诺斯为首的新制度学派经济史学。其中，布罗代尔从整体史观出发，以历史的长时段把这三个世纪的经济分为物质基础、市场经济和资本主义三个结构层次，进而提出了“经济世界”的概念，并且区别了“市场经济”和“资本主义”的不同。① 道格拉斯·诺斯和罗伯斯·托马斯则强调有效率的产权制度安排对经济发展的重要性，他们提出的观点是：“有效率的经济组织是经济增长的关键；一个有效率的经济组织在西欧的发展正是西方兴起的原因所在。”② 此外，英国经济学家约翰·希克斯的《经济史理论》运用市场分析方法，认为“新世界的起点是商业的专门化”③，世界经济的演进趋势是由习俗经济、指令经济向市场经济转换，在此过程中，市场自身不断完善，并逐步向非商业环境渗透，即新的法律、货币、信用制度的确立，财政、税制和行政管理的改造，货币地租和农产品的商品化，自由劳动市场的建立，直到占据主导地位。这一理论对市场经济体制的演进分析，具有一定的开创意义。虽然这三大学派和市场经济史观在解释社会历史的整体进程上存在着不少薄弱环节，但其对经济史的深入拓展为英国经济体制的研究提供了借鉴。

2. 经济学研究方面

在国外经济学界，从亚当·斯密开始，重商主义与国家干预画上了等号，从而被视为自由贸易和财富增长的障碍。重商主义受到诸多经济学家的谴责和抨击。但 19 世纪德国历史学派的李斯特、罗雪尔、施穆勒等人仍大

Company, Berlin, 1958. 等等。此外，如艾里克·威廉斯的《资本主义与奴隶制度》（北京师范大学出版社 1982 年版）从历史角度阐述了以英国为典型例子的早期资本主义与黑奴贸易、黑奴制度，以及与 17、18 世纪整个殖民地贸易之间的关系。

① ［法］费尔南·布罗代尔：《15 至 18 世纪的物质文明、经济和资本主义》第 3 卷，生活·读书·新知三联书店 1993 年版，第 2 页。

② ［美］道格拉斯·诺斯、罗伯斯·托马斯：《西方世界的兴起》，华夏出版社 1999 年版，第 5 页。

③ ［英］约翰·希克斯：《经济史理论》，商务印书馆 1987 年版，第 25 页。

力倡导重商主义思想，反映了后起国家在实现工业化过程，希望借助国家力量改变落后面貌的迫切心情。坎宁安、阿什利等也借鉴德国历史学派的作品，利用历史知识对当时的政策发表观点。[①]20 世纪初，瑞典经济学家和经济史学家赫克歇尔对重商主义的研究再次引起了人们对重商主义的重视。他的《重商主义》巨著从 1931 年出版以来就受到广泛关注，第二年即在德国翻译出版，1934 年由孟德尔·萨皮罗从德文版翻译成英文，赫克歇尔亲自审阅和校订了英文版。这本重商主义研究的经典著作探讨的内容在时间断线上从中世纪晚期开始，一直到自由放任时代结束。在空间上横跨欧洲大陆，详细研究了重商主义的起源、发展和运转方式。在第二次世界大战时期和战后一段时期，由于种种原因，重商主义被忽视不见，甚至不止一位研究近代早期西欧历史的史学家都否认重商主义的存在，其中，最极端的是 D. C. 科尔曼，他一度把重商主义和其他“不存在的事物”归为一类。20 世纪后期以来，西欧重商主义问题的研究开始再度复兴，人们开始反思和重新认识重商主义的概念和内容。赫克歇尔的著作得以再版，马格努松出版了《重商主义经济学》《重商主义：经济学语言的形成》等研究论著，并且编辑出版了 4 卷本的英国重商主义作品集《重商主义》。B. 马斯特斯的《西方经济优势在中东的起源：1600—1750 年重商主义和阿勒颇的伊斯兰经济》、J. J. 麦科卡斯特的《重商主义和近代早期大西洋世界经济史》、E. D. 汉森的《欧洲经济史：从重商主义到马斯特里赫特及之后》、D. 奥姆罗德的《商业帝国的兴起：1650—1770 年重商主义时代的英国和荷兰》、G. 瓦基的《简明经济思想史：从重商主义到货币主义》[②]，都从不同角度切

① Keith Wrightson, *Earthly Necessities: Economic Lives in Early Modern Britain, 1470–1750*, Penguin, 2002, p.14.

② E. F. Hechscher, *Mercantilism*, 2 Vol, New York, 1983; D. C. Coleman, *Revision in Mercantilism*, Meththuen & CO LTD, 1969; C. Wilson, *Mercantilism*, London: The Historical Association, 1971; Joyce Appleby, *Economic Thought and Ideology in Seventeenth-Century England*, Princedon, 1980; Leonard Gomes, *Foreign Trade and the National Economy*, New York, 1987; B. Masters, *The Origins of Western Economic Dominance in the Middle East: Mercantilism and the Islamic Economy in Aleppo, 1660–1750*, New York University Press, 1988; Lars Magnusson, *Mercantilism: The Shaping of an Economic Language*, London, 1994;

入了重商主义研究近年来更是一些学者开始重新研究和思考英国重商主义，如 P. J. 斯特恩和 C. 温纳林德的《重构重商主义：近代早期不列颠及其帝国的政治经济》、马格努松的《重商主义的政治经济学》等①，但这些研究或侧重于重商主义思想的介绍，或侧重于重商主义经济政策的阐释，未能从经济体制变革的角度阐释。与此同时，国家干预经济的思想在现代经济学家凯恩斯那里得到了全面的拓展，并在 1929 年经济危机后的美国等国家得到实施。

20 世纪 70 年代以来，西方经济学的寻租理论问世，克鲁格、布坎南、斯蒂格里茨等人丰富和发展了这一理论，他们认为，政府干预经济发展，就会抑制竞争，扩大供求差额，形成了差价收入即“租金”，哪里有垄断、特权和管制，哪里就有租金，寻租就是从政府那里获得特殊的好处。寻租活动被形象地比喻为用“看不见的脚”踩住了市场那只“看不见的手”。研究寻租理论者自然把目光投放到重商主义时代的贸易特权和政府干预上，如艾克伦德和托利森认为，英国在重商主义时代，寻租活动大行其道，寻租者从政府的垄断特许权中，获得了超额利润。② 寻租理论对重商主义经济的分析开拓了我们的理论视野，对其吸收借鉴可以丰富重商主义市场经济体制的内容。近年来，国外一些博士论文探讨了重商主义与当时

Lars Magnusson, ed., *Mercantilism: Critical Concepts in the History of Economics*, 4 Vols, London and New York: Routledge, 1995; John J. McCusker, *Mercantilism and the Economic History of the Early Modern Atlantic World*, Cambridge University Press, 2001; E. D. Hansen, *European Economic History: From Mercantilism to Maastricht and Beyond*, Copenhagen, 2001; D. Ormrod, *The Rise of Commercial Empires: England and the Netherlands in the Age of Mercantilism, 1650–1770*, Cambridge University Press, 2002; G. Vaggi, *A Concise History of Economic Thought: From Mercantilism to Monetarism*, Palgrave Macmillan, 2003.

① P. J. Stern and C. Wennerlind, *Mercantilism Reimagined: Political Economy in Early Modern Britain and Its Empire*, Oxford University Press, 2014; Steve Pincus, “Rethinking Mercantilism: Political Economy, the British Empire, and the Atlantic World in the Eighteenth Century”, *The William and Mary Quarterly*, Vol. 69, 2012; Lars Magnusson, *The Political Economy of Mercantilism*, London and New York: Routledge, 2015.

② Jr. R. B. Ekelund and R. D. Tollison, *Mercantilism as a Rent-Seeking Society*, Texas, 1981; Jr. R. B. Ekelund and R. D. Tollison, *Politicized Economies: Monarchy, Monopoly and Mercantilism*, Texas A & M University Press, 1997.

经济发展主题的关系，如《重商主义与贫穷劳工，1660—1750》《1660—1760年重商主义时代英格兰和爱尔兰的政治经济》和《1660—1800年大不列颠的不公平贸易、重商主义和经济发展》等，从不同侧面深化了重商主义的研究。①

西方经济学界对经济体制的研究一般都是在比较经济学的旗帜下进行的。1908年意大利经济学家巴罗尼的《集体主义国家中的生产部》，从理论上比较分析了社会主义集中管理体制和资本主义市场经济体制。“十月革命”后的1921年，奥地利经济学家冯·米塞斯在《社会主义制度下的经济计算》一文中，从现实角度对社会主义与资本主义经济体制进行了比较研究，随后约翰·康芒斯的《制度经济学》、熊彼特的《资本主义、社会主义和民主社会主义》等著作奠定了比较经济学对经济体制比较研究的基础。但是，比较经济学主要围绕资本主义和社会主义经济体制展开比较研究，其中，对资本主义的经济体制的研究主要集中于工业革命完成后的资本主义成熟形态，与工业革命之前的英国重商主义市场经济体制基本无涉，但其对经济体制概念的辨析，对经济体制运行和演进的规律的探讨和揭示，无疑对本课题的研究具有借鉴意义。值得注意的是，在20世纪末苏联东欧发生大规模制度变迁，使得原来在“主义”的框架下研究经济体制的比较经济学失去了比较的对象，面临巨大挑战，出现了冷清的局面。20世纪90年代以后，一些比较经济学家抛弃了传统的研究方法，重新定义其研究对象和规划其研究内容，做出了有益的探索，或以组织为中心对经济体制进行比较研究，或以多样化的具体制度为中心展开经济体制的比较分析，② 这些超越原有研究框架的探索值得参考。

此外，20世纪下半叶以来芝加哥学派和新兴的加州学派分别从微观和

---

① Andrew Thomas Plaa, “Mercantilism and the Labouring Poor, 1660 to 1750: The Ideological Origins of the Industrial Revolution”, PhD thesis, Coumbia University 1994; James Edward Guilfoyle, “The Political Economy of England and Ireland in the Age of Mercantilism, 1660–1760”, PhD thesis, The University of Chicago 2009; Bradley B. Andrew, “Unfair Trade, Mercantilism and Economic Development, Great Britain: 1660–1800”, PhD thesis, University of Connecticut, 2002.

② 张仁德：《新比较经济学研究》，人民出版社2002年版，第12—13页。

宏观的不同视角对英国及西方世界的兴起提出了新的解释，并与同一时期的中国进行了有意义的比较研究。特别是加州学派，近年来，在国际学界的反响很大，中西方学者纷纷撰文介绍、评论或商榷。王国斌的《转变的中国——历史变迁与欧洲经验的局限》、弗兰克的《白银资本——重视经济全球化中的东方》、彭慕兰的《大分流：中国、欧洲与近代世界经济的形成》在中国相继翻译出版，并引起热烈讨论，这一学派提出不少令人耳目一新的观点，与长期以来的主流看法大异其趣。王国斌认为，在16世纪到18世纪，欧洲和中国的经济发展都适用亚当·斯密的增长理论，或称为“斯密型动力”，即贸易和市场的扩大，通过交换中的比较优势，促进了分工和专业化，而后者带来的生产率的提高，乃是经济发展之源。到19世纪，欧洲的农村手工业被城市的机械化工厂工业所代替，更适用于新古典主义的以储蓄和投资为动力的增长理论，遂与中国经济的发展分道扬镳。① 而弗兰克则认为，在1400年到1800年全球范围的世界经济体中，亚洲，特别是中国是世界经济体的中心，弗兰克的主要根据是世界贸易中白银的流向，中国吸收了其时世界白银产量的一半。在这一时期，虽然有时候被人们说成是“欧洲扩张”和“原始积累”并最终导致成熟的资本主义的时期，但世界经济依然笼罩在以中国为中心的亚洲的影响之下。② 彭慕兰认为，1800年以前的世界是多元的，没有一个经济中心，西方并没有任何明显、完全为自己独有的内生优势，只有到19世纪欧洲工业化充分展开以后，一个占支配地位的西欧中心才具有了实际意义。西欧之所以能够率先在工业化方面实现突破，在于美洲殖民地的开发和英国的煤矿优越的地理位置。③ 这种比较研究的探索促使我们对以往的共识性成说和理论方法进行反思，特别是对欧洲中心论的挑战，对比较研究方法的创新丰富了理论源头和学术内容，但是，他们都没有

① 参见［美］王国斌：《转变的中国——历史变迁欧洲经验的局限》，江苏人民出版社1998年版，上编。

② 参见［德］贡德·弗兰克：《白银资本——重视经济全球化中的东方》，中央编译出版社2000年版，第2—4章。

③ 参见［美］彭慕兰：《大分流：中国、欧洲与近代世界经济的形成》，江苏人民出版社2003年版，第一至三部分。

对英国重商主义市场经济体制进行过系统而深入的探讨。在研究方法上，他们并未充分运用历史方法，甚至在某些方面与真实发生的历史事实并不相符，甚至相悖。

二、国内相关研究

1. 史学研究方面

在国内史学界，吴于廑在倡导世界史的新体系即整体世界史观的同时，十分重视开展西方重商主义的研究。他在《世界历史上的农本与重商》中，对东西方重农抑商政策下封建农本经济的不同发展趋势进行了比较分析，对西方重商主义学说和政策进行了研究。他认为，重商主义政策“不以求得经济自足为目的。要求实行重商政策的商人，是为了保证和扩大商业利益；执行这个政策的政府，是为了谋求国家的富强，巩固和加强其本身的统治。重商主义政策是商人经济利益和国家政治利益两相结合的纽带”。重商主义和贸易自由并不是绝对对立的；重商主义意义最深远的结果“不在于转瞬消逝的封建国家统一政权的威力，而在于国内外封建农本经济闭塞状态的空前突破，在于商业、跟着是工业的空前发展”①。这些对重商主义的分析是深刻的，对全面把握重商主义极富启发性。

此后，国内学者对重商主义也多有关注，张乃和的文章《16世纪英国早期重商主义特征的历史考察》、张亚东的著作《重商帝国：1689—1783年的英帝国研究》等都对一个具体历史时期的英国重商主义进行过探讨，体现出对重商主义具体史实的兴趣。但国内史学界对重商主义的考察，还没有与经济学的视角结合起来。学者关注的重商主义思想问题，多侧重于将其置于经济政策史和经济学说史的范畴来研究，内容多为评介性的，缺乏必要的历史深度。近来，一些学者注意到仅仅从经济学说史领域对重商主义进行研究，显示出狭隘性和局限性，应当“对重商主义政策和思想特征进行实事求是的历史考察，从而揭示重商主义政策和思想是在欧洲从封建社会向资本主

① 吴于廑主编:《十五十六世纪东西方历史初学集》，武汉大学出版社1985年版，第27—29页。

义社会转型时期所产生的最早的转型政策和转型理论”①。这说明，国内史学界对西欧及英国重商主义的研究正在不断深化。

近年来，针对重商主义时期英国历史的宏观研究是国内学术界关注的焦点之一，取得了丰硕的成果。这些宏观研究大致可归结为现代化研究、社会转型研究、过渡时期研究等，这些研究成果揭示了这一时期英国经济和社会演变的轨迹，从他们的研究中，可以看出中国史学界对这一时期英国历史的研究视域和关注的焦点。

改革开放后，我国的现代化研究开始启动，很快呈现出蓬勃发展的态势。罗荣渠的《现代化新论》从研究世界现代化进程出发，指出现代化既包括物质方面，也包括精神方面，是人类社会在现代生产力引导下由农业文明向工业文明的全面过渡，他突破传统历史发展观念，提出一元多线历史观。② 钱乘旦在《世界现代化进程》中探讨了英国工业革命的历史进程和意义。但现代化研究的“出现是因为需要对发展中国家的发展状况进行研究，接着便对发达国家经历过的发展过程也进行研究”，对英国等现代化原发国家的研究，不过“是为发展中国家确定某种参照系”③。社会转型理论是现代化理论研究范式的发展和转换，是从传统与现代两极对立模式的社会变迁研究转向研究具体的转型社会。英国的重商主义时代，即是从封建社会向资本主义社会转型的社会。英国社会转型研究的代表作是侯建新的《现代化的第一基石》《社会转型时期的西欧与中国》。特别是《社会转型时期的西欧与中国》，从社会转型的角度，把中世纪晚期和近代早期英国及西欧社会演进归纳为三个社会机制的逐渐形成与发展，即社会财富积累机制、生产性经济活动的法律保障机制、产品与要素市场的流通机制。他对农民个人力量的增长十分重视，认为正是通过他们“静悄悄的劳动”，普遍的小规模积累，他称之为“前原始积累”，才孕育了资本积累的基础。近代资本主义并非商品贸易量的简单增加，而是意味着整个经济与

① 张乃和:《16世纪英国早期重商主义特征的历史考察》，载《史学集刊》1999年第1期。

② 参见罗荣渠:《现代化新论》第三章，北京大学出版社1993年版。

③ 钱乘旦、杨豫、陈晓律:《世界现代化进程》，南京大学出版社1997年版，第2页。

社会，首先是生产领域运用商业机制进行运作。近代西方流通机制以生产生活过程改变为基础，最终取决于剩余产品的增加和有效积累，而社会财产积累又依赖于法律保障机制。这三个机制密不可分，而且保障机制至关重要，其中蕴含着英国及西欧社会最深层、最具典型性的特质。①“三个社会机制”和“前原始积累”概念的提出，对理解资本主义起源具有重要的启迪作用。三个社会机制在英国的形成，实际上是建立了从中世纪等级社会向近代市民社会过渡时期国家和个人之间的三大中间结构，即市场结构、法律结构和产权结构。这三大结构，也是重商主义市场经济体制的基础性结构。

自马克思提出过渡概念以来，中外学者对从英国及西欧从封建生产方式向资本主义生产方式的过渡争讼不已。朱孝远在《欧洲涅槃：过渡时期欧洲的发展概念》中提出，黑死病过后，欧洲出现了一个长达450年（1350—1800）的过渡期。出现过渡期的真正原因是由于制度上的空白，一方面，封建主义因为危机而自我崩溃；另一方面，资本主义还不能立即建立全新体制，为了驯服危机，欧洲必须摧毁旧体制并且用一种近代的社会制度来取代之。他认为，“‘过渡时期’如果作为一个明确的历史概念，就只能是指一种实际存在过的、可以由经验加以证明的历史存在，而决非为一种理智的产物。……过渡是指一种事物向另一种事物逐渐转化的过程。既然是一个过程，任何一种非此即彼的界定（如封建的、资本主义的、中世纪的、近代的），显然都是与这个名词的原意不相符合的。过渡如果作为一个特定的时期来看的话，那么，它应当是一个包含着许多可能性的空间，尽管这些可能性表现出了一定的方向和趋势。”②明确过渡和过渡时期的概念，对理解重商主义市场经济体制的基本特征很有帮助。

这些研究以丰厚的史料为基础，从宏观角度揭示了重商主义时期英国及西欧经济变革、社会演进和过渡的特征和历史过程，为英国史的深入研究奠定了坚实的基础。此外，在比较研究领域，许多学者都不约而同地把对象放

① 侯建新:《社会转型时期的西欧与中国》，济南出版社2001年版，第20—21页。

② 朱孝远:《欧洲涅槃：过渡时期欧洲的发展概念》，学林出版社2002年版，第7—8页。

在英中比较研究上，取得了斐然成绩，清晰地展现了英国重商主义时代经济发展不同侧面的特点。① 此外在专题史研究方面，我国历史学者的研究也不断深入，关注的内容和范围也得到延伸和扩展。② 虽然这些研究都不同程度涉及了英国重商主义经济的个别层面，也在一定程度上涉及了经济体制变革的内容，但是英国重商主义市场经济体制没有进入我国历史学者的研究视野，专题研究迄今尚未见到。

2. 经济学研究方面

在国内经济学界，主要侧重从经济思想学说史的角度来看待重商主义问题。鲁友章、晏智杰等都对重商主义作了介绍性的研究。晏智杰主编的《西方市场经济理论史》，把重商主义作为资本主义原始积累时期的市场经济理论作了评介，分析了西欧重商主义形成的原因，并对英国重商主义代表人物的思想作了分析。

厉以宁的《资本主义的起源》从比较经济史的视野出发，把封建社会分为刚性体制和弹性体制，把封建社会的异己力量分为体制内的异己力量和体制外的异己力量，认为西欧封建社会的体制是刚性体制，在这种刚性体制下出现了体制外的异己力量——市民和体制外的权力中心——城市，从而导致西欧从封建社会向资本主义社会的过渡。这一阐述虽然很有启迪意义，但西欧封建社会的刚性体制说仍只是一种理论预设；城市和市场是否是体制外权力中心和异己力量说值得商榷；西欧重商主义时期“王权下的制度调整”是否“为时已晚”③，也值得进一步思考和探讨。

---

① 除了侯建新的中西社会转型比较研究外，通过中西比较研究英国历史的还有王晋新：《15—17世纪中英两国农村经济比较研究》，东北师范大学1996年版；张乃和：《大发现时代中英海外贸易比较研究》，吉林人民出版社2002年版；等等。

② 见金志霖：《英国行会史》，上海社会科学出版社1996年版；刘景华：《城市转型与英国的勃兴》，中国纺织出版社1994年版；王加丰等：《西欧原工业化的兴起》，中国社会科学出版社2004年版；王乃耀：《英国都铎时期经济研究：英国都铎时期乡镇经济的发展与资本主义的兴起》，首都师范大学出版社1997年版；赵文洪：《私人财产权利体系的发展——西方市场经济和资本主义起源问题研究》，中国社会科学出版社1998年版；张卫良：《英国社会的商业化进程》，人民出版社2004年版；等等。

③ 厉以宁：《资本主义的起源》，商务印书馆2003年版，第38—53页。

改革开放以来，中国经济学界开始关注西方比较经济学对经济体制的比较研究，对比较经济体制进行了一定的介绍和研究，如张仁德主编的《比较经济体制》、陈秀山主编的《比较经济学概论》。但这些研究主要是围绕现代资本主义经济体制和社会主义经济体制进行比较。虽然近年来张仁德在总结了国内外比较经济学最新研究成果的基础上，力图走出以“主义”划分经济体制的比较方法，推出了《新比较经济学研究》，但该书主要集中考察20世纪90年代市场经济的各种模式、转轨经济实践和制度变迁，没有上溯到重商主义时代，对该时期英国的经济体制进行研究。

20世纪90年代，随着中国提出发展社会主义市场经济体制，中国经济学界开始摆脱意识形态的桎梏，掀起了重新理解市场经济的热潮，开始深入探讨市场概念、市场作用、市场体系、市场结构、市场机制作用下的宏观基础、市场失灵的原因，对国家干预和调节与市场调节的关系的认识进一步深化，认为为了弥补市场机制的缺陷，政府应当采取将政府“看得见的手”与市场那只“看不见的手”并用的政策，只有国家干预和市场调节相结合才能形成较为正常的市场经济，市场越发达，国家干预越重要。这种对国家干预的全新认识为我们重新准确定位和分析重商主义的历史地位和作用提供了难得的借鉴。

综合国内外历史学界和经济学界的研究情况来看，对15—18世纪大变革时代英国重商主义市场经济体制的研究相对薄弱，但相关研究为本选题提供了较为丰富的材料和信息。

三、马克思的相关理论论述

1. 对经济体制的阐释

马克思是在对资本主义制度批判的基础上，揭示了资本主义的内部经济结构和矛盾运动规律，以科学、严谨的逻辑论证了它的产生、发展并最终为社会主义制度代替的历史必然趋势，创立了科学社会主义，从而使社会主义与资本主义经济制度、经济体制的比较成为可能。而在此之前，尚没有其他成熟的经济制度或体制能够向挟工业革命的威势确立的资本主义制度发起挑战，更谈不上对其进行批判性的研究。

马克思虽然没有在概念和范畴上把经济制度和经济体制区分开来，但已经在实质内容上把经济制度与其他形形色色的表现形式加以区分。“马克思认为经济制度是政治上层建筑借以树立起来的基础，所以他特别注意研究这个经济制度。”①但是马克思也指出：“相同的经济基础——按主要条件来说相同——可以由无数不同的经验的事实、自然条件、种族关系、各种从外部发生作用的影响，等等，而在现象上显出无穷无尽的变异和程度差别，这些变异和程度差别只有通过对这些经验所提供的事实进行分析才可能理解。”②这里所说的“经济基础”显然是指经济制度，而各种现象上的“变异”实际就是今天所说的“经济体制”。

与西方经济学者按生产资料所有制或资源配置标准来区分经济制度不同，马克思一直把“生产力标准”作为区分经济制度的基本标准，他指出：“我们判断一个人不能以他对自己的看法为根据，同样，我们判断这样一个变革的时代也不能以它的意识为根据；相反，这个意识必须从物质生活的矛盾中，从社会生产力和生产关系之间的现存冲突中去解释。无论哪一个社会形态，在它们所能容纳的全部生产力发挥出来以前，是决不会灭亡的；而新的更高的生产关系，在它存在的物质条件在旧社会的胎胞里成熟以前，是决不会出现的。”③这实际上表明，对一个社会形态或经济制度的区分，应以生产力为准，为正确区分经济制度和经济体制指出了关键所在。

2. 对重商主义的理论剖析

在重商主义时代，是商业资本统治产业资本。重商主义是商业资本的思想载体。经典作家认为，在中世纪末期到18世纪西欧这个特定的历史时空，从中世纪封建社会向现代资本主义社会的转变经历了三个历史时段，在前两个时段，马克思和恩格斯主要阐述了重商主义的阶段载体——商人阶级（新兴资产阶级）和经济基础——商业资本的形成：

---

①《列宁全集》第19卷，人民出版社1989年版，第5页。

②《马克思恩格斯全集》第25卷，人民出版社1974年版，第892页。

③《马克思恩格斯选集》第2卷，人民出版社1995年版，第83页。

第一时段从中世纪后期开始，形成了特殊的商人阶级和商业资本。马克思曾指出："一定范围的商品流通和货币流通，从而商业的一定发展程度，是资本形成和资本主义生产方式的前提，起点。"[①]在这一历史时段，以分工为起点，商业和生产开始分离，于是出现了从事城市间长途贩运的商人。中世纪城市中自然形成的，体现为住房、手工劳动工具和自然形成的世代相袭的主顾的等级资本，开始向商人资本转变，"越过自然形成的等级资本向前走的第一步是受商人的出现所制约的，商人的资本一开始就是活动的，如果针对当时的情况来讲，可以说是现代意义上的资本。"[②]马克思在其他地方指出："商人资本的存在和发展到一定的水平，本身就是资本主义生产方式发展的历史前提。1. 因为这种存在和发展是货币财产集中的先决条件；2. 因为资本主义生产方式的前提是为贸易而生产，是大规模的销售，而不是面向个别顾客的销售，因而需要有这样的商人，他不是满足他个人需要而购买，而是把许多人的购买行为集中到他的购买行为上。"[③]商人促成了通商地域的扩大，进而引起生产分工，市场进一步的扩大和工场手工业的兴起。

第二时段从 17 世纪中叶开始，进入一个商业大发展的时期，恩格斯曾指出，在这一时期："商业吞并了工业，因而变得无所不能，变成了人类的纽带；个人的或国家的一切交往，都被溶化在商业交往中，这就等于说，财产、物升格为世界的统治者。"[④]18 世纪被经典作家认为是商业的世纪，伊·平托认为"贸易是本世纪的嗜好"，"从某个时期开始，人们就只谈论经商、航海和船队了。"[⑤]从资产阶级自身发展情况来看，实力进一步壮大，大资产阶级盘踞在已达到一定文明程度的商业城市，特别是沿海商业城市，而小资产阶级的自发势力统治着工厂城市。从资本发展角度来说，为了适应贸易的迅速高涨的需要，发展出了极为发达的货币制度，产生了货币贸易、银行、国债和纸币，出现了股票投机、有价证券投资等投

① 《马克思恩格斯全集》第 49 卷，人民出版社 1982 年版，第 9 页。
② 《马克思恩格斯选集》第 1 卷，人民出版社 1995 年版，第 109 页。
③ 马克思：《资本论》第 3 卷，人民出版社 1975 年版，第 365 页。
④ 《马克思恩格斯选集》第 1 卷，人民出版社 1995 年版，第 35 页。
⑤ 《马克思恩格斯选集》第 1 卷，人民出版社 1995 年版，第 112 页。

机倒把现象。资本又有很大一部分丧失了它原来还带有的那种原始的自然的性质。

这一时段是一个商业政治化的时期，也是资本主义工场手工业时期。“随着工场手工业的出现，各国进入竞争的关系，展开了商业斗争，这种斗争是通过战争、保护关税和各种禁令来进行的，而在过去，各国只要彼此有了联系，就互相进行和平的交易。从此以后商业便具有政治意义。”①在这一历史时段，市场已经可能扩大为而且规模愈来愈大地扩大为世界市场，商业和航运比起那种起次要作用的工场手工业发展得更快。“工场手工业，就它能够输出自己的产品来说，完全依赖于商业的扩大或收缩，而它对商业的反作用，相对来说是很微小的。这就决定了工场手工业的次要作用和 18 世纪商人的影响。正是这些商人，特别是船主最迫切地要求国家保护和垄断；诚然，手工工场主也要求保护并且得到了保护，但是从政治意义上来说，他们始终不如商人。”②当然，“工场手工业一般离开保护是不行的，因为只要其他国家发生任何最微小的变动都足以使它失去市场而遭到破产。只要在稍微有利的条件下，工场手工业就可以很容易地在某个国家建立起来，正因为这样，它也很容易被破坏。同时，它的经营方式，特别是 18 世纪在乡村里的经营方式，使它和广大的个人的生活条件结合在一起，以致没有一个国家敢于不顾工场手工业的生存而允许自由竞争。”③在这种情况下，重商主义对工场手工业采取了种种保护办法，“在国内市场上实行保护关税，在殖民地市场上实行垄断，而在国外市场上则尽量实行差别关税。本国生产的原料（英国的羊毛和亚麻，法国的丝）的加工受到鼓励，国内出产的原料（英国的羊毛）禁止输出，进口原料的［加工］仍受到歧视或压制（如棉花在英国）。”④因此只有那些“在海上贸易和殖民实力方面占据优势的国家，自然能保证自己的工场手工业在数量和质量上得到最广泛的发展”⑤。

① 《马克思恩格斯选集》第 1 卷，人民出版社 1995 年版，第 109—110 页。
② 《马克思恩格斯选集》第 1 卷，人民出版社 1995 年版，第 112 页。
③ 《马克思恩格斯选集》第 1 卷，人民出版社 1995 年版，第 112 页。
④ 《马克思恩格斯选集》第 1 卷，人民出版社 1995 年版，第 111—112 页。
⑤ 《马克思恩格斯选集》第 1 卷，人民出版社 1995 年版，第 112 页。

在17世纪，商业和工场手工业不可阻挡地集中于一个国家——英国。这种集中逐渐给英国创造了相对的世界市场，因而也造成了对它的工场手工业产品的需求，这种需求是旧的工业生产力所不能满足的，于是大工业应运而生。

第三时段从18世纪后半期开始，机器大工业推动了生产大发展，竞争普遍化，英国等西欧国家具备了自由贸易的条件，工业资本开始上升为统治地位。工业资本是商业资本的继起和后发形态，“大工业创造了交通工具和现代的世界市场，控制了商业，把所有的资本都变为工业资本，从而使流通加速（货币制度得到发展）、资本集中。”① 因为，“一旦工场手工业（尤其是大工业）相当巩固了，它就又为自己创造市场，并用自己的商品来夺取市场。这时，商业就成了工业生产的奴仆，而对工业生产来说，市场的不断扩大则是它的生活条件。”②

经典作家把重商主义放在从封建主义向资本主义过渡的历史时空加以分析，在历史的大尺度范围内，这些看法都比较深入透彻。马克思指出，在向资本主义生产方式过渡的时期，商品流通是当时主要的经济领域，在这样的历史条件下，重商主义之所以具有从“表面现象出发”“只是抓住了假象”等历史局限性，“这部分地是因为商业资本是资本本身的最早的自由存在方式，部分地是因为它在封建生产的最早的变革的时期，即现代生产的发生时期，产生过压倒一切的影响。”并且充分肯定重商主义是“对现代生产方式的最早的理论探讨”，当然，“真正的现代经济科学，只是当理论研究从流通过程转向生产过程的时候才开始。”③

马克思认为，重商主义的局限性是商业资本历史局限性的折射。商业资本不过是在流通领域执行职能的资本，因此，从生产方式这个角度来看，商业资本作为资本在历史上更为古老的自由的存在方式，其本身没有所属的生产方式，并不能决定生产方式的演进，马克思指出：“商人资本的发展就它本身来说，还不足以促成和说明一个生产方式到另一个生产方式的过

---

① 《马克思恩格斯选集》第1卷，人民出版社1995年版，第114页。

② 马克思：《资本论》第3卷，人民出版社1975年版，第376页。

③ 马克思：《资本论》第3卷，人民出版社1975年版，第376页。

渡。”[①]因为，“商业和商业资本的发展，到处都使生产朝着交换价值的方向发展，使生产的规模扩大，使它多样化并具有世界主义的性质，使货币发展成为世界货币。因此，商业对各种已有的、以不同形式主要生产使用价值的生产组织，都或多或少地起着解体作用，这首先取决于这些生产方式的坚固性和内部结构。并且，这个解体过程会导向何处，换句话说，什么样的新生产方式会代替旧生产方式，这不是取决于商业，而是取决于旧生产方式本身的性质。”[②]马克思虽然肯定商人和商业资本在生产方式过渡中起到了一定的作用，但也指出，商业资本不可能直接过渡到产业资本，确立新的生产方式：“从封建生产方式开始的过渡有两条途径。生产者变成商人和资本家，而与农业的自然经济和中世纪城市工业的受行会束缚的手工业相对立。这是真正革命化的道路。或者是商人直接支配生产。虽然后一条途径在历史上起过巨大的过渡作用，——例如17世纪英国的呢绒商人曾经把那些仍然是独立的织工置于自己的控制之下，把羊毛卖给他们，而向他们购买呢绒，——但就它本身来说，它并没有引起旧生产方式的变革，而不如说保存了这种生产方式，把它当作自己的前提予以维持。……这个方法到处都成了真正的资本主义生产方式的障碍，它随着资本主义生产方式的发展而消灭。它不变革生产方式，只是使直接生产者的状况恶化，把他们变成单纯的雇佣工人和无产者，使他们所处的条件比那些直接受资本支配的人所处的条件还要坏，并且在旧生产方式的基础上占有他们的剩余劳动。”[③]由此可见，商业资本建立在简单商品生产基础之上，具有内在的、无法克服的缺陷，反映其发展要求的重商主义不能客观把握过渡时代的经济生活的本质，在所难免。

马克思和恩格斯对重商主义的缺陷有着清醒的认识，恩格斯曾把早期重商主义理论和政策的重点和核心“少买”原则，形象地比喻为“就像守财奴一样，双手抱住他心爱的钱袋，用妒嫉猜疑的眼光打量自己的邻居”[④]。马克

---

① 马克思：《资本论》第3卷，人民出版社1975年版，第366页。
② 马克思：《资本论》第3卷，人民出版社1975年版，第371页。
③ 马克思：《资本论》第3卷，人民出版社1975年版，第373—374页。
④ 《马克思恩格斯选集》第1卷，人民出版社1995年版，第596页。

思称早期重商主义为货币主义，把晚期重商主义称为贸易差额论或作坊主义。恩格斯曾形象地描述晚期重商主义，商人们“开始明白，一动不动地放在钱柜里的资本是死的，而流通中的资本却会不断增殖。……人们开始把自己的金钱当作诱鸟放出，以便把别人的金币引回来，并且他们认识到多花一点钱购买甲的商品一点也不吃亏，只要能以更高的价格卖给乙就行了”①。马克思对托马斯·孟的《英国得自对外贸易的财富》这部重商主义最著名的著作十分重视，认为，“早在1609年，……已经发表了托马斯·曼的《论英国与东印度的贸易》。这一著作早在第一版就具有特殊的意义，即它攻击了当时在英国作为国家政策还受到保护的原始的货币制度，因而代表了重商主义体系对于自身的母体系的自觉的自我脱离。这一著作在最初的形式上就已经出了好几版，并且对立法产生了直接影响。以后经作者完全改写并在其死后于1664年出版的《英国得自对外贸易的财富》一书，在100年之内，一直是重商主义的福音书。”②

由此可见，经典作家是站在资本主义生产方式产生的理论高度上对重商主义问题和经济体制问题进行阐述的，对重商主义的认识是建立在《英国得自对外贸易的财富》和《国富论》等著作的基础之上，其论述具有高度的理论概括性，并没有对具体史实问题进行详细考证。因此，对过渡时期英国重商主义市场经济体制的演进过程，还需要作详细具体的历史研究。

第二节　基本概念

本书对16世纪至18世纪中叶英国重商主义市场经济体制进行研究，鉴于这一选题在国内外尚未见系统性论述，而这一长时段的历史又错综复杂，

① 《马克思恩格斯全集》第1卷，人民出版社1995年版，第596页。
② 《马克思恩格斯选集》第3卷，人民出版社1995年版，第577页。

相关学术研究呈现出百家争鸣的局面，因此有必要对相关的基本概念进行梳理和界定。

一、经济体制

西方比较经济体制学虽然不断向纵深发展，但西方学者普遍对“经济体制”这一概念只有直观的认识，未能正确把握其本质内涵，从而造成与“经济制度”概念相混淆。这种学术概念上的模糊和混乱从“经济体制”和“经济制度”两个概念长期共用 Economic System 一词可见一斑，以致一些西方学者认为：“‘经济体制’的概念几乎不可能得到精确的定义。”[①]许多中国学者在译介西方比较经济学著作时，也没有区分这两个概念。中国的比较经济体制学是以西方的比较经济体制学为蓝本建立起来的，在一定程度上也存在着两个概念的混淆，所以“到目前为止，并不存在一个统一的、公认的经济体制的定义”[②]。

随着西方比较经济学的发展，西方学者对“经济体制”的定义不断变化，在诸多定义中，一般或从组织理论出发来剖析经济体制的内涵，将其定义为生产、分配和消费的“经济组织”，如 G. 格罗斯曼、阿萨·林德贝克、保罗·R. 格雷格利、罗伯特·C. 斯图尔特等，或从决策角度把经济体制看作是“社会确立的在生产、消费和分配等三个基本领域内作出的经济决策的机制”[③]。这种定义上的混乱也反映在对经济体制的分类上。长期以来，西方经济学者在给经济体制分类时，一般采用两种标准，一是生产资料所有制和意识形态标准，一般把经济体制划分为资本主义、社会主义、共产主义等，康芒斯甚至把法西斯主义与共产主义、资本主义并列来做比较；[④]二是资源配置的决策方式和协调方式标准，把经济体制二分为市场体制和计划体制。这种多重标准的划分方法很难揭示不同经济体制的基本特征，极易造成

① ［美］保罗·R. 格雷格利、罗伯特·C. 斯图尔特：《比较经济体制学》，上海三联书店1988年中译本，第6页。

② 陈秀山主编：《比较经济学概论》，中国人民大学出版社1992年版，第9页。

③ E. 纽伯格、W. 达菲：《比较经济体制》，商务印书馆1985年中文版，第9页。

④ ［美］康芒斯：《制度经济学》下册，商务印书馆1983年版，第11章。

混淆。

因此，必须对“经济体制”和“经济制度”两个概念做出严格界定。一般说来，“经济制度”是指“社会经济制度”，即在人类社会发展到一定阶段上占主要地位的生产关系的总和，① 而不是指一些社会经济部门或社会某一方面的具体制度，如工业经济制度、农业经济制度，等等。一定的社会经济结构或经济制度形成该社会的经济基础，并规定这一社会的政治制度、法律制度和人们的社会意识。西方现代经济学者由于完全从资源配置出发来定义经济制度，所以会造成“经济制度”和“经济体制”概念上的混乱。

而经济体制是指一定社会经济制度下对生产、交换、分配、消费等经济活动进行组织、指挥、监督和调节的秩序制度、方式方法和组织机构，主要包括生产、交换的组织形式、管理的机构和方法、调节经济的手段、经济联系的形式等诸多内容。

在一种经济体制下，经济活动的主体要素包括个人、企业、国家等，客体要素包括经济行为所运用的各种资源，如自然资源、技术等。经济体制是生产力和生产关系联结的“中介”，其形成受制于政治、法律、意识形态、历史、文化甚至自然环境等诸多因素。经济体制的性质和主体是由生产资料所有制决定，但它比经济制度更为活跃。在生产方式的变革过程中，首先是经济体制的变革。在同一种社会经济制度中，经济体制也是不断调整和变化的。英国重商主义市场经济体制正是新旧经济制度和生产方式交替中出现的新体制因素，是市场经济体制的初级形态，是我们理解西方世界崛起的关键。

由此可见，经济体制和经济制度是两个内在联系十分紧密，但内涵迥异的概念。经济体制的性质由经济制度所决定，经济制度在一定程度上也影响着经济体制的具体形式。经济体制比经济制度具有更大的灵活性和易变性，同一种经济制度可以具有不同的经济体制，但不同的经济制度不可能有完全相同的经济体制。

---

① 《中国大百科全书》“经济学 II”，中国大百科全书出版社 1988 年版，第 810 页；另参见许涤新主编的《简明政治经济学辞典》，人民出版社 1983 年版，第 350—351 页。

二、重商主义

重商主义（mercantilism）是一个至今为止仍颇有争议的概念。从词源学角度来说，该词源于拉丁语“mercari”，意为“统制贸易”，和拉丁语“merx”，意为“商品”。重商主义概念首次出现在印刷品中是在1763年，在米拉波所写的小册子中用作“商业体系”（systeme mercantile）。① 古典政治经济学创立者亚当·斯密于1776年为了与“重农主义”等经济学说及他所极力主张的“自由贸易”相区分而使用了名词“Mercantile System”，这是“Mercantilism”一词的来源。亚当·斯密认为：“不同时代不同国民的不同富裕程度，曾产生两种不同的关于富国裕民的政治经济学体系。其一，可称为重商主义；其二，可称为重农主义。”② 埃里克·罗尔指出，自从亚当·斯密创立这一概念以来，“重商主义这个名词的确切定义一直是个有争论的问题。”③ 布罗代尔也指出：“重商主义萌芽于14世纪，……直到18世纪仍依然存在。这样长的寿命意味着，它绝对不是轻易下个定义就能一劳永逸地确定的‘体系’，亚当·斯密硬说重商主义是个结构严密的体系，那是为了便于批驳。”一位历史学家也曾放心大胆地指出：“有多少个重商主义者，就有多少种重商主义”。④ 科尔曼认为，“学者们发明重商主义这样的概念，来简化无限复杂的过去，通常却以增加了现在的混乱而告终。”⑤ 但菲利普·斯特恩和卡尔·温纳林德认为，具有讽刺意味的是，批评者比拥护者对重商主义概念作出了更大的贡献。⑥

① Lars Magnusson, *The Political Economy of Mercantilism*, London and New York: Routledge, 2015, p.217.

② ［英］亚当·斯密：《国民财富的性质和原因的研究》下卷，商务印书馆1997年版，第1页。

③ ［英］埃里克·罗尔：《经济思想史》，商务印书馆1981年版，第61页。

④ ［法］费尔南·布罗代尔：《15至18世纪的物质文明、经济和资本主义》第2卷，生活·读书·新知三联书店1993年中文版，第599—601页。

⑤ D. C. Coleman, *Revision in Mercantilism*, Meththuen ＆ CO LTD, 1969, p.1.

⑥ Philip J. Stern and Carl Wennerlind, *Mercantilism Reimagined: Political Economy in Early Modern Britain and Its Empire*, Oxford University Press, 2014, p.3.

利普森指出，重商主义是“一个方便的词语，用来表达一种思想倾向”。① 赫克歇尔也认为，重商主义仅仅是一个工具性的概念，它可以使我们更清楚地了解一段特殊的历史时期。因此，每个人可以赋予重商主义一词意义，设定特定的范围，以更与他自己设定的特殊任务协调一致。就此而言，对这一词语的运用没有对与错的问题，只有或多或少适当的问题。他在他的巨著《重商主义》一书中，把重商主义看作是“经济政策史的一个阶段”。② 按照传统教科书的描述，重商主义理论起源于财富有限的观念，认为一国的财富通过其拥有的金、银贵金属或货币数量来衡量。由于世界金银的数量有限，一国只能通过战争或贸易顺差手段，以其他国家为代价来增加财富的数量。追求重商主义政策的国家从压倒性的农业经济基础出发，通过促进国内工业、生产用于出口的商品、减少进口的需求寻求改善贸易平衡；创建贸易公司来赢得世界贸易包括运输业更大的份额；建立殖民地作为原材料来源地和制成品的市场。③ 不列颠百科全书等辞书认为，“重商主义”主要指一种经济学说和经济实践，主张应由政府控制国家的经济，以便损害与削弱竞争对方国家的实力，增强本国实力，是政治上专制主义在经济上的翻版。④

这些所谓的重商主义原理实际是重商主义初始阶段的粗浅想法，随着重商主义在17、18世纪的演进，重商主义者已经基本抛弃了早期的这些看法，重商主义逐渐成熟，在思想形态和内容上已经无限接近于古典经济学。根据学术界的最新研究，重商主义思想和重商主义政策在近代早期都经历了三个阶段的动态演进过程。从本质上讲，重商主义探讨和处理的主要问题是中世纪晚期至工业革命之前的国家与市场经济的关系。因此，重商主义就是商业资本主义时期关于国家与市场经济关系的学说，也是国家与市场经济关系互动的一种实践。重商主义包括重商主义思想和重商主义政策两个层面，必须在学理上对两者作出清晰的区分。无论是重商主义思想还是重

① E. Lipson, *The Economic History of England, III. The Age of Mercantilism*, London, 1931, p.1.

② Eli. F. Heckscher, *Mercantilism*, Vol. 1, New York, 1983, p.2.

③ R. H. Fritze and W. B. Robison, *Historical Dictionary of Stuart England, 1603–1689*, London, 1996, p.330.

④ 参见《不列颠百科全书》第11卷（中国大百科全书出版社，1988年版）等中外百科全书。

商主义政策，都有两个方面，一个是国家干预，一个是自由贸易，缺一不可，这两个方面随着重商主义的动态演进而此起彼伏。把重商主义等同于国家干预，或者把重商主义等同于自由贸易都是不全面的，没有把握住重商主义的实质。[①]

三、重商主义市场经济体制

所谓重商主义市场经济体制，就是市场经济体制，指在重商主义思想影响下，以重商主义政策为基础，突破封建农本经济体制，伴随着所谓的商业革命、农业革命、金融革命和资本主义生产方式发展所形成的市场经济体制。其中“重商主义”对“市场经济体制”起着定性和限制时间范围的作用，使“市场经济体制”在内容和形式上有了具体的、历史的规定性。

重商主义时代是市场经济生产要素产生和形成时期，是培育资本主义的关键时期。英国重商主义产生于中世纪晚期近代早期。当时由于商品经济的发展，需要更多货币投入流通。地理大发现又促进了海外贸易的大发展，从而引起对货币需求的强烈增长。与此同时，英国建立了中央集权制的民族国家。民族国家的开支日益庞大，需要大量货币。对缺少金银矿藏的国家来说，“通向财富的道路只有两条，即掠夺和贸易。”[②] 商业资本在经济上为民族国家服务，民族国家则运用各种力量支持商业资本的发展，英国重商主义正是在这一历史条件下应运而生的。

正是在这样一个大变革、大过渡时代，英国市场经济体制借助重商主义政策脱胎而生。重商主义政策既保证和扩大了要求执行重商主义政策的市场力量，又巩固和加强了执行这个政策的政府的统治。重商主义把商人经济利益和国家政治利益紧密结合在了一起。正是在政府和个人等市场力量不断互动的经济活动中，一个全新的重商主义市场经济体制脱颖而出。

---

① 李新宽:《英国重商主义思想的分期问题》，载《武汉大学学报（人文科学版）》2008 年第 6 期；李新宽:《论英国重商主义政策的阶段性演进》，载《世界历史》2008 年第 5 期；李新宽:《重商主义概念辨析》，载《东北师大学报》2009 年第 4 期。

② 约翰·洛克语，转引自汉斯·豪斯赫尔的《近代经济史》中译本，商务印书馆 1987 年版，第 228 页。

第三节 研究方法

市场经济体制从一个前工业社会中萌生、成长，是一个复杂的历史过程，因为在前工业社会中，经济、政治、社会与国家之间并没有像现代社会那样具有严格分野，新体制性因素的出现，与旧有的制度混杂在一起，只有严格遵循马克思主义历史唯物主义和辩证唯物主义的基本原理，运用历史的方法展开辩证分析才是追寻市场经济体制起源的基本研究方法。历史的方法就是要求把市场经济起源的客观历史事实作为历史研究的出发点，注重客观历史发展过程的英国重商主义时空范围限制，具体问题具体分析，实事求是，不做空泛的推论，“历史的方法对任何一种经济制度决不轻易地一律予以颂扬或一律予以否定”①；而是把这一历史现象放在一定的历史时空范围内观察和研究，“在分析任何一个社会问题时，马克思主义理论的绝对要求，就是把问题提到一定的历史范围之内，此外，如果谈到某一国家（例如，谈到这个国家的民族纲领），那就要估计到同一历史时代这个国家不同于其他各国的具体特点。”②具体到市场经济体制起源来说，就是要放到英国重商主义这一历史时空范围内进行研究。

历史的方法是历史唯物主义的重要原则，是历史学的基本研究方法，也是研究市场经济体制起源的最佳方法。马克思确立的辩证思维方式以批判的历史意识（历史感）为基础。中外学者阅读马克思的著作，即使是经济学著作，都会被其中强烈的历史感所折服。“当代著名历史学家，甚至包括对马克思的分析抱有不同见解的历史学家，无一例外地交口称誉马克思主义历史哲学对他们产生的巨大影响，启发了他们的创造力。”③列宁说：“历史唯物主义也从来没有企求说明一切，而只是企求指出‘唯一科学的’说明历史的方

---

① ［德］威廉·罗雪尔：《历史方法的国民经济学讲义大纲》，商务印书馆1981年版，第8页。

② 《列宁选集》第2卷，人民出版社1972年版，第512页。

③ ［英］杰夫里·巴勒克拉夫：《当代史学主要趋势》，上海译文出版社1987年版，第261页。

法。"[①]注重逻辑分析与历史分析的统一，是马克思分析方法的最大特点，《资本论》就是这种分析方法的范本，从具体到抽象和从抽象到具体，在历史发展的连续性和阶段性的统一中发现规律，围绕历史实践揭示历史发展的过程和规律。马克思主义历史的方法历经时代的检验，仍然是分析经济社会现象的正确的方法，它"提供了合理地排列人类历史复杂事件的使人满意的唯一基础"[②]，因此，"在详细描述长期变迁的各种现存理论中，马克思的分析框架是最有说服力的"[③]。

在运用历史方法的基础上，本课题将综合运用发生学方法、系统论方法、结构—功能分析方法、比较方法、经济学方法等。通过历史与逻辑、实证与分析、动态与静态相结合，探讨16—18世纪英国市场经济体制的起源和兴衰规律。

作为一种历史研究方法，"发生学研究本质上是一种前提研究和过程研究，它以各种已经形成和相对成熟的东西为起点，去追溯它的孕育、发生和形成过程，对某种结果的产生提供过程性分析，揭示其历史前提和历史依据。在这种意义上，它又是一种前过程研究或逆过程研究"[④]通过利用发生学原理，来研究英国重商主义市场经济体制，可以较为深刻地揭示其发生、发展的过程。

经济体制是一个复杂的系统，要对其开展研究，必须采用系统论的方法，强调总体性认识，克服孤立的、机械的局部思维方式。在此基础上，必须充分运用结构方法，"因为为了解释一个系统的发展，我们不仅要了解这一系统在连续发展的瞬时中所经过的阶段（因为这仅说明了它的变化），而且还要了解它的结构。"[⑤]结构方法又称结构—功能方法，它是对客观事物的结构及其功能进行科学分析，从而在整体性的定性和定量的基础上，进一步

---

① 《列宁选集》第1卷，人民出版社1972年版，第13页。

② ［英］杰夫里·巴勒克拉夫：《当代史学主要趋势》，上海译文出版社1987年版，第26—27页。

③ ［美］道格拉斯·诺斯：《经济史中的结构与变迁》，上海三联书店1994年版，第68页。

④ 欧阳康：《哲学研究方法论》，武汉大学出版社1998年版，第98页。

⑤ ［波］托波尔斯基：《历史学方法论》，华夏出版社1990年版，第4页。

把握客观对象的本质及其规律的一种方法。

比较方法是比较经济体制学使用的主要方法，也是研究世界史的基本方法之一，“有意识有计划地开展历史的比较研究，对于世界历史科学来说，尤为必要”，因为“世界是一个整体。作为这个整体世界的历史有其发生、发展和形成的过程。国别史、地区史是世界史的基础和有机组成部分，但世界史并不等于国别史的相加，地区史的堆砌。世界历史就是要从宏观上把握世界历史发展的共同规律和特殊规律，具体阐明世界历史发展的统一性和多样性”①。由于重商主义在当时西欧是一个普遍现象，重商主义思想和政策在西欧各国得到发展和实施，所以，开展比较研究十分必要。

对英国重商主义市场经济体制的研究离不开经济学的方法。J. M. 凯恩斯说：“经济学与其说是一种学说，不如说是一种方法，一种思维工具，一种构想技术。”②所以，吴承明主张：“在经济史研究中，一切经济学理论都应视为方法论。”③本文主要借鉴制度经济学等经济学派的有关方法，对重商主义市场经济体制的变革进行分析。同时，借鉴伊曼纽尔·沃勒斯坦的“世界体系”和费尔南·布罗代尔的“经济世界”概念，在进行微观研究的同时，运用约瑟夫·弗莱彻提出的“整合史学”的方法，始终把英国经济体制的变革置身于欧洲的发展进程中进行分析对比，研究横向整合的宏观历史。弗莱彻认为，“历史学家对于纵向的联系（如传统的延续等）很敏感，但是对于横向的联系则视而不见。……整合史学就是探索、描述和解释这种相互联系的历史现象。其方法说起来很简单，但做起来不容易：首先，需要寻找历史平行现象（世界上各个不同社会里的大体同时发生的类似发展现象），然后判断它们相互之间是否有因果联系。……发现近代早期的相互联系和横向连续性，必须深入到政治和制度史表象的背后，考察近代早期的经济、社会和文化发展。”④

---

① 朱寰：《世界历史与比较研究之我见》，《历史研究》1994 年第 1 期。

② 转引自吴承明的《经济学理论与经济史研究》，载《经济研究》1995 年第 4 期。

③ 吴承明：《经济学理论与经济史研究》，载《经济研究》1995 年第 4 期。

④ 参见［德］贡德·弗兰克的《白银资本——重视经济全球化中的东方》，中央编译出版社 2000 年版，第五章。

第四节 研究思路

本书是对英国重商主义市场经济体制进行研究，时间范围大致限定在16世纪至18世纪中叶，英国重商主义时代通常都从1485年都铎王朝算起，历经伊丽莎白女王统治时代的16世纪后期，以及17世纪的斯图亚特王朝时期，一直持续到18世纪中期工业革命前。甚至到19世纪上半期，一些主要的重商主义立法才从法典上逐渐消失。本书为了研究方便，将具体研究时段设定为1500—1750年左右。许多学者将1500年作为中古与近代的分界线，是从地理大发现对世界历史发展进程的影响作出的划分。事实上，保罗·肯尼迪指出，站在1500年这一起跑线上的欧洲人“绝对看不出他们的大陆会称雄于世界”；[①] 地理大发现是西欧从11、12世纪开始商业化以来，内在的扩张冲动的又一个结果（第一个结果是十字军的东征），不管其意义有多么重大，历史并没有在这里断裂。正是从这个意义上，同时参考重商主义思想在英国出现的时间，本文把研究时段起始点选在16世纪初，在一些具体问题上可能会上溯到中世纪晚期。至于终结点选在18世纪中叶，是由于此后工业革命开始兴起，机器的威力无往而不胜，产业资本开始支配商业资本，英国已具备了自由贸易的条件，重商主义思想中的自由贸易思想被亚当·斯密吸收，综合发展出古典经济学，自由贸易思想和政策逐渐成为官方的意识形态和经济政策取向。

一个国家由农业文明向工业文明转变过程中，必然要经历一个商业大发展的时代，必然要经历一个重商主义时代。没有重商主义，工业文明就不会产生。由于英国是唯一“自发”地从传统农业社会过渡到近代工业社会的国家，并对世界现代化进程产生了深刻影响，因此，对英国重商主义市场经济体制的研究，不仅可以重新认识和评价重商主义，而且有助于深入理解在过渡时期英国是如何从商业资本主义孕育出工业文明的。正是由于英国从商

① ［美］保罗·肯尼迪:《大国的兴衰》，中国经济出版社1989年版，第3页。

业、农业、乡村工业三元同质结构的同时发展中整合出大工业的爆发性力量，培育了在全球范围内配置生产要素和非生产要素的资产阶级，从而启动了世界历史进程："资产阶级，由于开拓了世界市场，使一切国家的生产和消费都成为世界性的了。使反动派大为惋惜的是，资产阶级挖掉了工业脚下的民族基础。古老的民族工业被消灭了，并且每天都还在被消灭。它们被新的工业排挤掉了，新的工业的建立已经成为一切文明民族的生命攸关的问题；这些工业所加工的，已经不是本地的原料，而是来自极其遥远的地区的原料；它们的产品不仅供本国消费，而且同时供世界各地消费。旧的、靠本国产品来满足的需要，被新的、要靠极其遥远的国家和地带的产品来满足的需要所代替了。过去那种地方的和民族的自给自足和闭关自守状态，被各民族的各方面的互相往来和各方面的互相依赖所代替了。物质的生产是如此，精神的生产也是如此。……一句话，它按照自己的面貌为自己创造了一个世界。"①因此，研究英国重商主义市场经济体制的形成具有极其重要的学术价值，可以追寻到当今世界经济变革的发生根源。在资本主义原始积累时期，重商主义是西欧经济思想的主流，对英国重商主义市场经济体制的研究，可以找到解开资本主义何以在西欧起源、在英国获得突破之谜的钥匙。英国重商主义市场经济体制的发生、发展过程伴随着市场经济的发生和完善过程，这一研究对完善我国社会主义市场经济体制，认清当今国际"新重商主义"现象，都具有借鉴意义。

因此，本书运用马克思主义历史的方法作为主要的分析方法，综合发生学方法、比较研究、经济学方法等其他方法，力争在以下几个方面有所突破：

1. 本书以追溯英国市场经济体制的起源为研究目的，尝试从英国重商主义市场经济体制的新视角，来解决英国为什么能够率先出现工业革命、完成向资本主义过渡这一历史难题，在理论上是一大突破，具有重要的学术价值。因为经济体制比经济制度更为活跃，更容易发生变革，生产方式的变革，首先体现为经济体制的变革。本书通过深入探讨英国重商主义市场经济

① 《马克思恩格斯选集》第1卷，人民出版社1995年版，第276页。

体制主要内容、作用机制及其兴起、确立和衰落的历程，深刻地揭示了资本主义生产方式兴起的根源和过程。迄今为止，国内外对英国市场经济体制的起源，特别是重商主义市场经济体制的研究相对薄弱，虽然对这一时期的历史论述较多，但是尚未从这一视野进行全面审视和系统研究，本文正是以此为切入点和主要方向，努力通过对这一薄弱环节的突破，深入探讨英国重商主义市场经济体制主要内容、作用机制及其兴起、确立和衰落的历程。

2. 本书建构出重商主义市场经济体制研究新领域。重商主义在近代早期西北欧是一个普遍现象，但西北欧各国在近代早期的发展命运却各不相同，如果运用本书的研究框架去研究各国的历史，就能揭示各国在同样实施重商主义政策的条件下，市场经济完善历程和国家命运各不相同的历史原因。因此，本书不但为以后的研究开辟了新道路，而且这一研究对完善我国社会主义市场经济体制，认清当今世界出现的“新重商主义”现象，都具有重大借鉴意义。

3. 本书丰富了西方比较经济体制学的内涵。首先，对经济体制和经济制度做出了严格的学术区分，从而为研究历史上各种不同的经济体制奠定了理论基础；其次，打破了西方学者按照意识形态标准，将比较经济体制学限定在资本主义经济体制与社会主义经济体制比较的狭隘范畴，并以经济体制为研究视角，考察了近代早期英国市场经济的形成、完善和资本主义兴起过程中的体制变革因素，开辟了重商主义市场经济体制的研究新方向，拓展了从封建主义向资本主义过渡的新领域。

4. 本书重新评估了重商主义对英国率先实现工业突破的积极作用。重商主义在前工业时期，对于英国历史演进产生过积极而深远的影响。然而，从亚当·斯密开始，学者们在批判重商主义所谓的“偏见”的同时，也确立了对重商主义的成见，他们从贸易自由的理论前提出发，认为重商主义政策并没有给经济发展带来好处，也没有增进本国的财富。本书将摆脱旧观念的束缚和没有历史根据的先入之见的影响，把重商主义放在 15 世纪末到 18 世纪中叶的历史实然语境中进行剖析，既要看到重商主义的积极作用，也要看到重商主义的消极影响。重商主义是对西欧封建农本经济制度的否定，而斯密开创的经济自由主义是对重商主义的否定，而凯恩斯创立的现代经济学国家干预主义则是对经济自由主义的否定，历史总是在“否定”与“否定之否定”的螺旋式上升通道中前行。本书在观照历史发展脉络的同时，将通过实证研究阐明，重商主义时代的经济行为模式，必须根据当时的事实、当时人的观点及其所处的历史条件来考察，才有可能还原历史真相。

为了完成以上研究目标，本书共分为五章，本部分为导论部分，对国内外相关史学研究和经济学研究作一简单述评，并梳理和界定了相关的概念，提出研究的基本思路；第一章至第四章为本论文的主体部分，详细分析了英国重商主义市场经济体制兴起的历史条件，更为重要的是，分别阐述了英国重商主义市场经济体制三大核心机制的形成，也就是政府调控机制、市场协调机制、市场决策机制，从这三个维度深入地探讨了英国重商主义市场经济体制演进的历史进程。第五章为结论部分，总结了英国重商主义市场经济体制的基本特征、历史地位和作用及影响等方面。附录中三篇已经公开发表的文章能够更好地补充说明和全面理解英国重商主义的概念、思想及政策。

第一章　英国市场经济体制兴起的历史条件

市场经济思想起源于中世纪，但英国市场经济体制起源和成熟于重商主义时代。市场经济体制的起源或者重商主义市场经济体制的形成必须具备两个基本条件，第一个条件是封建农本经济制度的基本瓦解，商品货币经济的相对发达。吴于廑指出："农耕世界封建国家之以农为本，不论东方或西方，都视为经济上的根本准则。"而"在以农为本的封建社会里，重农抑商，可谓概莫能外，是无间东方和西方的通则"。[①] 因此，重商主义市场经济体制的形成必然奠基于农本经济的瓦解；第二个条件是民族国家的兴起，因为封建社会的地方特权和等级特权不仅妨碍了国内市场的统一，而且阻碍了商业资本的发展，而统一的国家政权能够有效保护那些要求建立国内统一市场和开拓海外市场的商业资本家的利益。

第一节　农本经济体制的瓦解和民族国家的兴起

凯思林・比德克利用中世纪税收卷宗研究了贝德福德郡农民在 13 世纪

① 吴于廑:《世界历史上的农本与重商》，载吴于廑主编:《十五十六世纪东西方历史初学集》，武汉大学出版社 1985 年版，第 2、5 页。

参与市场的程度，表明当时农民为了生存面向市场种植谷物和饲养牲畜，他们的谷物和牲畜产品在一个等级化的市场渠道内流通，虽然农村共同体竭力抵制农民参与市场的风险，阻止市场的渗透，但中世纪市场已经相当全面地渗透到农民的牲畜经济之中，到13世纪末市场已经影响了牲畜经济的组织形式，就像在谷物种植领域一样，在牲畜饲养领域，地区市场体系改写了中世纪农民的经济空间。① 到16世纪前后，处于封建制度晚期的英国社会已经面临着深刻的经济和社会变革，克雷格·马尔德鲁注意到，此时的流通和交易网络更为复杂，商人们将货物用船载到需求最大价格高昂的地方获利。② 以至于"贸易成为每个人日常经验的一部分，城镇成倍增长，英国成为欧洲最工业化的国家之一。许多租地农民经营的田产是如此之大，以致我们怀疑是否应该称他们为租地农民，领主经济的影响减弱了。市场拥有更普遍深入的影响，为了占有土地而提供服务在社会关系中已经基本不起作用了。" ③ 克里斯托弗·戴尔这段话清楚地表明，英国农本经济制度和封建制度内在地萌动了全新的变革指向，一种不同于封建分裂体制的新型国家结构开始形成。尼尔·伍德也指出，早在都铎王朝时期，一些堪称政治经济学先驱的改革家开始统合政治学和经济学，形成一种全新的国家的经济概念，把国家看作是一种机制，经此可促进和保护各种不同的经济利益，各种冲突均由于构成社会的单个个人的物质利益和安全得到妥协消弥。④ 一部市场经济和国家相互成长史拉开了帷幕，上演的正是重商主义市场经济体制形成这幕大剧。

站在历史隧道的尽头，回首当时整个欧洲的社会转型，正如王国斌所言，"如果离开民族国家的形成与资本主义的发展这两大进程，就很难去想

---

① Kathleen Briddick, "Medieval English Peasants and Market Involvement", *The Journal of Economic History*, Vol. 45, 1985, p.831.

② Craig Muldrew, *The Economy of Obligation: The Culture of Credit and Social Relations in Early Modern England*, Macmillan Press Ltd, 1998, p.15.

③ C. Dyer, *An Age of Transition?Economy and Society in England in the Later Middle Ages*, Oxford, 2005, p.2.

④ Neal Wood, *Foundations of Political Economy: Some Early Tudor Views on State and Society*, University of California Press, 1994, p.2.

象欧洲的历史。"[①] 农本经济的瓦解，市场经济的兴起，民族国家的形成，国家职能的扩张，为英国重商主义市场经济体制的形成奠定了坚实的基础。

一、封建农本经济的瓦解和商品经济的兴起

市场经济体制的起源或重商主义市场经济体制形成的基础条件是封建农本经济的解体。朱寰指出，"封建经济最本质、最核心的是农本经济。农本经济，……不仅包括'农村经济这一主体成分'，而且还包括城市手工业和商业在内，'以农为本'的另一面，就是'以工商为末'。"[②] 英国封建农本经济体制是以封建土地所有制、庄园制、农奴制以及后来的城市行会制等一系列的制度安排为主要内容，也经历了一个从出现、确立到解体的复杂过程。这一解体过程开始得较早，米歇尔·博德甚至认为"封建社会几乎刚刚建立，它的解体过程就开始了。"[③] 当然，学术界对解体原因的解释各有不同，利普森强调黑死病和此后的人口下降对庄园制瓦解的影响，认为如果没有这种人口下降，庄园的衰落绝对是一个缓慢的过程；而坎宁安、阿什利和皮朗等人认为，自给自足的庄园瓦解的动力来自于外部，来自于国际贸易的增长，和随之而来城镇的发展，以及商人、工匠等新市民阶层的形成。[④]

虽然学术界对农本经济解体仍有争议，但可以肯定的是，这种解体主要表现为两个方面，一是"本"业的发展使生产力获得提高，粮食产量的增加，使社会上有可能养活更多的非农业人口，工业所需动植物原料的增产（如羊毛、麻、棉等），为相关工商业的发展创造了条件。工商"末"业的内生发展空间越来越大，渗透力日益增强，从而使封建制度面临着发展危机，农本经济的结构逐渐崩溃，采邑分封制、封建农奴制、庄园制等封建经

① ［美］王国斌：《转变的中国——历史变迁与欧洲经验的局限》，江苏人民出版社 1998 年中文版，第 1 页。

② 王晋新：《15—17 世纪中英两国农村经济比较研究》，朱寰撰"序"，东北师范大学出版社 1996 年版。

③ ［法］米歇尔·博德：《资本主义史：1500—1980》，东方出版社 1986 年版，第 4 页。

④ Rosemary Horrox and W. Mark Ormrod, ed., *A Social History of England: 1200–1500*, Cambridge University Press, 2006, p.11.

济赖以存在的大厦相继瓦解；二是城市的兴起和商品经济的发展，使“末”业发展的条件越来越充分，不断壮大，形成了持续扩张的态势。这两个过程相辅相成，货币流通加速，资本积累随之开始，市场经济生产要素不断得到解放，资本主义生产方式开始获得立足点和发展平台。

在中世纪前期，英国社会发展起点很低，经常受到赤贫和饥饿的困扰。但12世纪以来，英国封建经济得到恢复和发展，首先是人口增长，在1050—1200年间，不列颠岛人口从150万增加到超过200万。① 随之出现了所谓的“边疆运动”，掀起了开垦荒地的热潮，“更多的土地变为农业用地，现有的农业用地得到集中开发”，② 到12世纪晚期和13世纪早期，这一垦荒运动达到了最高潮。③ 通过这一运动，英国中世纪经济的活力不断增强，能够提高土地利用率的三圃制在12世纪传入英格兰，克拉潘认为“到1300年，可以肯定地说，差不多都采用了三圃制”④。此外，耕作技术和农具的改进、肥料的使用等诸多因素都促进了生产力的提高。布里特尼尔认为，即使按照严格的“商业化”定义，英国经济在1300年比在1000年更加商业化，并且这一商业化的进程一直持续到中世纪晚期。⑤

到中世纪晚期，农业仍绝对支配着英国的经济生活，因此，农业是当时生产力水平的代表。而衡量农业生产力的指标主要是农业劳动生产率，即单个劳动力在一个工作年度的平均生产量。马克思说：“超过劳动者个人需要的农业劳动生产率，是一切社会的基础，并且首先是资本主义生产的基础。”⑥ 侯建新根据贝内特和彼梁斯基等学者的数据，对英国农

① D. Luscombe and J. Riley-Smith, *The New Cambridge Medieval History, Vol. IV, c. 1024-c. 1198, Part I,* Cambridge University Press, 2008, p.13.

② Rosemary Horrox and W. Mark Ormrod, ed., *A Social History of England: 1200–1500*, Cambridge University Press, 2006, p.182.

③ J. L. Bolton, *The Medieval English Economy, 1150–1500*, J. M. Dent & Sons Ltd, 1980, p.82.

④ [英] 约翰·克拉潘：《简明不列颠经济史》，上海译文出版社1980年版，第115页。

⑤ R. H. Britnell, *The Commercialisation of English Society, 1000–1500*, Manchester University Press, 1996, p.228.

⑥ 马克思：《资本论》第3卷下册，人民出版社1975年版，第885页。

业劳动生产率进行了估算，13—14 世纪英国中等农户每年大约产粮 115 蒲式耳或 2280 公斤，按每户两个整劳动力计算，劳动生产率为每个劳动力每年产粮 57.5 蒲式耳，即 1140 公斤。而 15—16 世纪一般农户每年大约产粮 240 蒲式耳或 4800 公斤，农业劳动生产率为 2400 公斤，比 13—14 世纪提高了一倍以上。[①] 据王乃耀估算，到 16 世纪末 17 世纪初，劳动生产率进一步提高，达到了 3050 公斤。[②] 由此可见，农业生产力提升速度较快。

表 1.1　1500—1820 年欧洲各地谷物每粒种子的平均收获量

年份	英国 比利时 荷兰	法国 意大利 西班牙	德国 瑞士 斯堪的纳维亚	俄国 波兰 波西米亚
1500—1549	5.9	6.7	4.0	2.4
1550—1599	6.7	—	4.3	4.5
1600—1649	6.2	—	4.2	4.2
1650—1699	7.0	6.4	4.1	3.7
1700—1749	—	5.9	4.3	3.7
1750—1799	9.7	7.0	4.8	3.4
1800—1820	11.3	5.9	5.4	4.4

资料来源：Charles Wilson and Geoffrey Parker , ed., *An Introduction to the Sources of European Economic History 1500–1800*, Vol. 1:Western Europe, George Weidenfeld and Nicolson Ltd. 1977, p.121.

谷物是近代早期英国农业的主要产品，从这一时期英国谷物的收获率，即每粒种子播种后的收获量来看，一般明显比欧洲大陆高许多，且呈稳步增长态势（见表 1.1）。一些学者的估计数值比表 1.1 所示数值更高，反映出英

① 侯建新：《社会转型时期的西欧与中国》，济南出版社 2001 年版，第 76—77 页。

② 王乃耀：《英国封建社会晚期商品经济的发展》，载《首都师范大学史学研究》第 1 辑，首都师范大学出版社 1999 年版，第 243 页。

国比欧洲其他国家在谷物增产上步伐更快，如以 1500 年至 1549 年为例，阿尔多·德马达莱娜估算，英国的小麦、黑麦、大麦、燕麦四种作物的平均收获量是 6.9，而同时期德国与瑞士的平均收获量为 4.7，东欧国家为 4.5。① 而另一位学者根据小麦、黑麦、大麦三种作物做出的估算更高，英国谷物的平均收获量为 7.4，同时期法国、西班牙、意大利为 6.7，德国、瑞士、斯堪的纳维亚为 4.0，俄国、波兰等国为 3.9。② 不管这些估算的数字有多大差异，但有一点是相同的，那就是英国的土地产出率明显增加，从一个侧面反映了英国农业生产力的提高。

卡洛·M. 奇波拉在综合各种生产率的数据后得出结论：与传统农业社会的典型生产率水平相比，西欧在中世纪和文化复兴时期达到的收益是引人注目的。③ 弗朗索瓦·克鲁泽认为，欧洲从 7 世纪的野蛮状态经历了漫长的历程，在 10—14 世纪由于技术进步和市场经济的扩散，经济实现了深度变化，极大扩展，虽然有史家对人均产量的持续增长持怀疑态度，但人均收入的增长是毫无疑义的。④ 玛丽安娜·科瓦雷斯基也指出了中世纪晚期购买力的增长，在 14 世纪第一个 10 年，购买一篮子消费品需要 27 个农业劳动单位，35 个建筑工作单位，到 15 世纪 60 年代，同样的消费品只需 12 个农业劳动单位，14 个建筑工作单位。⑤ 正是由于社会劳动生产力的提高和购买力的增长，成为农本向重商转变的引擎。

农业生产力的提高，使农民手中有了余粮可以出售，交换能力得到加强，内部商业需求成为促进农业商品化的巨大动力。在 15—16 世纪，英国农户“有 60% 的余粮可出售；而在两个世纪前，粮食富余量仅占 16%。粮

① ［意］卡洛·奇波拉：《欧洲经济史》第 2 卷，商务印书馆 1988 年版，第 294—297 页。

② P. Kriedte, *Peasants, Landlords and Merchant Capitalists——Europe and the World Economy, 1500–1800*, Cambridge, 1983, p.22.

③ Carlo M. Cipolla, *Before the Industrial Revolution: European Society and Economy 1000–1700*, Third Edition, London, 2003, p.83.

④ Francois Crouzet, *A History of the European Economy, 1000–2000*, University Press of Virginia, 2001, pp.34–35.

⑤ Maryanne Kowaleski, “A Consumer Economy”, in Rosemary Horrox and W. Mark Ormrod, ed., *A Social History of England: 1200–1500*, Cambridge, University Press, 2006, p.241.

食如此，工副业的商品率无疑更高。总之，15—16世纪的商品率肯定不会低于80%。如果说，13—14世纪英国中等农户的劳动产品约有一半左右进入市场，因而还是半个小商品生产者的话，那么，现在至少已有相当大一部分中等农户的主要经济活动与市场联系在一起了。”① 城市兴起，人口增长，都促使粮食需求不断扩大；粮食市场扩大，粮价也随之攀升，从而使通过出售粮食增加收入成为可能。

除了粮食，国内外市场对羊毛及畜产品的需求也促使农业商品化程度加深，农业产业结构得到进一步调整。中世纪时，英国农业种植业占有优势，畜牧业处于依附地位，在15、16世纪，英国畜牧业发展加速，家畜品种得到改良，在1500年，每只羊的体重平均为28磅，牛为320磅；而到1600年，平均每只羊为46磅，牛为600磅。② 在羊的体重增加的同时，羊毛产量也得到提高。到都铎王朝时期，英国畜牧业生产“终于达到了与种植业并驾齐驱的程度，这表明此时的英国农业技术已经形成了农牧混合农业的模式”③。当然，据史家研究，英国共有40种不同的农业类型，其中三种是主要的农业模式，“一是各种混合农业，主要是种植谷物，也养殖牲畜。这种耕作模式主要在英国东南部轻质土壤区和河谷粘土区，在东北部一些低地地区和西密德兰部分地区也存在；二是各式各样的牧业，如养殖乳牛，饲养牲畜，养猪等。有时也进行一些谷物种植。这一模式主要是在重质土壤区和多林木地区，可以总体划分为林地牧业。这类地区主要在东南部地带，如肯特和苏塞克斯的旷野地区，萨福克南部和埃塞克斯北部，或者威尔特郡的牛奶和奶酪产区；三是高沼地的牛、羊养殖和其他畜牧活动，如养马或捕猎，像在芬兰区。这种开放的牧业在西部高地从诺森伯兰延伸到德文。也包括不列颠岛的大部分凯尔特人和盖尔人地区，也就是威尔士，爱尔兰和苏格兰高地和低地，尽管不包括苏格兰中央山谷。”④

---

① 侯建新：《社会转型时期的西欧与中国》，济南出版社2001年版，第82页。

② A. L. Rowse, *The England of Elizabeth : A Structure of Society* , London, 1951, p.96.

③ 王晋新：《15—17世纪中英两国农村经济比较研究》，东北师范大学出版社1996年版，第96页。

④ D. C. Coleman, *The Economy of England 1450–1750*, Oxford University Press, pp.32–33.

这样一种农业发展模式，对农本经济向商品经济转变具有较大影响。正如吴于廑所言，重视畜牧是封建欧洲的古老传统，畜牧在农本经济中占有较大比重，这在封建农本经济发展迟滞之时，看不出有什么潜在意义，“但是，一旦商业和城市经济的媒触在农本经济中扩大它的触及面，这个与毛纺织业密切相关的牲畜饲养，就会因其比重之大，从常态中突出起来，在商业和城市经济转化为封建农本经济的对立物并使之发生根本变化的过程之中，起突出作用。”①

农业劳动生产率的提高，使英国封建经济在 12、13 世纪迎来了一个所谓“盛世”的发展周期。但是，人口的增长、城市的兴起和农业商业化程度的加深，使封建社会存在的基本条件发生了变化，容纳不了现有的生产力，封建经济结构像一张绷得太紧的弓一样，在重压下面临着随时断弦的危机。这次危机的浅层表象是：1348 年的黑死病蔓延开来，席卷了整个欧洲，饥荒频发，人口下降持续了一个多世纪；经济发展受到严重影响，城乡劳动力匮乏，生活必需品和劳动力价格上升；1381 年英国农民在瓦特·泰勒的领导下发动起义，以此次为代表的农民集体抗争不断，贵族之间在“红白玫瑰战争”中互相残杀，实现“兼并重组”；英国和法国为争夺封建领土进行了长达百年的拉锯战。实际上，早在 13 世纪末至黑死病爆发之前，英国就出现了危机的征兆，政治危机伴随着自然灾害，饥荒漫延，税收加重，价格和利润下降，工资上涨，形成了所谓的“14 世纪早期危机”。②

这些表象的深层就是被希尔顿称为“封建主义总危机”的激烈矛盾。封建主义制度是罗马帝国灭亡后，适应粗放低下的生产力的产物，终因不能容纳自身产生的生产力而崩溃。这次危机的结果，就是封建农奴制、采邑分封制、庄园制等封建经济体制瓦解的速度加快。这一瓦解过程分为两种基本的情况，即“自然瓦解”和“被迫瓦解”。

所谓“自然瓦解”，既指随着经济的发展，封建领主为适应经济形势或

① 吴于廑：《世界历史上的农本与重商》，载吴于廑主编：《十五十六世纪东西方历史初学集》，武汉大学出版社 1985 年版，第 21 页。

② J. L. Bolton, *The Medieval English Economy, 1150–1500*, J. M. Dent & Sons Ltd, 1980, pp.180–183.

为满足自己的生产生活需要而主动进行的变革，如采用货币地租，为吸引农奴前来垦荒而设立自由农庄。也指一部分农奴在习惯法的保护下通过辛勤劳动形成了一定的财富积累，这就是恩格斯所说的："被压迫阶级的静悄悄的劳动却在破坏着整个西欧的封建制度，创造着使封建主的地位日益削弱的条件。"①

所谓"被迫瓦解"指在经济危机或农民斗争的压力下被迫采取的变革措施，如一些封建主面对农民的斗争和劳动力奇缺的局面，不得不将自营地出租。

在这两个瓦解过程的交互作用下，英国封建农本经济出现了结构性解体，主要体现在以下几个方面：

首先，货币地租的出现和普遍推行，使农民与土地所有者的阶级依附关系开始向纯粹的货币关系转化。封建农奴制的解体在英国开始得较早，"在肯特（一向是英格兰最"现代化"的地区），在诺曼征服时期货币地租已十分流行，虽然现金的缴纳可能并不是佃户的唯一义务。"② 把劳役地租折算为货币地租，使得围绕劳役制运转的庄园经济无法维持下去。特别是在黑死病前后，封建领主试图按照过去的习惯条件经营，但农奴逃往城市、农民的斗争和领主间在劳动力稀缺条件下的竞争使这一企图落空。封建领主不得不同意通过劳役折算放宽依附义务，此外，人头税、迁徙税等封建义务逐渐也可以通过货币赎买，多数农奴成为事实上的自由民（当然，应该看到，即使在农奴制的全盛时期，英国也拥有为数不少的自由农民）。"在英国，农奴制实际上在14世纪末期已经不存在了。当时，尤其是15世纪，绝大多数人口是自由的自耕农，尽管他们的所有权还隐藏在封建的招牌后面。"③ 据希尔顿考证，在1313年1月签订的一份协议中，第一次使用"农民"一词，他认为，在14、15世纪，"当时社会已经通常是从职业上和经济上而不是按照法律地位来区分人们。"④ 马克思在《资本论》中认为，资本关系生成的条件

① 《马克思恩格斯全集》第21卷，人民出版社1965年版，第448页。

② 约翰·克拉潘：《简明不列颠经济史》，上海译文出版社1980年版，第101页。

③ 马克思：《资本论》第1卷，人民出版社1975年版，第784—785页。

④ R. H. Hilton, *The English Peasantry in the Later Middle Ages*, Oxford, 1979, pp.3, 24–25.

是，首先破坏封建农奴制，其次破坏小农私有制。[①] 封建农奴制在英国瓦解以后，圈地运动又把小农私有制送入了历史天堂，把封建制度掩护下保存下来的古代日耳曼制度一扫而光，这一点对于资本主义在英国率先兴起具有重要意义。

其次，领主自营地的出租，使封建地产经营方式开始从庄园制向租佃制过渡。虽然在西欧，英国的庄园最有特色，持续时间也最长，但是，早在 12 世纪甚至更早，封建领主就把磨坊出租给愿意每年缴纳固定租金的佃户，[②] 并且开始把自营地出租，这种趋势在黑死病期间得到加强，许多领主把自营地划成小块出租给佃户，自己坐收货币地租，这样就使庄园制逐渐瓦解。农民、骑士、牧师、商人、侍从等人都成为封建主自营地的租种者。

最后，土地买卖的出现，使封土向自由财产形成转化。1290 年英国颁布买地法，从法律角度对土地买卖予以允准。大量封土通过让渡的形式发生了产权转移，逐渐获得了自由处置的权利。土地逐渐成为可以自由买卖的商品，甚至连维兰“也被允许购买自由的土地而不受到阻碍，并且事实上经领主允许或不经领主允许，都可以购买和出租土地——维兰的和自由的土地”[③]。

农本经济解体的另一面是城市的兴起和工商业的扩张。城市在中世纪兴起后，很快发展成为工商业中心。英国在诺曼征服之后，城镇持续增长，形成了地区中心、郡中心和次中心三种城镇层次。[④] 在 12、13 世纪时，英国的城市大约有 140 个左右，到 14 世纪初，达到 300 个左右，与此同时，与农村经济联系密切的城镇也发展迅速，到 16 世纪的时候，“整个英格兰和威尔士，平均每走七英里就有一个市镇。”[⑤] 马克思充分肯定了城乡分工的巨大

---

① 马克思:《资本论》第 1 卷，人民出版社 1975 年版，第 782—783 页。

② John Langdon, *Mill in the Medieval Economy: England 1300–1540*, Oxford University Press, 2004, p.17.

③ M. M. Postan ed., *The Cambridge Economic History of Europe, Vol. 1*, Cambridge, 1952, p.611.

④ D. M. Palliser, ed., *The Cambridge Urban History of Britain, Vol. I, 600–1540*, Cambridge University Press, 2008, p.42.

⑤ J. Charters, *Agricultural Markets and Trade 1500–1750*, Cambridge, 1990, p.48.

历史意义，亨利·列菲弗尔认为，对马克思来说，“封建生产方式的瓦解和向资本主义的转变是依附于一个主体，即城市。城市摧毁了中世纪的制度(封建主义)，……城市是一个‘客体’和一种凝聚力，一种攻击着全球的制度并且摧毁它的局部的制度。”①城市一般都从封建领主或国王那里取得特许状，拥有自由贸易的特权，一般都定期举行市场或集市贸易，因为“最穷的市民也必定通过市场取得生活必需品；总而言之，城市普及了市场”②。基思·赖特森也指出，近代城市居民从双重意义上来说，都依赖市场，一方面大多数城市家庭被迫购买食物、原材料和其他日用品，另一方面他们的收入严重依赖于市场需求。③城市不仅仅是商业活动的中心，而且是王室管理的中心，正是城市的商业实践活动创生了存款和货币兑换业务，发展出了汇票和不同种类的合伙合同。④

城市里的手工业也得到迅速发展，毛纺织业、金属加工业、皮革加工业等手工业都有相当程度的发展，其中纺织业的发展最为迅猛。13世纪末以前，英国呢绒生产的中心在英国东部低地，约克、林肯、伯维里、北安普敦、伦敦、牛津等城市生产的优质呢绒声名远播。从13世纪末开始，许多传统工业城市的手工业发展呈现衰退迹象，技术工人减少，产量大幅下降。但城市经济仍在发展，一方面与乡村工业联系紧密的新兴市镇兴起，另一方面城市资产者开始为乡村工业提供金融服务，地位更为重要。

与此同时，工业开始向乡村扩张，英国乡村呢绒工业迅速崛起。农村以丰富的水力资源、劳动力价格低廉、没有行会限制等优势条件，吸引城市资本和工匠前来。如约克城的呢绒工业就不敌西区的竞争，从1395年到1397年两年，约克城生产了1192.25匹呢绒，整个西区平均年产量大约是590匹标准呢绒。而在1469—1478年间，西区的平均年产量为2128匹，比上一个

① R. J. Holton, *Cities , Capitalism and Civilization*, London, 1986, p.30.

② ［法］费尔南·布罗代尔：《15至18世纪的物质文明、经济和资本主义》第一卷，生活·读书·新知三联书店1992年版，第570页。

③ Keith Wrightson, *Earthly Necessities: Economic Lives in Early Modern Britain, 1470–1750*, Penguin, 2002, pp.51–52.

④ Diana Wood, *Medieval Economic Thought*, Cambridge: Cambridge University Press, 2004, p.5.

时段增长了近 300%。[①] 乡村工业的发展和繁荣成为农村经济的变革的动力之一。

工商业的发展有着悠久的历史，早在中世纪早期就存在着商品交换，并不像人们通常想象的那样，通过庄园的封闭运行，能够做到完全的自给自足。虽然封建农本经济是一个封闭的体系，但也需要与外界交换满足日常生活的必需品和满足封建主需要的奢侈品，即使这种交换是零星的、分散的、不成规模的。P. 艾尔拉姆斯就指出："事实和理论都意味着，在中世纪早期，商业决不是封建社会的溶剂，而是这个社会的自然产物，……封建社会决不能没有商人"[②]。S. H. 里格比认为："英国从来没有一个完全封闭的经济，随着中世纪的演进，封闭越来越少。通过商业和贸易的发展，一个更加国际化的劳动分工建立起来了。直到 14 世纪后期，英国主要的比较优势是出口未加工的原材料，首先是羊毛，再加上皮革、谷物、木柴、锡、铅和煤，用来交换其他原材料（木材、蜡、兽皮和鱼）、某些工业原料、像葡萄酒和皮衣等奢侈品和制成品。"[③] 沃勒斯坦认为，"封建制度作为一个体系，不应被看作是贸易的对立物。在一定程度上，封建制度和贸易发展是携手并进的。"[④] 所以在中世纪晚期，英国就形成了国内贸易和国际贸易的双轮驱动。从国内贸易来说，初步构筑起以村庄市场、城镇市场、市集以及港口交易的市场网络体系。从国际贸易来说，14 世纪以后，英国建立了商站制度，在河海沿岸港口城市及英吉利海峡的对岸的加莱、安特卫普、布鲁日等城市设立商站。虽然在爱德华三世以前英国的国际贸易大部分操纵在意大利商人手中，但是随着本国商人经济实力的增长，英王开始改变对外国商人的依赖政策，转而倚重本国商人，巩固本国商人在国内外贸易中的地位。爱德华三世在即位之初，就颁布特许状，确认了伦敦市政当局不许外商拥有自己的住房的通

① Herbert Heaton, *The Yorkshire Woollen and Worsted Industries*, Oxford, 1965, p.62.

② P. 艾尔拉姆斯等编:《各种社会形态下的城市》，剑桥大学出版社 1978 年版，第 93 页，转引自马克垚主编:《中西封建社会比较研究》，学林出版社 1997 年版，第 371 页。

③ S. H. Rigby, *A Companion to Britain in the Later Middle Ages*, Blackwell Publishers Ltd, 2003, p.4.

④ ［美］伊曼纽尔·沃勒斯坦:《现代世界体系》第一卷，高等教育出版社 1998 年中文版，第 15 页。

令，并要求外商寄宿当地居民家中，接受寄宿主的监督，并在40天内出售完他们的商品，1425年又一次重申了这一特许状的主要内容。政府抑制外商的政策和活动，打击了外商的竞争，加强了英商的实力和地位。爱德华三世手中握有169名本国富商的名单，需要时可以向他们借款。

从1500年开始，英国逐渐形成了以伦敦为经济中心的全国商业网。伦敦成为国内外商品的最大集散地，布里斯托尔、赫尔、波士顿、桑德威奇逐步远远地落在后面，许多地方商人发现他们根本与富有的伦敦商人竞争。[①] 伦敦以其庞大的消费能力，与全国各地建立了商品联系。向其提供商品的各地市场也不断扩大，并且朝着专业化方向发展。1500年，英国出口贸易的一半集中在伦敦，16世纪中叶甚至超过了90%。伦敦从海外进口的商品，除了自己消费外，还通过沿海和内陆的港口，再转运至内地。[②] 伦敦从而被史家誉为英国"经济增长的发动机"。[③] 马克思说："商品生产和发达的商品流通即贸易，是资本主义产生的历史前提。"[④] 虽然商业的发展并不一定会自动导致资本主义的产生，但城市和工商业的发展对促进农本经济解体的作用是确定无疑的。与此同时，随着商人等早期资产者财富的积累，对国家经济发展和财政税收的贡献越来越大，作为一种新兴的经济力量，与国家追求富强的目标结合，为重商主义思想和政策的出现奠定了基础。

早期资产者通过贸易致富以后，开始在生产和消费上与贵族比肩。饮食和服装是一种身份的标识，但随着英国早期资产者购买力的提升，过去只有贵族享用的高等食物如来自东方的香料、鹿肉、淡水鱼、葡萄酒、猎禽，开始摆上新兴资产阶级的餐桌。14世纪产生的服装时尚不断变化服装的样式，也打乱了身份和等级。为了保持等级地位，当时西欧各国都不约而同地出台了禁奢法。英国的禁奢法阻止对贵族饮食和服装的模仿，规定限制每餐只能

---

① D. C. Coleman, *The Economy of England 1450–1750,* Oxford University Press, p.52.

② 陈曦文、王乃耀主编：《英国社会转型时期经济发展研究》，首都师范大学出版社2002年版，第68—72页。

③ P. J. Corfield and N. B. Harte, *London and the English Economy, 1500–1700*, The Hambledon Press, 1990, p.185.

④ 马克思：《资本论》第1卷，人民出版社1975年版，第167页。

上两道菜，以及每道菜的花样和食物花费；在1337年、1363年、1463年、1483年的禁奢法中，努力根据社会等级控制服装的花样和花费，如仆人和工匠的衣服花费不能超过2马克，农夫、农业工人和其他人不能超过40先令，只能穿粗呢和赤褐色毛呢。① 而且早期资产者也插足生产投资土地，"当他们刚刚有能力从生意上抽出一部分资本作为营造更稳定财富的基础之时，他们就开始在乡间买地。这种情况在城镇率先繁荣起来的地区出现得比较早，早在12世纪，佛兰德就已有这样的情况，但是主要的发展时期是13世纪和14世纪。但是我们应当注意到，从一开始，资产阶级的地产就纯粹是投资性质的。"② 英国也出现了这样的行为，这就打破了农本经济下的身份等级和社会秩序，中世纪晚期一位英国人反对商人购置田产、模仿贵族绅士消费的趋势，他写道："吾辈祖先的智慧和政策就是那样把商贾和匠人从农夫（耕夫）和什一汉中分离出来……而且通过这种方法……这个国家曾经充满了绅士和农夫（耕夫），现在则栖息着商贾和百工；以致没有一个人满足于自己的身份地位，结果把一切都弄得糟糕透顶，恰如许多年前一样。"③ 新编剑桥中世纪史对这一从农本经济向重商经济转变过程有一深刻的描述："通过广泛出售农产品致富的农村地区，社会转型更深刻，步伐更快。在仍处于生存边缘的地区，没有活跃的贸易，缺乏动机去生产有价值的剩余，传统特点仍在持续。在更多的参与经济增长、信用、向或远或近的城市广泛出售诸如小麦、葡萄酒和羊毛的地区，社会地位以社会—职业群体为基础，或者以收入区分的群体为基础，正更迅速、更深刻、更明显地取代以出生和以法律地位为基础的分类，后一社会分类正走向衰落。"④ 传统社会的等级制度在中

① Maryanne Kowaleski, "A Consumer Economy", in Rosemary Horrox and W. Mark Ormrod, ed., *A Social History of England: 1200–1500*, Cambridge, University Press, 2006, pp.244, 248.

② M. M. 波斯坦、H. J. 哈巴库克主编：《剑桥经济史》第一卷，经济科学出版社2002年版，第268页。

③ 转引自［美］詹姆斯·W. 汤普逊：《中世纪晚期欧洲经济社会史》，商务印书馆1992年版，第678—679页。

④ David Abulafia, ed., *The New Cambridge Medieval History, Volume V, c. 1198–c. 1300*, Cambridge University Press, 1999, p.44.

世纪晚期就被市场经济冲击得支离破碎，促进了从农本经济向重商主义经济的转变。

总之，在英国重商主义启动时期，经济体制变革趋向的结构轮廓已现雏形，那就是商业、农业、乡村工业（与新兴市镇结伴而生）的三元结构。这一自然生成的三元结构构成了一个自洽的内在体系，相互补充、相互作用，商品化是结构内和结构体系间内生的需求，商业资本是结构同质同步进化的主动力和润滑剂。这一体制变革的基础结构在重商主义思想和政策的催生下，生成了被史家称为“商业革命”“农业革命”“首次工业革命”的变革浪潮，从而带动生产、交换、分配、消费等经济活动的组织形式、调节手段的调适，形成了英国重商主义市场经济体制，并在这一体制的基石上铺设了资本主义生产方式运行的轨道。

二、民族国家的崛起

按照 H. S. 特纳的总结，在近代早期的欧洲，重商主义作为一种经济政策和实践的概念，与标定当时“政治”范畴的三个路径密不可分，也就是涉及大规模永久性集体组织的观念、制度和实践，第一，近代早期关于政治属性的观念以民族概念和自我认同出现为标志。这些民族概念通过各种形式和类型的文化表征得以巩化，倾向于形成显明的地理标识，并且这些民族概念包括王朝概念、谱系概念、语言遗产概念构成一部共享的文化史；第二，16 世纪经常被定义为国家概念首次出现的时刻，国家作为一个经过合法授权的主权或者作为一个官署和权威的行政网络，与更为宏大的世俗化和现代化联系在一起；第三，学界现在把注意力和对政治单元的分析扩展到了国际规模：帝国，构成帝国的政治实体（国家或君主国）扩展到了许多不同的领土和行政单元。[①] 总而言之，民族国家的形成与重商主义有着深刻的历史渊源。

西欧民族国家的形成经历了一个漫长的过程，民族国家的崛起是在政治上应对封建主义危机、经济上应对市场经济和资本主义兴起的结果。热尼

---

① P. J. Stern and C. Wennerlind, *Mercantilism Reimagined: Political Economy in Early Modern Britain and Its Empire*, Oxford University Press, 2014, p.153.

科的概括指出了中央集权国家形成的背景："通过展示权力崩溃的有害影响，动乱时代为中央集权提供了令人信服的依据。"①英国在百年战争和玫瑰战争之后，从都铎王朝的亨利七世开始，努力通过对政体的统一化、中央集权化、官僚化，来构建一个现代国家，弗兰西斯·培根因此把亨利七世视为现代英国的奠基人。当然这是一个漫长和持续的进程，除了亨利八世、克伦威尔、伊丽莎白一世等政治家的贡献，这一制度结构的变迁受到了当时出现的资本主义的影响，包括市场化的农业、乡村毛纺工业的兴起、以伦敦为中心的单一大都市市场的发展。②

现代民族国家的形成需要打碎或改造以往的形态和体制——四分五裂、犬牙交错的封建领地，才能形成一定领土范围内的国家。英国要成为民族国家，就必须解决与法国人之间的领地纠葛。"在 1453 年至 1558 年之间，即在百年战争结束到弗朗斯瓦·德·吉兹夺回加来那一年之间，英国不知不觉地变成了一个岛，即一个与大陆隔开的独立地域。直到这个有决定意义的时期之前，尽管有英吉利海峡、北海和加来海峡的阻隔，英国与法国、尼德兰和欧洲犹如血肉相连。"③虽然亨利八世企图两次把英国纳入欧洲地域，但未能成功，被赶出了法国。在欧洲大陆领地的失去对英国形成民族国家是一件幸事。此外，在 1560 年，英国与法国签订了爱丁堡条约，成功解决了苏格兰问题，解除了北方的后顾之忧，"从此，大不列颠不但在地理上，而且政治上成了一个岛屿。英国的'后门'关闭了，以后，欧洲大陆国家的入侵只能来自海上，而他们在海上的进攻必须三思而行。"④

英国人的民族意识觉醒得较早，早在 13 世纪英国人就有意把英国人和凯尔特出身的人区分开来，清除"盎格鲁"和"撒克逊"身份之间的混乱，提出"英国应当是英国人的"。到 1300 年英语开始覆盖英格兰领土，到 16

---

① ［美］伊曼纽尔·沃勒斯坦：《现代世界体系》第一卷，高等教育出版社 1998 年中文版，第 15 页。

② Neal Wood, *Foundations of Political Economy: Some Early Tudor Views on State and Society*, University of California Press, 1994, p.3.

③ ［法］费尔南·布罗代尔：《15 至 18 世纪的物质文明、经济和资本主义》第三卷，生活·读书·新知三联书店 1993 年版，第 402—403 页。

④ 夏继果：《伊丽莎白一世时期英国外交政策研究》，商务印书馆 1999 年版，第 76 页。

世纪已“没有什么能够弱化英国人的英国意识”。[①] 早在 1414—1417 年的康斯坦茨宗教会议上，英国代表就自豪地宣称：“无论人们把国家理解为由于血缘关系和习惯上的统一或语言特点（国家在神法和民法上最可靠而积极的标志和实质）而与其他民族区别开来……或是把国家按其应被理解的那样理解为与法国同等的领土，英国都是一个真正的国家。”[②] 随着百年战争的进行，对内排斥外国商人和对外扩张市场遇到的抵制进一步强化了英国人的民族意识。与此同时，民族语言——英语经过漫长的历史演变，在全国范围得到普及和使用，成为议会致辞、法庭审判、外交谈判时的工作用语，通过威克利夫翻译的英文圣经、莎士比亚等文艺复兴文学家的作品，英语得到广泛运用。共同的语言和民族意识已成为英吉利民族主义的纽带。

现代民族国家的形成需要摆脱天主教会对国家权力的干扰，这在英国是通过宗教改革来完成的。“进入 16 世纪后，民族主义力量越来越大，既反对支离破碎的封建权威，也反对统一的天主教欧洲这一陈旧的观念”。[③] 英国国王亨利八世通过宗教改革，在政治上剥夺了罗马教廷对英国教会事务的控制权，宣布英国国王是教会的最高首脑，有权处理教会的一切事务，教规律令由国王批准，案件在本国审理，教会的税收上交国王，主教等高级神职人员均由国王任命；在经济上，解散修道院，没收并出售教会土地。英国国教成为名副其实的民族教会。

现代民族国家的形成必须具有较为完备的国家机构。英国在亨利七世时开始，就积极对行政机构开始改造，以加强中央集权。但是，直到此时，英国的行政机构仍是沿袭中世纪的王室政府，行政机构不发达，职能不清。到亨利八世时，在克伦威尔主持下，进行了政府改革，完善了财政机构，把首席国务大臣的官署提升为国家的主要行政机构，由枢密院取代宫廷会议。这些国家管理机构在伊丽莎白统治时期得到进一步完善。同时，地方形成了

---

① Brendan Bradshaw and John Morrill, ed., *The British Problem, 1534–1707*, London: Macmillan Press Ltd, 1996, p.6.

② ［英］肯尼思·O. 摩根：《牛津英国通史》，商务印书馆 1993 年版，第 238 页。

③ ［美］W. W. 罗斯托：《这一切是怎么开始的——现代经济的起源》，商务印书馆 1997 年版，第 32 页。

郡长、治安法官、督尉的分权治理、直接对中央负责的管理架构。① 埃尔顿把16世纪英国的政府改革视为一次“革命”，而不是一次“变革”，② 因为这次改革引进了“官僚管理以代替国王的个人控制，全国的管理以代替王室集团的管理”。③ 英国国家机构开始向近代转型，国家行政架构基本成型。“总之，经过16世纪的宗教改革和政府改革，英国实现了领域国家（country, territory）、民族与人民国家（nation, people）与政治国家（state, body polity）的基本一致。具有近代性质的英国主权国家形成了。”④

随着近代国家形态的形成，英国的政治体制也进一步发展。封建制度瓦解，商品经济发展，资本主义经济关系渗透加强，封建贵族为了在变动了的经济基础上维护政治统治，不得不谋求新的统治形式，向王权靠拢。因此，从都铎王朝开始，王权日益集中，形成了绝对主义君主制。绝对君主制由等级君主制演变而来，带着封建等级社会的深深印迹，据佩里·安德森分析，“在任何前工业社会，占有基本生产手段的领主当然是贵族地主。在整个近代初期，不论在经济上还是政治上，占主导地位的阶级与中世纪并无二致：仍是封建贵族。在中世纪结束后的几个世纪中，这个贵族阶级经历了深刻的变化，不过，它的政治统治地位是与绝对主义历史相始终的。”他正确地指出，“从本质上讲，绝对主义就是：经过重新部署和装备的封建统治机器，旨在将农民再度固定于传统社会地位之上——这是对农民由于地租广泛转化所获得的成果的漠视和抵抗。”⑤

虽然从本质上讲，绝对主义国家的权力仍掌握在封建贵族手中，但是新兴的资产阶级由于实力不断增强，其愿望和诉求也通过不同渠道在绝对君主制国家机构中反映出来，因而使得英国的政治体制错综复杂，对重商主义市场经济体制的发展产生了深远的影响。

自诺曼征服以来，英国的王权相对欧陆国家一直较为强大，约翰·布鲁

---

① Ken Powell and Chris Cook, *English Historical Facts, 1485–1603*, London, 1977, pp.77–78.

② G. R. Elton, *The Tudor Revolution in Government*, Cambridge University Press, 1953, p.415.

③ Robert A. Dodgshon, *Society in Time and Space*, Cambridge University Press, 1998, p.89.

④ 夏继果:《伊丽莎白一世时期英国外交政策研究》，商务印书馆 1999 年版，第 35—36 页。

⑤ ［英］佩里·安德森:《绝对主义国家的系谱》，上海人民出版社 2001 年版，第 5、6 页。

尔指出："尽管评论家经常强调近代早期英国国家的虚弱，但中世纪史家长期以来以英国为例来说明一个国家拥有强大的、统一的和中央集权的机构，而且国家建设很早就开始了，一些人可能说开始于诺曼征服之前，到12世纪末已经深入到创建了一个统一连贯的管理政体，在欧洲没有其他地方君主如此成功地利用封建领主制，并将之转变为有效的皇室管理体制。"①在王权相对强大的背景下，"在13世纪的英格兰，自由民已摆脱了庄园法庭的管辖，并开始处于国王朝廷的保护下。佃农渐渐地也接受了国王的公正，庄园法庭慢慢地失去了管辖权。"②到15世纪时，英国逐步走向绝对君主制，这时议会仍是国王的议会，是国王下属的政府机构，并且所有重要官员都由国王任命，直接向国王负责。亨利八世时通过的《上诉法》中宣称："英国是一个帝国，这已为世界所承认。她由一个至尊的首脑即国王统治，……由按照教俗条件及名义划分的各级人等组成的政治实体，对他必须而且应当像对上帝一样自愿谦卑地服从。"③都铎王朝及斯图亚特王朝的国王也都把君权神授作为意识形态来大肆宣扬。但是，马拉瓦利认为："无论近代国家的初期或后期，'绝对王权'都不意味着不受限制的君主政体。它是一种相对的专制。"④王权之所以是绝对的，只是对比过去的封建权力分散而言。

英国王权受到的最大限制，就是议会的存在和发展。议会在16世纪以前是下属于国王的一个协商税收和咨询国是的机构。在宗教改革期间，议会权力大增。在这个开创近代国家的过程中，议会和国王携手同行，正如亨利八世在议会演讲时所言："朕在任何场合都不如在议会那样高居王位之上。在这里，朕是首脑，你们（指两院议员）是四肢，你们合为一体，组成国家。"⑤因此，到16世纪，随着专制君主制的确立，议会在宗教改革和政

① J. Brewer, *The Sinews of Power: War, Money and the English State, 1688–1783*, Harvard University Press, 1988, p.4.

② [美]道格拉斯·诺思：《经济史中的结构与变迁》，上海三联书店1994年版，第152页。

③ C. Stephenson and F. G. Marcham, ed., *Sources of English Constitutional History* , New York, 1937, p.304.

④ [美]伊曼纽尔·沃勒斯坦：《现代世界体系》第1卷，高等教育出版社1998年版，第182页。

⑤ G. R. Elton, *Tudor Constitution*, Cambridge, 1982, p.277.

府改革中起到了重要作用，王权的强大与议会的兴起并行不悖，因为议会本身就是加强王权的得力工具。但是，也要看到，随着议会其他功能的淡化，立法功能的加强，上院、下院逐渐形成能与国王鼎足而立的局面。莫里斯指出，在都铎王朝第一届议会开幕前，英国议会已经开始发挥两大重要作用，一是它的立法法案成为王国内最具权威的法律形式，二是它的税收表决具有法律强制力。[①] 特别是议会下院，其控制权逐渐掌握在新兴乡绅和工商业者手中，成为表达新兴经济力量要求的政治舞台。许多下院议员认为他们对生活于其中的社会负有责任，有的议员甚至认为他们有责任在狩猎权和税收等问题上代表穷人利益，威廉·黑克威尔反映了1601年讨论店主法案的情况："我们必须放下对自己人的尊崇，把尊崇施与其他人，把爱施与我们代言的人。因为他们由我们代言，如果我们讨论的是牵涉到穷人的事务，就把我看作是一个穷人。他发言时，有时必须是一个律师，有时是一个画匠，有时是一个商人，有时是一个吝啬的工匠。"[②] 这样一种政治格局和政治意识的形成对英国以后的历史发展影响极大。

民族国家的形成为重商主义政策实施提供了前提条件，"国家是重商主义经济政策的主题和目标"，[③] 赫克歇尔指出，从一定范围来说，重商主义对与自己国家无关的任何事情都漠不关心，在理论上和实践中，重商主义拒绝了诸如教会和帝国等在中世纪社会十分流行的所有普世因素。即使重商主义者一致鼓励本国产品在外国出售和消费，他考虑的也不是外国消费者的福利，而是根据他对形势的总体分析，他发现从中对他的国家有利。[④] 布罗代尔引用丹尼尔·维野的话说："正是重商主义者创造了民族国家"，他接着指出，"要不然就是民族国家或孕育中的所谓民族国家在创造自己的同时，创造了重商主义。"[⑤] 伊曼纽尔·沃勒斯坦则从所有者—生产

① T. A. Morris, *Tudor Government*, London and New York, 1999, p.91.

② David Dean, *Law-Making and Society in Late Elizabethan England,* Cambridge University Press, 1996, p.15.

③ Eli. F. Heckscher, *Mercantilism,* Vol . 1, New York, 1983, p.21.

④ Eli. F. Heckscher, *Mercantilism*, Vol. 2, New York, 1983, p.13.

⑤ ［法］费尔南·布罗代尔：《15至18世纪的物质文明、经济和资本主义》第2卷，生活·读书·新知三联书店1993年版，第601页。

者的要求出发论证国家的职能："在资本主义世界经济体中，所有者—生产者希望国家代表他们履行两个重要的职能。他们希望它以少于增加的利润的成本限制或扩大市场的'自由'，从而获取或维护他们在市场中的利益，而不考虑国家的干预是积极的还是消极的……此外，这些所有者—生产者还希望国家帮助他们榨取到超过他们在其他方面所能榨取到的较大的剩余价值比率，同样要求其成本低于增加的利润，并且在这种情况下同样不关心国家的作用是积极的还是消极的。"① 从他提出的国家实力标准来说，英国具备产生重商主义市场经济体制的政治条件。笔者认为，近代国家职能在民族国家的形成过程中逐步扩张，国家政策能够直接帮助工商业资产阶级在世界市场上展开竞争：

第一，国家行政机构的逐步完善和官僚制度的发展，能够有效执行国家的战略决策，消除地方主义对经济发展的阻碍。王国斌指出，不论从何种立场来探讨近代早期英国政治经济的变化，"都会发现有新的政治原则在运作，而这些原则目的在于保护个人的经济机会。地方政府急于保护本地集团的利益，从而要求控制资源与市场。而民族国家则与单个的经济行动者结盟，以消除地方政府控制资源与市场的权利。"② 沃勒斯坦也看到了这一点："国家官僚制度的发展是至关重要的，因为它将要从根本上改变从政规则，确保今后经济方针的决策，非经国家机构，不得轻易制定。"③

第二，国家武装的建立，特别是海军的创立，在大航海时代为保障重商主义市场经济体制提供了强有力的保障。绝对君主在军事上禁止封建私战，亨利七世时英国通过《禁止蓄养家丁法》，把组建军事机器的权力收归中央。当然，国家武装也经历了一个从封建骑士军队到雇佣军或民兵的过程。"雇佣军增强了国王的力量，而且削弱了传统贵族，不仅由于它建立了强大的武

① ［美］伊曼纽尔·沃勒斯坦：《现代世界体系》第 2 卷，高等教育出版社 1998 年版，第 128 页。

② ［美］王国斌：《转变的中国——历史变迁与欧洲经验的局限》，江苏人民出版社 1998 年版，第 112 页。

③ ［美］伊曼纽尔·沃勒斯坦：《现代世界体系》第 1 卷，高等教育出版社 1998 年版，第 176 页。

装足以贯彻国王意志，而且由于它为小贵族造成了就业空间。”[①] 在都铎王朝时期，英国正式创立海军，亨利八世通过自己建造、购买和掠夺等方式，把海军从原有的 3 艘战舰扩大到 85 艘的规模。到伊丽莎白一世时，英国的海上力量空前强大，英国不但在战舰制造上，而且在海战技术上，逐渐领先于欧洲其他国家。在欧洲各国都把视野投向海洋的时代，不经过战争就不能维持贸易，没有贸易就不能维持战争。而“英国的海上力量为其赢得的主要好处可能是殖民地和商业”[②]。

第三，政府的经济职能不断加强和扩展，不断为经济发展创造条件，制定政策直接推动甚至参与到工商业活动中来。“现在，国家不仅有意愿，而且有能力控制其边界内几乎所有的商品、支出和信息活动。”[③] 在这样一种国家形态下，无论是出于富国的目的而对经济活动进行干预，或是为增加国家收入的目的而推行的有利于工商业的政策，都构成了重商主义市场经济体制的重要内容。英国的国家力量努力通过经济立法和财政政策来为工商业的发展创造统一的国内市场，帮助开拓国外市场。“重商主义包括经济民族主义的国家政策并且关注商品的流通，无论是贵金属的流通还是贸易（双边或多边）的平衡。”[④] 英国早在 15 世纪 30 年代末就开始了具有重商主义倾向的经济立法，鼓励本国商品出口，禁止外国商品进口，在 1650 年更颁布著名的“航海法”。通过特许贸易、创建殖民地、关税倾斜甚至发动商战等政策，海外贸易不仅给英国带来了无尽的财富，而且为英国的工业开拓了庞大的世界市场。

第四，西欧民族国家体系的形成，一系列具有相同的文化背景、相似的政治制度和经济发展水平的民族国家竞相崛起，在区域经济世界或世界经济体系内形成了强有力的竞争格局，一方面，区域内生产要素和商品流动速度

---

① ［美］伊曼纽尔·沃勒斯坦：《现代世界体系》第 1 卷，高等教育出版社 1998 年版，第 180 页。

② 杰弗里·帕克等著：《剑桥战争史》，吉林人民出版社 1999 年版，第 342 页。

③ E. F. Heckscher, “Multilateralism, Baltic Trade and the Mercantilists”, *Economic History Review*, Vol. 2, 1950, p.223.

④ ［美］伊曼纽尔·沃勒斯坦：《现代世界体系》第 2 卷，高等教育出版社 1998 年版，第 45 页。

加快，扩大了区域间的商品需求和分工，一首诗强有力地表达了对区域内商品的消费渴望。“我但愿 / 脖子上戴着萨瓦的项圈，/ 佛兰德的袖口套手腕，/ 头顶那不勒斯礼帽，帽上镶着罗马的贴边。/ 佛罗伦萨的玛瑙米兰的剑，/ 日内瓦的大氅披在肩，/ 布拉班特的纽扣亮闪闪，/ 身上的衣服、漂亮的手套，/ 都是马德里当地所生产……”[①] 另一方面激发了民族自尊心，形成了你追我赶的发展形势，西欧各国竞相推出重商主义措施。这是英国重商主义市场经济体制形成的重要外部条件。

第二节　市场经济思想的起源和重商主义思想的形成

雷蒙德·德鲁维尔在 20 世纪 50 年代曾提到，在 19 世纪末卢吉·科萨哀叹没有一本经院经济学的著作，这种状况一直没有得到改善，大多数的经济思想史教科书都没有给他们称之为“中世纪”经济学的留有多少空间，这些教科书在对托马斯·阿奎那作一些老生常谈的评论以后，对奥雷斯姆遥遥致意，然后就急急地转向托马斯·孟和贸易平衡理论，这样一种处理方式不仅流于表面，而且充满谬误，本可以通过接近史料来避免错误，而不是重复陈词滥调。[②] 现在随着中世纪史资料发掘整理的不断深入和经济思想研究著作的相继出版，重新探讨中世纪经济思想的发展特别是在市场经济思想方面的突破，探讨中世纪晚期市场经济思想和现代经济学特别是重商主义的渊源，时机已经成熟。

一、市场经济思想的起源

西方不少学者都认为从 12 世纪开始西欧就产生了市场资本主义，或者

---

① ［意］卡洛·奇波拉:《欧洲经济史》第 2 卷，商务印书馆 1988 年版，第 117 页。

② Raymond de Roover, “Scholastic Economics: Survival and Lasting Influence from the Sixteenth Century to Adam Smith”, *The Quarterly Journal of Economics*, Vol. 69, 1955, p.161.

在13世纪发生了“商业革命”，[①] 如亨利·皮朗就认为“从商业资本主义在12世纪发展的气势和相对看来，拿它与19世纪的工业革命相比拟，并无夸张之处”，所以，“尽管材料很少，中世纪的资料无疑能证明在12世纪时资本主义就已存在。”[②] 艾伦·麦克法兰也认为“英格兰从中世纪以来便是一个资本主义国家”[③]。随着商业的兴盛和市场交易的发展，中世纪晚期西欧的经院学者、罗马法学家、教会法学家、世俗思想家，特别是经院学者，对与市场经济发展关系密切的高利贷、利率、价格、工资、财富、货币、私有财产、垄断、奢侈、外汇、合伙等问题都进行了关注和讨论，但由于经济学在中世纪时并不是一门独立的学科，再加上“中世纪经济思想大量充斥着伦理和道德问题，充斥着经济生活的动机而不是经济生活的运作方式”[④]，每个问题都与基督教道德纠缠在一起，深受基督教教义、早期教父的说法以及教会法的影响，并且由于要探讨的是全新的经济现象，当时能借助的分析工具是古希腊哲学家的形而上学和罗马法的概念与理论，因此中世纪晚期的经济思想呈现出错综复杂的样态，有时又与经济实践混杂在一起。从学理上分析，中世纪晚期的经济思想已经突破了基督教传统思想，形成了初步市场经济思想，主要包括以下思想内容：

第一，中世纪晚期的思想家开始论证私有财产的合理性，并且逐步认识到私有财产来源于劳动，从而开启了近代早期约翰·洛克的私有财产理论。

财产私有是市场交易的基础。彼得·甘西认为：“从中世纪到革命时代，在罗马法学家传统中工作的法学家和哲学家，对财产理论尤其是财产权利的演进的准确贡献，需要重新评估。”[⑤] 托马斯·阿奎那实际上就突破了传统基督教思想对私有财产的否定态度，认为“私人财产的拥有并

---

① David Abulafia, *The New Cambridge Medieval History, Volume V, c. 1198-c. 1300*, Cambridge: Cambridge University Press, 1999, p.50.

② 亨利·皮朗：《中世纪欧洲经济社会史》，乐文译，上海人民出版社2001年版，第46、154页。

③ 艾伦·麦克法兰：《现代世界的诞生》，管可秾译，上海人民出版社2013年版，第65页。

④ Diana Wood, *Medieval Economic Thought*, Cambridge: Cambridge University Press, 2004, p.1.

⑤ Peter Garnsey, *Thinking about Property: From Antiquity to the Age of Revolution*, Cambridge: Cambridge University Press, 2007, p.4.

不……违反自然法，它是人类理智的发明，附属于自然法。”① 所以，博尔顿认为中世纪晚期教会承认和接受私有财产的个人权利。② 事实上，自从格拉提安在他的著名的教会法汇要中对私有财产批判以后的几个世纪里，“神学家、法学家和哲学家在自然法传统内或受自然法传统影响，绞尽脑汁地辩护或提升私有财产的地位和声誉。”③ 熊彼特看出了托马斯·阿奎那在其中的重要地位，因为他消除了财产问题的神学色彩，用亚里士多德的说法界定了私人财产的社会“职能”，私人财产之所以合理，是因为人们对自己拥有的东西，要比对许多人或所有人拥有的东西照看得好得多；是因为人们为自己干活要比为别人干活卖劲得多；是因为如果财产划分清楚，就不会为如何使用公共财物而争吵，就会维持良好的社会秩序。④ 圣伯纳迪诺也认为，创立私有财产的目的是阻止疏忽、欺诈和争执，具体来说，难道每个人不能比照看别人的财产更好地照看自己的财产？如果所有的东西都共同拥有，那么效率和生产都会急剧下滑，而且如此多的欺诈就会渗入，骗子和懒汉就会以相互合作的共同体成员为代价，分得产出的最大份额，随之而来的不满导致诸多争执。⑤

此后经院学者的认识在此基础上更进一步，认为私人财产的拥有是一项积极的自然权利，这一权利的获得是人类自己劳动的结果。⑥ 巴黎的约翰认为“世俗财产……是个人通过自己的技艺、劳动和勤奋得来的，个人作为单个的人，有权利和权力拥有它……不管是君王还是教皇都不能掌控和管理此

---

① Diana Wood, *Medieval Economic Thought*, Cambridge: Cambridge University Press, 2004, p.22.

② J. L. Bolton, *The Medieval English Economy, 1150–1500*, London: J. M. Dent & Sons Ltd, 1980, p.331.

③ Peter Garnsey, *Thinking about Property: From Antiquity to the Age of Revolution*, Cambridge University Press, 2007, p.235.

④ ［美］约瑟夫·熊彼特:《经济分析史》第 1 卷，朱泱等译，商务印书馆 2001 年版，第 149—150 页。

⑤ Raymond de Roover, *San Bernardino of Siena and Sant'Antonino of Florence: The Two Great Economic Thinkers of the Middle Ages*, Boston: Baker Library, 1967, p.8.

⑥ Diana Wood, *Medieval Economic Thought*, Cambridge: Cambridge University Press, 2004, p.24.

类财产"[①]。福蒂斯丘也看到了个人财产权起源于劳动。[②]

第二，中世纪晚期已经对货币的多重属性进行了分析，认识到货币也是一种商品，其本身价值会随着供给的变化而发生变动，强调了汇票和货币信用交易的必要性，阐明了随意降低币值的危害。

尼科尔·奥雷斯姆在14世纪中期引用古罗马卡西奥多拉斯的话说明，货币的发明，特别是对公共福利来说，是必不可少的，他认为，许多罪恶"是由于恶人的贪财好利，而不是货币自身所造成，货币自身对人类生活大有助益而且是必不可少的，货币的使用是件好事"[③]。戴安娜·伍德分析了中世纪晚期经院学者对货币多重属性的论述，指出虽然经院学者鼎力支持货币是一种人为的价值尺度这种货币"符号"论，但欧洲在950年以后，由于东伊斯兰白银的流入，德意志、奥地利阿尔卑斯、波西米亚、南欧托斯坎那地区银矿的相继开发，形成了"白银潮"，真正促进了西欧货币经济的"起飞"，以及随后而来的14、15世纪贵金属荒[④]，都引发了对货币问题的思考和深入探讨，都迫使经院学者承认货币本身也是一种商品，其价格有涨有落。[⑤]巴黎大学的约翰·布里丹就认为货币的价格取决于人类的需求，随着市场波动而波动。[⑥]德意志人亨利也认为货币本身有其价格，货币应该是"贵金属，像金和银，这样就可以轻易地赋予商品价格并根据其价值迅捷地做出反应"[⑦]。

---

① Diana Wood, *Medieval Economic Thought*, Cambridge: Cambridge University Press, 2004, p.24.

② Diana Wood, *Medieval Economic Thought* , Cambridge: Cambridge University Press, 2004, p.25.

③ A. E. 门罗编:《早期经济思想》，蔡受百等译，商务印书馆2011年版，第84—85页。

④ 又被称为"大银荒"，主要表现是银币数量减少，价格上升。参见Peter Spufford, *Money and Its Use in Medieval Europe*, Cambridge: Cambridge University Press, 1988, pp.339–362.

⑤ Diana Wood, *Medieval Economic Thought*, Cambridge: Cambridge University Press, 2004, pp.70–81.

⑥ Raymond de Roover, "Scholastic Economics: Survival and Lasting Influence from the Sixteenth Century to Adam Smith" , *The Quarterly Journal of Economics*, Vol. 69, 1955, p.164.

⑦ Diana Wood, *Medieval Economic Thought*, Cambridge: Cambridge University Press, 2004, p.81.

14世纪以后随着意大利北部地区金融业的繁荣，开始将商品信用买卖的原则应用到货币经营方面。卡耶坦就指出，既然经验表明，如果没有商人则许多国家均将缺乏不少必需品，而商人在没有货币信用业的情况下将难于从事经营活动，所以各国货币信用业之存在是必要和正确的。神学教授尼德尔认为，在商人和银行家之间不存在根本的道德差别，二者的获利活动均是道德上允许的形式，通货的交换是一种买卖，应有货币市场，货币的价值同商品的价值一样可以有变化，所以银行家和商人一样可能获利也可能蒙受损失。柏尔对银行家用汇票方式获利的行为予以肯定，认为货币同一般商品一样需要运输，银行制度的建立就是便利这种商品的运输，这表明货币也须有其市场。①

针对中世纪晚期各国君主为应对货币荒而竞相降低币值的行为，尼科尔·奥斯雷姆认为，"国王所以要取得改变货币之权，其主要原因是借此以谋取利得"，但这种行为有严重的危害性，首先，由于货币价值不断降低，国王通过货币贬值所得利益将反逊于前，货币价值的波动，将严重扰乱经济和金融秩序；其次，降低货币成色，将使本国黄金和白银数量日趋减少，这些货币将流往价值更高的国外市场，外国人也会伪造这种低值货币运入国内谋利，外国商人也不再把优质商品和自然资源运往这个国家。再加上，货币一再熔化重铸，材料的损耗将使金银越来越少；最后，货币贬值将使商品买卖陷入混乱状态，商人和手艺人无所适从，在账目收付和款项进出上引起无数纠纷和贪污行为，可以说百弊丛生。②

第三，中世纪晚期的思想家对市场价格的形成机制已经有了初步的了解，反对垄断等人为制造短缺谋取利益、损害整个社会的投机行为，认为工资也遵循市场的供需规律，思想家一般并不建议由国家来确定工资，因为没有管制和立法能够抵得住市场的自然规律。

中世纪价格理论的核心虽然是公平价格，但雷蒙德·德鲁维尔早就证明，公平价格并不是一个由对商业、经济学和市场机制一无所知的虔诚的僧

① 晏智杰：《西方市场经济理论史》，商务印书馆1999年版，第63页。

② A.E.门罗编：《早期经济思想》，蔡受百等译，商务印书馆2011年版，第97—104页。

倡发明的模糊概念，公平价格简单地说就是当前的市场价格。[①] 中世纪早期的一位罗马法学者以格言的形式精辟地概括了中世纪思想家对价格机制的认识："一件东西能卖多少就值多少。"[②] 13 世纪被罗马法学家阿佐和阿柯瑟斯为这句格言作注解的时候，加上了重要的词语使之成为"一件东西普遍能卖多少就值多少"。阿佐的学生劳伦特斯·希斯帕努斯合并罗马法文本，将这句话变为"一件东西卖多少就值多少，因为物品的价格并不是在单个人而是在普遍影响的基础上估算出来的"[③]。这一思想一直到 15 世纪仍在不断重复，圣伯纳迪诺就认为公平价格取决于普遍估算，他进一步指出在特定时间特定地点通行的公平价格是根据市场估算而来，也就是所售商品普遍值的价格。[④] 所以，中世纪思想家笔下的当前市场价格，指的就是受市场供需力量支配、按照市场规律运行形成的价格，是自由市场的竞争性价格。

中世纪晚期思想家普遍谴责垄断，因为他们意识到，只有当市场的自由流动不受打扰，物品和服务的自然价格才能运行，垄断打乱了市场的流动，通过人为制造必需品的短缺抬高价格来谋利，违反了公平价格，损害了整个社会的利益。在现实中，最常见的垄断与趸卖独占、囤积居奇、转手倒卖有着紧密的联系，影响了当前市场价格，受到大阿尔伯特、牛津哲学家约翰·邓思·斯科特斯的谴责，以及英国立法者的禁止。[⑤] 尼科尔·奥雷斯姆反对对粮食、盐和货币等生活必需品的垄断，认为这种行为是不公平的、怀有恶意的。[⑥] 伦纳德斯·莱瑟斯区分出了四种垄断：售家合谋设定最低价形成垄断、君主特权授予的垄断、通过囤积足量的供给和通过不涨价就不出售

① Raymond de Roover, "The Concept of the Just Price: Theory and Economic Policy", *The Journal of Economic History*, Vol. 18, 1958, pp.418–434.

② Odd Langholm, *The Legacy of Scholasticism in Economic Thought*, Cambridge: Cambridge University Press, 1998, p.78.

③ Diana Wood, *Medieval Economic Thought*, Cambridge: Cambridge University Press, 2004, p.136.

④ Raymond de Roover, *San Bernardino of Siena and Sant'Antonino of Florence: The Two Great Economic Thinkers of the Middle Ages*, Boston: Baker Library, 1967, p.20.

⑤ Diana Wood, *Medieval Economic Thought*, Cambridge: Cambridge University Press, 2004, pp.138–140.

⑥ A. E. 门罗编：《早期经济思想》，蔡受百等译，商务印书馆 2011 年版，第 93—94 页。

来垄断市场、阻止其他人进口商品构成垄断，这些垄断都对公共福利有害，构成了公共罪行，应由法院予以惩罚。①

工资也应由市场供求关系调节，而不是由国家来制定标准。圣安东尼诺毫无保留地认为，劳工的工资是一项在没有欺诈的情况下由普遍的估算决定的价格，就像其他商品的价格一样。② 影响劳动力供求法则的是行会在特定区域内造成的垄断，中世纪晚期的法学家认为工匠不应该以不公正的目的联合起来，法理学家巴托勒斯不准制定规章阻止其他人从事本行业，不准就“一个人开始的一项工作不能由另一个人来完成”达成协议，因为这些行为造成了一个特定职业的劳动力短缺，从而允许行会师傅赚取高工资，还可能拉低非行会成员的当前市场工资。③ 当然圣安东尼诺也意识到，在工资协商中，工人处于弱势的一方，因为他是穷人，有时急于找到工作养家糊口，不得不接受低于市场价格的饥饿工资。圣安东尼诺也谴责雇主出的工钱少，支付的太晚，或者用剪短的、伪造的、贬值的货币来支付工资，甚至用货物抵工资。④

第四，反对高利贷是中世纪经院经济学的基本主张，但到了中世纪晚期，这种思想也开始松动，承认适当的利息是合法的，利息是对损失或潜在损失的补偿，他们也为商业利润进行辩护。

高利贷理论是中世纪经济思想的最大弱点，天主教教义和教会法都反对高利贷，在格拉提安的教会法汇要中，谴责一切商业利润，甚至投资与合伙也被认为是高利贷。中世纪晚期的一些经院学者和教会法学家虽然用相当繁复的方法来为这一立场辩护，但市场交易的活跃和许多教会人士都参与高利贷活动越来越让其陷入尴尬的境地，这一立场逐渐开始动摇。一些人开始从

---

① Raymond de Roover, “Monopoly Theory Prior to Adam Smith: A Revision”, *The Quarterly Journal of Economics*, Vol. 65, 1951, p.500.

② Raymond de Roover, *San Bernardino of Siena and Sant'Antonino of Florence: The Two Great Economic Thinkers of the Middle Ages*, Boston: Baker Library, 1967, p.24.

③ Diana Wood, *Medieval Economic Thought*. Cambridge: Cambridge University Press, 2004, pp.141–143.

④ Raymond de Roover, *San Bernardino of Siena and Sant'Antonino of Florence: The Two Great Economic Thinkers of the Middle Ages*, Boston: Baker Library, 1967, pp.24–26.

时间或劳动的付出为高利贷理论解套，根据格里高利九世的一项教令，如果支付延期，并且对未来物品的价格存有疑虑，也就是时间已经改变了它们的价值或质量，就可以收取更高的价格。虽然这一教令涉及的是赊销，但随后被一些理论家运用于借贷。① 米德尔顿的理查德强调，由于人类拥有自己的劳动和勤劳，从合法的高利贷款抽取钱财的生意中获得的利润不必返还。约翰·邓思·斯科特斯也同意理查德的观点，认为高利贷者不必向借款人返还合法的利润。② 高利贷思想已经对资本的形成构不成障碍。

实际上，按照中世纪晚期的货币理论，货币本身作为一种商品其价格能够变动，那么接下来承认货币的买卖应该有利润，在逻辑上也就顺理成章了。中世纪晚期的思想家认为利息是为了补偿损失或潜在的损失。从 13 世纪开始，人们就普遍认为，由于借款人未能及时还款，债权人能够索取对遭受的损失的补偿，很快索取补偿的理由扩展到借款期限内债权人由于出借款项造成的损失，损失的概念也从实际遭受的损失变为错过赢利机会的损失。③ 教会法学家佩尼堡的雷蒙德的解释是“利息不是利润，而是对损失的避免”。弗里玛的亨利认为，为了避免损失，而不是为了寻求收益，可以收取利息。④ 在中世纪晚期的现实交易中，商人们也发明了各种规避利息问题的方法，如把利息作为礼物赠予债权人、虚构借款数额把利息包含其间、把借款伪装成销售、签订非借款合同来隐藏利息、社会最低层则用劳动来抵还利息等⑤，当然也可能是借款时用第纳尔，还款时用弗罗林，将利息隐藏其间。⑥

---

① Diana Wood, *Medieval Economic Thought*, Cambridge: Cambridge University Press, 2004, p.175.

② Diana Wood, *Medieval Economic Thought*, Cambridge: Cambridge University Press, 2004, p.179.

③ Odd Langholm, *The Legacy of Scholasticism in Economic Thought*, Cambridge University Press, 1998, p.75.

④ Diana Wood, *Medieval Economic Thought*, Cambridge: Cambridge University Press, 2004, p.182.

⑤ Diana Wood, *Medieval Economic Thought*, Cambridge: Cambridge University Press, 2004, p.187.

⑥ Ruth A. Johnston, *All Things Medieval: An Encyclopedia of the Medieval World*, Oxford: Greenwood, 2011, p.47.

借款都可以收取利息，那么思想家对商业利润的整体态度就可以预期了。根据熊彼特的研究，“十三世纪以后，经院学者对商业活动的态度发生了重要变化。但毫无疑问，十三世纪的经院学者坚持的是圣·托马斯的观点，即商业活动本身有‘某种卑鄙的东西’，不过可以根据以下的理由为商业利润辩护：(a) 为谋生所需；(b) 想用它们搞慈善事业；(c) 想有它们为公益事业服务，条件是赚的不太多，可以看作是劳动的报酬；(d) 利润来自对所买卖的物品的改进；(e) 利润来自不同时间和不同地点之间的价值差额；(f) 利润来自所冒的风险。”①

第五，中世纪晚期的商业发展氛围使思想家对商业和商人的看法发生了根本性的转变，商人的地位提升，开始受人尊敬，一些重商主义性质的思想和政策因素已经出现。

按照中世纪早期的思想，罪本身总是楔在买和卖之间，商人是永恒的罪人。但到了中世纪晚期，在倡导国家财富的经济民族主义和倡导个人财富的经济人文主义的影响下，对商业和商人的态度发生了巨大的转变。13 世纪罗马的贾尔斯强调了商业的社会功能，认为人民需要在社会中生活，但因为没人在经济上是自给自足的，他们需要互相补偿经济不足，不仅仅是谷物的不足，而是所有食物的不足，他们能够获得所需的唯一方法是用他们富裕的东西去交换他们没有的东西，因此，买进、卖出、交换和合同是必需的，国家的存在是为了使这些更方便。②14 世纪的罗马法学家鲍尔达斯和巴托勒斯高度赞扬贸易和商业是国家权力的源泉，建议城镇应该鼓励发财致富，形成人数众多的商人阶层。③ 商人的地位大幅提升，开始成为普遍受人尊重的职业。根据当时一位意大利编年史家的看法，“人民”是指“靠买卖生活的人口”，他不认为“靠自己双手劳动”的任何人是“人民”。④ 巴伦认为，到

① ［美］约瑟夫·熊彼特：《经济分析史》第 1 卷，朱泱等译，商务印书馆 2001 年版，第 147—148 页。

② Diana Wood, *Medieval Economic Thought*, Cambridge: Cambridge University Press, 2004, pp.117–118.

③ Hans Baron, “Franciscan Poverty and Civic Wealth as Factors in the Rise of Humanistic Thought”, *Speculum*, Vol. 13, 1938, p.17.

④ Jacques Le Goff, *The Medieval World*, London: Parkgate Books Ltd, 1997, p.259.

16世纪，古老的贫穷理想已经一去不复返了，欧洲国家包括英国已经形成了新的财富观。①

B. 弗格森也强调中世纪晚期英国经济讨论中的世俗腔调，与意大利人文主义者早期活动开展的同时，在15世纪晚期，一小伙自我觉醒的、影响力不断增大的英国人文主义者和政论者群体，提供了一种全新的动力来探索英国的经济问题。在15世纪英国发展出“或多或少一致的重商主义理论”。② 戴安娜·伍德也认为，在中世纪晚期，在经院哲学和世俗资料如议会立法、商人指南和本国语作品中，都可以发现“商业体系”的思想，这一“商业体系”逐步与17世纪在英国和法国被阐明、后以“重商主义”知名的一系列经济思想成为同义词。③ 博尔顿也认为，在中世纪晚期的英国已经出现的一些经济思想主题后来都发展成为重商主义理论。④

二、市场经济思想的范式转换

中世纪晚期的经院学者、教会法学家、罗马法学家、世俗思想家基本形成了初步的市场经济思想，这些基本的市场经济思想和观念为现代成熟的经济学奠定了基础，重商主义等现代市场经济思想与之有极深的历史渊源，但也要看到，现代市场经济思想体系已是一种完全不同的思想范式。

首先，近代早期的重商主义思想继起于中世纪晚期的市场经济“商业体系”思想，两者除了对基本的市场机制认识一致外，也信守基本一致的重商主义信条，当然，前者在思想内容上更为成熟，思想体系上更为完整。

虽然德鲁维尔认为重商主义和经院经济学之间存在着显著的和深刻的区

---

① Hans Baron, “Franciscan Poverty and Civic Wealth as Factors in the Rise of Humanistic Thought”, *Speculum*, Vol. 13, 1938, p.36.

② John F. McGovern, “The Rise of New Economic Attitudes—Economic Humanism and Economic Nationalism—During the Later Middle Ages and the Renaissance, A. D. 1200–1500”, *Traditio*, Vol. 26, 1970, p.221.

③ Diana Wood, *Medieval Economic Thought*, Cambridge: Cambridge University Press, 2004, p.110.

④ J. L. Bolton, *The Medieval English Economy, 1150–1500*, London, J. M. Dent & Sons Ltd, 1980, p.329.

别，但他指的区别主要集中在思想体系、分析方法等方面，而且他也指出，在许多重商主义者的作品中，有许多经院学者影响的残余。① 因此，从思想内容上来看，包括经院经济学在内的中世纪晚期市场经济思想，与重商主义之间有着一脉相承的关系，只不过重商主义对市场机制的形成和作用有着更为深刻的认识，重商主义思想与政策的影响更为广泛。

当然，戴安娜·伍德指出，认为在中世纪时期已经存在完全成熟的重商主义是十分危险的时代错误，然而在中世纪晚期已经预示了重商主义的某些思想发展趋势，"中世纪晚期商业体系的基础是渴望发展国家的权力和财富，认为世界的资源是恒定的，通过贸易从一个国家流向另一个国家，一国之所得即另一国之所失，这样每一个国家的目标是维持有利于本身的平衡，实现这一目标的一些手段是保护国内工业、向贸易商授予垄断权、限制工资、严控原材料出口，伴以强调出口制成品和控制海洋。商业体系的另一个方面是重金主义。"② 这些思想信条与赫克歇尔揭示的近代早期重商主义思想原则基本是一致的。③

其次，中世纪晚期的市场经济思想在诸多主题上与现代经济学有着十分紧密的联系，明显处于同一个思想谱系，甚至在一些领域达到了 18、19 世纪的思想水平。

德鲁维尔曾指出，中世纪晚期经院学者的价值和价格理论，根植于效用和稀缺，亚当·斯密在这一点上也没有改进。④ 这说明中世纪晚期市场经济思想与现代经济学实际上处于同一个思想谱系，熊彼特也指明了这一点："中世纪的经院科学包含着文艺复兴时期的世俗科学的所有胚芽。这些胚芽在经院思想体系内虽然生长得很缓慢，但却一点一点地生长，所以十六、

---

① Raymond de Roover, "Scholastic Economics: Survival and Lasting Influence from the Sixteenth Century to Adam Smith", *The Quarterly Journal of Economics*, Vol. 69, 1955, pp.177, 183.

② Diana Wood, *Medieval Economic Thought*, Cambridge: Cambridge University Press, 2004, p.111.

③ Eli F. Heckscher, *Mercantilism*, 2 Vol, New York and London: Carland Publishing, Inc, 1983.

④ Raymond de Roover, "Scholastic Economics: Survival and Lasting Influence from the Sixteenth Century to Adam Smith", *The Quarterly Journal of Economics*, Vol. 69, 1955, p.173.

十七世纪的俗人是继承了而不是摧毁了经院哲学家的工作。”① 经济学正是位列其中的世俗科学，现代市场经济思想的许多重要内容都与中世纪晚期的市场经济思想有着内在的联系，后者是前者的思想渊源。

结合熊彼特、德鲁维尔等学者的研究，可以看出中世纪晚期市场经济思想的部分内容甚至已经达到了现代经济学的水准：中世纪晚期的市场经济思想与18、19世纪的自由放任思想有着内在的联系，并且开始对经济政策产生影响，如城市市场就开始对周围农民自由开放；他们的福利经济学与现代经济学例如庇古教授的福利经济学中的福利概念是完全相同的东西；他们把价值理论发展成了效用理论，如约翰·布里丹、圣伯纳迪诺等，虽然他们未能提出完整的理论体系，但他们已具备了建立这种理论所需要的全部因素，所缺乏的仅仅是19世纪发展起来的供给需求和边际概念等工具；他们提出了“审慎的经济理性”概念，这就是后来所谓的“经济人”概念；他们提出了严格意义上的金属货币理论，这种理论实质上与亚当·斯密的货币理论没有什么不同，一些人较为清晰地勾画出了后来所谓货币数量说的轮廓，他们并且坚决反对降低货币成色，另外，他们还探讨了铸币、外汇、国际金银流动、复本位制及信贷的许多问题，而且在一些方面要优于后人的探讨方式；他们探讨了济贫、失业、行乞等问题，对建立营业利润理论和利息理论作出了贡献，是他们提出了营业利润产生于风险与努力的理论，是他们首创了利息理论。② 所以德鲁维尔才断言：“现代经济学欠经院学者及其后继者远超通常得到承认的一笔巨债。”③

最后，中世纪晚期经济学与现代经济学最大的区别是思想范式不同，前者的思想源于亚里士多德、罗马法、奥古斯丁三大思想传统，后者的思想源

---

① ［美］约瑟夫·熊彼特:《经济分析史》第1卷，朱泱等译，商务印书馆2001年版，第132—133页。

② ［美］约瑟夫·熊彼特:《经济分析史》第1卷，朱泱等译，商务印书馆2001年版，第153—163页；Raymond de Roover, “Scholastic Economics: Survival and Lasting Influence from the Sixteenth Century to Adam Smith”, *The Quarterly Journal of Economics*, Vol. 69, 1955, pp.163–189.

③ Raymond de Roover, “Scholastic Economics: Survival and Lasting Influence from the Sixteenth Century to Adam Smith” , *The Quarterly Journal of Economics*, Vol. 69, 1955, p.189.

于近代世俗的、科学的、实验的思想方法。

奥德·兰霍尔姆指出，中世纪晚期经济学的思想来源于亚里士多德、罗马法、奥古斯丁三大思想传统，[①] 实际上，奥古斯丁传统更具体地说应该是阿奎那传统，因为中世纪晚期的经济思想家更多的是托马斯·阿奎那的信徒。这三大传统既为中世纪晚期经济思想家提供了形而上学的规范分析工具，又提供了思想内容和伦理道德的来源和自然法的概念，但这三大古老的传统又决定了中世纪的思想家并不把政治经济学看作一门独立的学科，而是将其作为道德和法律的附属。虽然借助形而上学的工具和伦理—法律的概念，部分经济主题的纯思辨性的探索在中世纪晚期曾达到相当深刻的程度，但其分析范式的局限性决定了中世纪晚期经济学的基本框架和发展命运。

市场经济理论的形成与发展与市场现象的复杂化过程是同步的，如何审视市场现象，以什么样的知识学立场来建构关于市场经济的知识学，重商主义在实证经验的基础上提供了自己的市场经济理论。在中世纪晚期近代早期，新生资本主义的经济现象越来越繁复，市场经济的演进和市场机制的作用越来越复杂，旧有的思想范式已经不敷使用，无法应对新的挑战，正如德鲁维尔看到的那样，经院经济理论在 16 世纪西班牙萨拉曼卡学派卢戈和卢卡的里程碑式作品中达到了完全成熟，但是也暴露出一个事实：经院学者已经穷尽了他们所掌握的方法的一切可能性，进一步的发展不再依靠更精致和更完善，而是依靠分析工具的重建，[②] 因为崩塌的是中世纪的整个哲学体系和思想范式，取代它的是一种全新的思想范式，源于近代早期世俗的、科学的、实验的思想方法。当然，范式转换并不表明近代早期需要重起炉灶，重新发现市场经济的运作规律，只需要继承吸收中世纪晚期市场经济思想的内容，而事实上现代经济学也正是在继承和扬弃中世纪晚期市场经济思想基础上完成的。

---

① Odd Langholm, *The Legacy of Scholasticism in Economic Thought*, Cambridge University Press, 1998, pp.13–55.

② Raymond de Roover, "Scholastic Economics: Survival and Lasting Influence from the Sixteenth Century to Adam Smith", *The Quarterly Journal of Economics*, Vol. 69, 1955, p.171.

三、重商主义思想的出现

英国重商主义思想发源于中世纪晚期，形成于都铎王朝时期，逐渐成为一种主流的经济思想和政策体系。随着市场经济的发展和城市的兴起，城市、行会等地方性、中世纪因素开始成为市场经济的绊脚石，亨利·皮朗指出："同业行会支配并影响城市经济制度的时期，也正是城市保护主义发展达到顶点的时期。各种工业集团，尽管其职业利益有所不同，却团结于一个共同的意志中，即尽量实施各自所享有的垄断权，并摧毁个人创造的一切机会和竞争的一切可能性。因此，消费者完全为生产者而牺牲。"[①]城市的消费离不开大商业，但"城市的自我主义妨碍了大规模商业，正像它妨碍了大规模工业一样"[②]。城市的新富阶层为了从市场经济中获益，为了满足不断扩张的市场需求，越来越倾向于投入王室的怀抱，来克服城市和地方中心主义，保障商品与货币的流通，王室为了从市场交易中获得更多的财政收入，与新兴财富阶层一拍即合。商业资本在经济上为国家服务，国家则运用各种力量支持商业资本的发展，从而为重商主义的出现奠定了基础。当然，"国王与诸侯们对资本主义进展所表示的赞助，并不仅仅出于财政上的考虑。当他们的权力增加时所开始产生的国家观念，促使他们自认为是'公共福利'的维护者。城市自我主义发展达于顶峰的14世纪，也是经济史上王室权力诞生之时。在此之前，王室只是间接插足于经济领域，履行裁判、财政、军事的特权。"[③]博尔顿分析了中世纪晚期英国政府对经济的干预，指出后来发展为重商主义理论的一些主题在此时已经出现，"所有后来重商主义的思想已经存在，丝毫不用惊奇，这些思想是由商业阶层表达出来。"[④]戴安娜·伍德也描述了重商主义的形成："中世纪晚期的商业气候导致对商业和商人看法的转变，商人的角色在激发国际政治和战争的经济民族主义中至关重要，在这

① [比]亨利·皮朗：《中世纪欧洲经济社会史》，上海人民出版社2001年版，第197页。

② [比]亨利·皮朗：《中世纪欧洲经济社会史》，上海人民出版社2001年版，第199页。

③ [比]亨利·皮朗：《中世纪欧洲经济社会史》，上海人民出版社2001年版，第204页。

④ J. L. Bolton, *The Medieval English Economy, 1150–1500*, J. M. Dent & Sons Ltd, 1980, pp.326–331.

一过程中，许多后来成为‘商业体系’标志的原理诸如重金主义和贸易平衡，由立法和行政机关表达和实施。”①

英国农本经济瓦解后，商业资产阶级兴起并不断成长。商业资产阶级力图控制贸易甚至生产活动，积累更多财富和资本。因此，希望国家对他们的工商业活动给予支持和保护；封建分裂消弭后，世俗民族国家的权力得到加强，而以王权为代表的民族国家开支日增，需要商业资本积累的财富给予保障，“重商主义是近代历史上政府和商业的首次结盟。”② 正是这种结盟使重商主义应运而生。重商主义的主要内容或核心部分始终是怎样才能使一个国家变富变强，怎样才能使国家积累更多的财富。

重商主义是英国封建社会瓦解和向资本主义社会过渡时期，即资本原始积累时期社会经济、政治和思想文化领域一系列深刻变化的产物，是这一特定历史时期商业资本的意识形态和经济学说。英国重商主义出现的国内背景，上一节已经作了述评。从现代世界体系形成的角度来看，从农本向重商转变，就是随着新航路的开辟，欧洲经济中心由地中海向大西洋沿岸转移，由北海贸易和地中海贸易搅动起的商品流找到了新的出口，世界市场裹挟着黄金和香料开始向欧洲展露它的入口，在这样一个广阔天地的争夺战中，商业资产阶级和以王权为代表的民族国家形成了利益契合点。正是这种利益的结合，把过去各国之间的和平交易变成了通过战争、保护关税和各种禁令来进行的商业斗争，各国之间对市场的争夺加剧，自此以后商业便带有强烈的政治色彩。

学界传统上都把重商主义划分为早期重商主义和晚期重商主义两个阶段，两个阶段的界线通常定位于17世纪20年代。早期重商主义又被称为“货币主义”或“硬币主义”，奉行“少买”原则，主张严格限制金银出口，像守财奴一样死守着自己的钱袋；晚期重商主义又被称为贸易差额论，允许金银输出，发展工场手工业生产，鼓励本国产品出口，大力发展对外贸易。两个阶段都把货币当作财富的主要形态，并把流通领域的积累当作财富的源

① Diana Wood, *Medieval Economic Thought*, Cambridge University Press, 2004, p.131.

② E. Canterbery, *The Making of Economics* , Wadsworth Publishing Company, 1987, pp.41–42.

泉。差别只在于对财富来源认识的不同。“虽然在对国外贸易的看法上，早期的与后期的重商主义之间有距离，可是这种距离并不深，不足以破坏重商主义思想的根本一致性。”①亚当·斯密为了批判的需要而把重商的思想和政策主张命名为“重商主义”，实际上重商主义并没有形成一个系统完整的体系，因为重商主义者“写作通常是由当时的事件引起的，并且经常是想要帮助当局作政策决策或者通过特别的呼吁影响他们”，“总的说来，这一时期的思想非常实际，并且是政策导向的，主要是基于被认为是对现实的观察的东西，还基于少数一般原则”。②一位学者甚至认为，“重商主义是一连串模糊不定的观点和惯例，‘用以解决紧迫的同时代的问题’。”③这一点，也为我国学者所注意，“重商主义者从现实生活中去研究问题，把观察到的经济现象加以综合、整理、分析和归纳，然后得出一系列结论，……实际上，重商主义者并没有把他们的观点和见解作为一个完整的经济学体系加以阐述，只是一些政论家、商人、牧师和哲学家所提出的，大多数是在商业政策上反映出来的经济思想。”④直到今天，一些学者仍把重商主义视为“更多的是处理和设计解决其时经济的一种方法”⑤。

重商主义作为一种经济理论或经济学说，其思想萌芽出现较早，在14世纪英国就有了多卖少买，把货币留在本国的思想。英国重商主义思想雏形时期的代表作是《论英国本土的福利》，在1581年匿名出版。重商主义思想成熟时期的代表作是托马斯·孟于1621年发表的《论英国东印度贸易》，1630年他彻底改写了这本书，在1664年由他的儿子以《英国得自对外贸易的财富》书名出版。此外，马林斯、米塞尔登、L.罗伯茨、H.鲁滨逊、巴本、诺思、蔡尔德、达维南特等也是这一时期重要的重商主义思想家。到了重商主义思想的完善时期，迪福、塔克、波斯特勒维特、杰维斯、福斯特、詹姆

① ［英］埃里克·罗尔：《经济思想史》，商务印书馆1981年版，第61页。

② ［美］亨利·威廉·斯皮格尔：《经济思想的成长》，中国社会科学出版社1999年版，第81、83页。

③ Oliver C. Cox, *Foundations of Capitalism*, Philosophical Library, Inc., 1959, p.318.

④ 晏智杰主编：《西方市场经济理论史》，商务印书馆1999年版，第76页。

⑤ Gianni Vaggi and Peter Groenewegen, *A Concise History of Economic Thought: From Mercantilism to Monetarism*, Palgrave 2003, p.16.

士·斯图亚特等都是具有影响力的重商主义代表。

从笔者的研究来看，英国重商主义包括思想和政策两个层面，英国重商主义思想和政策的内涵都极为丰富，涉及当时经济生活的诸多方面。单从思想内容来看，“重商主义思想的范围涉及转型社会的社会进程及社会制度，所以应当从多种角度对之进行研究，包括从经济学的、社会学的、政治学的，甚至宗教学的角度进行研究。”①因此，必须对重商主义思想进行具体的史实分析，将其放在一个三阶段动态的演进过程来研究，现对其综合分析并择其大要归纳如下：

第一，逐步认清了货币的本质，了解了财富的来源，主张大力发展对外贸易。

在重商主义思想的第一阶段，由于把货币视为财富，因此主张大力发展对外贸易，增加出口来致富。这一时期的重商主义者由于不能正确理解货币的起源和本质，把金银等硬通货看成是财富的唯一形态。重商主义者的这种财富观，反映出英国农本经济瓦解后，随着商品经济发展，货币短缺已成为社会的通病，也反映出新兴的商业资产阶级对货币的渴望和追求。

但是随着新航路的开辟，大量的金银涌入西欧，在 16 世纪席卷西欧的价格上涨形成所谓的“价格革命”。金银比价变动不居，币值的混乱，使投机盛行。亨利八世的货币贬值政策使这一形势雪上加霜，引发物价飞涨，经济秩序混乱。面对这种不利工商业发展的经济形势，早期重商主义者认为，“硬币的改变是一切灾难的最根本的原因”，因此，他们主张，“目前流通的一切硬币应当依照现今已经不再流通但人们乐意接受的某个时期的钱币铸造，对其原料的核算也一模一样；从此以后，就只准那种旧币或按照其同样的价值、成色和名称铸造的新币在市上流通，这样，我们的硬币便完全恢复它旧日的等级和优良程度了。”因此，稳定币值成为英国重商主义者的追求，“使每一种金属对另一种金属保持应有的比例。”②温纳林德认为，重商主义

① Oliver C. Cox, *Foundations of Capitalism*, Philosophical Library, Inc., 1959, p.318.

② ［英］伊丽莎白·拉蒙德编：《论英国本土的公共福利》，商务印书馆 1991 年版，第 110、111、115 页。

者已经具有一种共识，那就是每一个经济体要保持健康，就需要一定数量的货币进行流通，这并不意味着早期重商主义者提倡货币的无限扩张，西班牙已经提供了货币过量的活生生的例子，他们的目的是推动政策来重建适量的、与国家资源与经济活动水平成比例的货币。① 英国重商主义思想在其发展的第一阶段认为贱买贵卖的对外贸易是财富的真正源泉，反对货币输出，但是，对外贸易繁荣的现实也使他们的视野开阔起来，主张根据世界行情确定货币的兑换率，开始具有世界市场意识。

到了英国重商主义思想的第二阶段，英国商业特别是对外贸易十分繁荣发达，市场不断扩大，商业资本高度发展，并开始部分或全部控制工业生产。因此，世界市场的扩大对商业资产阶级极为重要，他们把币值稳定放在世界市场的范围内来考虑，米塞尔登和托马斯·孟都认识到，需求和供给规律主宰着与外国的汇票和货币交易。② 托马斯·孟指出："货币不但是衡量国内其他一切东西的准确的尺度，而且也是我们与其他各国的人在国际贸易上所用的尺度，所以应该保持它的公正和稳定，以免发生必定随着它的变化而来的那种混乱现象。"他们不再反对货币输出，认为"输出货币与输出货物同样都是很有利的，因为输出的货币也是用在贸易上的，所以它也会增多我们的财富"，并主张大力发展对外贸易，通过贸易顺差来增加财富，"对外贸易是增加我们的财富和现金的通常手段，在这一点上我们必须时时谨守这一原则：在价值上，每年卖给外国人的货物，必须比我们消费他们的为多。"③

到了英国重商主义第三阶段，就认识到国际贸易是互利的，互利的基础在于国际贸易的专业化分工，贸易顺差理论被外国支付收入理论所取代。④

---

① P. J. Stern and C. Wennerlind, *Mercantilism Reimagined: Political Economy in Early Modern Britain and Its Empire*, Oxford University Press, 2014, p.75.

② Lar Magnusson, *Mercantilism: The Shaping of an Economic Language*, London and New York, 1994, p.75.

③ [英]托马斯·孟:《英国得自对外贸易的财富》，商务印书馆 1983 年版，第 27、10、4 页。

④ 李新宽:《国家与市场——英国重商主义时代的历史解读》，中央编译出版社 2013 年版，第 48—51 页；李新宽:《英国重商主义思想的分期问题》，载《武汉大学学报（人文科学版）》2008 年第 6 期，第 745 页。

第二，国家干预经济和经济自由都是英国重商主义思想的重要内容。

英国重商主义不仅提出了国家干预的思想，而且提出了一系列经济自由的思想。在英国重商主义思想的第一阶段，更多地强调国家干预，从英国重商主义思想的第二、三阶段，就逐步更多地强调经济自由思想。

在英国重商主义思想的第一阶段，提出了许多国家干预的政策主张，比如用管制金银的办法来限制货币外流，增加本国财富。而到了17世纪20年代重商主义就开始主张用加强对外贸易管理的办法来使国家致富，如托马斯·孟就强烈要求政府允许货币输出以扩大对外贸易，同时主张政府应禁止大麻、亚麻等货物的进口。总之，“在重商主义者看来，国家干预经济活动，是保障财富增长的重要手段，也是国家致富的可靠保证。要想外国货币大量流入国内，就必须发展对外贸易，必须由国家来控制国民经济的活动。他们认为，国家力量的强大是发展经济和聚集金银财富的重要条件。因此，重商主义者提出巩固和增强中央集权国家的实力，并极力主张国家采取各种立法手段和行政措施，制定保护工商业的政策，以保证整个国民经济活动符合扩大出口和货币输入的要求。他们强调国家一切经济活动，都应服从于促进国家富强及战胜外国劲敌这一目标。凡有利于这个目标的就加以鼓励，否则就严加干涉。因此，国家干涉构成了重商主义市场经济理论的一个主要部分。”①

但是也要看到，英国重商主义还有一项很重要的思想内容，就是强调自由贸易，反对国家干预和贸易垄断。这一思想不过反映了商业资本在达到一定发展阶段后提出的要求，如尼古拉斯·巴本就反对靠国家干预和限制贸易达到贸易平衡的做法。② 蔡尔德明确反对控制市场，认为商人会受利润引导，满足市场的需求。他列举了一长串妨碍贸易和就业的法律，像禁止出口货币、提高出口价格、降低啤酒价格、垄断收购谷物和其他商品等等。③ 其他重商主义者如诺思、达维南特、科克、格维斯等都提倡自由竞争。

第三，重视生产活动，采取保护关税政策鼓励出口。

---

① 晏智杰主编:《西方市场经济理论史》，商务印书馆1999年版，第79页。

② ［英］托马斯·孟等:《贸易论（三种）》，商务印书馆1982年版，第79页。

③ L. Magnusson, *Mercantilism: Critical Concepts in the History of Economics*, Vol. 3, London and New York: Routledge, 1995, pp.52—53.

早期重商主义者反对出口羊毛，“我们不能不管未经加工的商品，因为如果把那些商品及时地加工后卖到国外去，它们就会在短时期内带来无数的财富了。”提出要发展服装业，“我们必须爱护第三种人；这些人是服装商、制革工人、制帽商和毛线纺织工，我只是凭他们精通的技艺和本领，知道他们确实给我们带来了财富。”①

从17世纪后半期开始，英国重商主义者开始把生产视为创造财富的前提和流通的条件，主张发展为对外贸易服务的手工业。他们认为，财富来源于“在我们的大自然上加以技艺，在我们的自然资源上施以劳动”，“盖国王和王国的最大力量和富源”，是从“靠技艺生活的人”的身上来的。尽量多生产能够出口到国外的商品，“在我们出口的货物里边，我们不可以只注意到我们自己所多余的东西，而是还必须考虑到我们的邻友们的必需品；就是他们所不需要的以及尚未在别的地方加工制成的东西，我们也应（除了出售原料之外）尽量加工制造俾得从中取利，而且还要将售价提高到不致因价高而使出售量减少的程度为止。”②同时，主张即使用外国原料制成的工业品也要免去关税。

第四，重视扶持农业生产，反对圈地运动。

重商主义者主张发展工商业，增加人口，无疑都会增大对粮食等食物的需求，这就促使他们十分重视农业问题。如W. D. 格拉普就指出，“商业”在现代用语中意义狭窄，但如果因此就认为重商主义者忽视农业、制造业、航运业和其他产业，那就大错特错了。③“即使那些最热烈拥护重商主义的人，也承认农业对这个国家经济发展所具有的重要性（在这一点上，他们与其他国家那些头脑僵化、目光短浅的重商主义者有着显著的不同），商业资本家与新兴资产阶级也完全承认农业的重要性。”④一方面，日益增长的粮

① ［英］伊丽莎白·拉蒙德编：《论英国本土的公共福利》，商务印书馆1991年版，第96、99—100页。

② ［英］托马斯·孟：《英国得自对外贸易的财富》，商务印书馆1983年版，第73、12、6页。

③ W. D. Grampp, “the Liberal Elements in English Mercantilism”, *Quarterly Journal of Economics*, 1952, Vol. LXVI, No. 4, p.471.

④ ［意］卡洛·M. 奇波拉主编：《欧洲经济史》第2卷，商务印书馆1988年版，第278页。

食需求必须得到满足，他们主张增加粮食生产，反对圈地牧羊，“或者提高农业的利益，直到农田的占有者像牧场主一样认为稳妥和有利可图为止。”另一方面，出口粮食也可以大获其利。所以，“不妨让农民始终有充分的自由在国内和国外任意出售小麦，就像畜牧业者可以随便出卖他们的产品一样。”①为了发展对外贸易，重商主义者主张在不妨碍其他已耕地的现有收入的条件之下，利用荒地，种植和供应需要从国外进口的经济作物，如苎麻、亚麻、绳索和烟叶以及其他各种货物，同时，制止这类货物出口。②

第五，重视运用市场规律来发展国内外贸易。

英国重商主义者从一开始就意识到，世界市场的价格波动是有规律的，要求人们按照市场规律来开展商业活动。到了重商主义思想的第二阶段，更是认识到，经济领域拥有自己独特的范畴和独特的规律，是一个由供给和需求力量调节的体系。米塞尔登和托马斯·孟都明确承认市场机制的至关重要。③重商主义者把市场过程与经济变量，如价格、工资、利率、货币价值和汇率等联系在一起，并且认为市场供给和需求的相互作用决定了经济的增长和衰落。重商主义对经济规律认识不断深化，走向成熟，出现了所谓的“重商主义思想革命”。到了重商主义的第三阶段，重商主义思想又一次经历了革命性转变，出现了国际贸易互利的概念，承认地域分工和专业化是国际贸易的基础，在思想上日益完善，已与古典经济学家的理论咫尺之遥。④

要全面、准确地把握重商主义市场经济体制的主要内容和发展历程，必须彻底清除蒙蔽在重商主义思想上的历史积垢，重新认识重商主义的思想内涵和评价重商主义对英国、西欧乃至世界历史发展的积极作用。史蒂夫·平卡斯在反思重商主义研究时强调，重商主义至今仍是“历史研究主要的组织

① ［英］伊丽莎白·拉蒙德编:《论英国本土的公共福利》，商务印书馆1991年版，第127页。

② ［英］托马斯·孟:《英国得自对外贸易的财富》，商务印书馆1983年版，第6页。

③ Lar Magnusson, *Mercantilism: The Shaping of an Economic Language*, London and New York, 1994, p.74.

④ 李新宽:《英国重商主义思想的分期问题》，载《武汉大学学报（人文科学版）》2008年第6期，第742—744页。

原则之一”。① 站在贸易自由主义的立场上，亚当·斯密对重商主义的分析和批评较为透彻，但这种分析是学理分析，而不是历史分析，不可避免地具有先入为主的成见。到了“19世纪的绝大多数作家，不仅不赞同而且很轻蔑‘重商主义作家’对那些题目所持的见解——就他们持有一致的见解而言。他们看到的只是这些见解的错误，而且在论述其前辈时，养成了一种作风，即只要认为某一种著作具有一丁点‘重商主义’气味，就几乎足以判处这部著作的死刑。”② 对重商主义的偏见陈陈相因，一直延续到现在。马克思主义的历史分析方法要求我们必须把重商主义放在当时的历史大背景下辩证分析，才能识别其存在的时代合理性。英国重商主义者讨论的都是“与经济政策有直接关系的实际问题，而这些问题又是新兴民族国家所面临的问题。”③ 所以，必须回到当时的历史事实和考察当时人的观点，摆脱自亚当·斯密以来形形色色的经济自由主义者强加在重商主义的思想和政策上的成见：

第一，辩证分析重商主义者将货币或金银等同于财富的思想。这一思想在西方古典经济学创立以来遭到了许多人的嘲笑，但近来学者们开始挑战认为重商主义者把货币和财富混为一谈的观点。④ 把财富和货币作为同义语，其错误和缺陷是不言而喻的，金银等货币只是财富的诸多形态之一。但把货币问题放在重商主义时代启动时的历史实然语境中，就会发现问题并不那么简单。把货币等同于财富是对农本时代把土地等同于财富的超越，是商品经济深入发展的反映。英国市场化启动后，货币存量的净增长与对支付手段需求的迅速增长不相一致。17世纪社会各界普遍感到货币匮乏，都相信英国深受经常性的货币短缺之苦。⑤ 在17世纪20年代就有人抱怨说：“这个王国

---

① Steve Pincus, “Rethinking Mercantilism: Political Economy, the British Empire, and the Atlantic World in the Eighteenth Century”, *The William and Mary Quarterly*, Vol. 69, 2012, p.12.

② ［美］约瑟夫·熊彼特:《经济分析史》第1卷，商务印书馆1991年版，第515页。

③ ［美］约瑟夫·熊彼特:《经济分析史》第1卷，商务印书馆1991年版，第220页。

④ P. J. Stern and C. Wennerlind, *Mercantilism Reimagined: Political Economy in Early Modern Britain and Its Empire*, Oxford University Press, 2014, p.75.

⑤ Lar Magnusson, *Mercantilism: The Shaping of an Economic Language*, London and New York, 1994, p.108.

内货币奇缺，因而人们无法采用任何支付手段，也无法收回应属于自己的那一部分钱。”①货币短缺问题也是西欧的普遍现象和基本的问题，特里武尔齐奥元帅在1499年准备入侵意大利时向路易十二进言：“陛下需要的是钱，需要更多的钱，时时刻刻都需要钱”。②英国自都铎王朝以来的君主们如果知道这句忠言的话，一定都深有同感。

当时一般的货币供给，基本上依赖于金银的流通，而欧洲的金银产量有限，奇货可居，把金银视为财富的思想信念驱动了西欧的寻金热，葡萄牙人在非洲海岸、印度和整个远东寻找的是黄金；黄金一词是驱使西班牙人横渡大西洋到美洲去的咒语；黄金是白人刚踏上一个新发现的海岸时就要的第一件东西。贵金属对瓦解原有社会关系起到了巨大的作用。“随着美洲和通往东印度的航线的发现，交往扩大了，工场手工业和整个生产运动有了巨大的发展。从那里输入的新产品，特别是进入流通的大量金银完全改变了阶级之间的相互关系，并且沉重地打击了封建土地所有者和劳动者。”③从而产生了历史发展的一个新阶段。

从货币或金银即财富的观念自然派生出一个受人抨击的观点：应该禁止金银等贵金属出口。但对这一政策的理解也应考虑到英国商业资本的发展需求。由于英国没有金银矿藏，在中世纪晚期近代早期，英国流通的金银太少不敷国内商业需求因而禁止贵金属出口，美洲金银涌入以后，国家为充实国库，仍然禁止输出金银，资产者之所以对这一政策满意，是因为这些刚刚投入市场的大量货币，成了他们投机发财的主要对象。一俟英国商人需要大力开拓世界市场，英国重商主义者就紧跟时代步伐，不再反对金银输出，如托马斯·孟就攻击了禁止金银出口的政策，“自我脱离”了重商主义原有的体系。正是在重商主义者的推动下，英国实现了金银进出口的自由。

第二，全面看待重商主义国家干预经济生活的思想和政策。关于国家在市场经济发展过程中究竟应起何种作用，历来争论不休。因此需要首先分析

① ［意］卡洛·M.齐波拉：《欧洲经济史》第2卷，商务印书馆1988年版，第453页。
② ［意］卡洛·M.齐波拉：《欧洲经济史》第2卷，商务印书馆1988年版，第450页。
③ 《马克思恩格斯选集》，第1卷，人民出版社1995年版，第110页。

英国重商主义者为什么会持有这一主张。在重商主义时代，由于西欧形成一个民族国家体系，在这一体系内，各国为了发展经济、开辟市场、争夺殖民地，形成了激烈的竞争格局，英国资产阶级要完成资本原始积累，就需要民族国家采取贸易保护措施。为了应对市场经济和资本主义发展所带来的社会问题，需要国家出面维持社会秩序。为了与其他国家争夺殖民地和商业利益，甚至不时需要兵戎相见，直至18世纪中叶，只有实施特别的保护性措施，才有可能进行国际贸易。自由贸易在当时并不是现实的和理想的选择。英国也只是在与其他国家的竞争中脱颖而出之后，特别是通过工业革命形成了绝对商业优势，才开始实施自由贸易。此外，在重商主义时代，市场经济正处于发展和完善之中，也需要国家规范经济秩序和帮助拓展市场，国家的干预必不可少。当然，过去许多研究重商主义的学者都认为，重商主义者相信他们生活在短缺的世界里，资源问题是固定的，因此，贸易是一个零和游戏，是相互竞争的国家间为了有限的土地资源开展的野蛮战争，史蒂夫·平卡斯指出，这种看法是片面的，一些重商主义者持有这种观点，但许多人并不这么看。① 这也是为什么英国重商主义思想中包括自由贸易思想的原因所在。

从国家对经济干预的实际效果来看，通过国家实施关税保护、贸易垄断、出口退税、建立殖民地、发动商战等措施，英国成功崛起为商业强国，资产阶级以国家为强大后盾，积累起雄厚的资本，开辟了世界市场，率先启动了工业化的步伐。当然，应该指出，这一结果是建立在英国殖民地民众及黑奴的悲惨遭际之上的。

第三，正确认识重商主义追求贸易差额或贸易平衡的观点。重商主义者认为，为了在国际收支平衡中实现顺差，就要做到出口大于进口，保证贸易顺差，使金银源源不断地流入本国。亚当·斯密指出："对其贸易差额被认为不利于我国的那些国家的几乎一切货物的输入，加以异常的限制"，"即使根据重商主义原则，这种限制也不合理。"② 但是，对重商主义的这一思想

---

① Steve Pincus, "Rethinking Mercantilism: Political Economy, the British Empire, and the Atlantic World in the Eighteenth Century", *The William and Mary Quarterly*, Vol. 69, 2012, p.14.

② ［英］亚当·斯密：《国民财富的性质和原因的研究》下卷，商务印书馆 1997 年重印版，第 44 页。

图式不能给以简单的批评。应该看到，贸易平衡论超越了早期重商主义禁止金银输出的思想，这一理论并不意味着大多数重商主义作家不知道整体平衡的存在。① 实际上，从托马斯·孟开始，重商主义思想从要求贸易的个别平衡转向要求普遍的贸易平衡，已经能从贸易全局来考虑平衡问题，托马斯·孟甚至认识到“这样一个事实，即坚持出超的政策，由于最终将引起国内物价上涨，这种政策必然归于失败。”②

贸易平衡问题是当时英国民众、重商主义者以及国家特别感兴趣的问题，直到今天贸易平衡仍是每一个国家关注的问题，因为这一问题关系国内民众的就业、物价涨落等诸多问题，自然不能等闲视之，特别是在国内经济出现衰退或失调的时候，许多国家会采取诸多措施促进出口，限制进口，减少国外奢侈品的消费。英国在处理“17 世纪危机”的时候，贸易平衡问题就得到了国家的特别关注。英国于 1660 年成立了一个贸易委员会，其职责之一就是考虑“外国商品的进口与本国产品的出口是否平衡，以及可以采取何种安排，使我们在国外每个地方卖多于买。”③ 贸易平衡政策有利于化解经济危机，恢复经济活动，现代经济学家凯恩斯早在 20 世纪 30 年代就指出了贸易平衡的这一历史意义。④ 实际上，意大利重商主义者塞拉也看到了这一点，认为如果整个经济过程运行良好，则贸易差额会自行调整，不需要任何具体措施。更为重要的是，英国重商主义到 17 世纪 90 年代以后，成功超越贸易平衡理论，发展出外国支付收入理论，并最终达到了最成熟的理论形态，也就是劳动平衡理论。⑤

对重商主义思想进行重新评价，除了在思想层面进行重新梳理外，还需要结合重商主义政策的实施和经济体制的变革等，才能形成全面的认识。

---

① Lar Magnusson, *Mercantilism: The Shaping of an Economic Language*, London and New York, 1994, p.104.

② ［美］约瑟夫·熊彼特:《经济分析史》第 1 卷，商务印书馆 1991 年版，第 543 页。

③ C. Stephenson and F. G. Marcham, ed., *Sources of English Constitutional History*, New York, 1937, p.588.

④ ［英］凯恩斯:《就业、利息和货币通论》，商务印书馆 1981 年版，第 23 章。

⑤ L. Magnusson, *Mercantilism: The Shaping of an Economic Language*, London and New York, 1994, pp.134–135.

第三节　影响重商主义市场经济体制形成的相关因素

经济体制是社会这个大系统的子系统，在其形成和确立过程中，与其他子系统有密切联系，既相互依赖又相互影响。单从经济体制本身出发，并不能说明一种经济体制不同于其他经济体制的特征是如何形成的，更不能说明市场经济体制是如何突破传统社会的重重束缚，最终完成体制性变革，确立市场经济体制的，因此，要对影响和制约它的社会环境和自然环境加以考察。在一个传统的农本社会里，影响市场经济体制形成的主要社会环境因素是社会技术水平等，自然环境因素则包括地理、人口等。

一、社会技术水平

西方经济学往往将经济学预设为一个独立运行于社会之外的系统，往往忽视了经济增长或发展只是诸多社会现象之一。在前工业社会，社会技术才是影响经济发展的主导因素，也是决定科技突破的主要力量。科学史家默顿对 17 世纪英国社会互动的探讨实际上已经暗示了社会技术对科技突破的决定作用。他认为“社会互动的类型与范围或许是发明率中最重要的社会要素。”[①] 市场经济体制的确立和扩散，有赖于科技突破推动生产力的飞跃和商品的大规模生产，但科技突破却有赖于社会技术。所谓社会技术，在概念上与现代哲学技术所研究的社会技术是有区别的。现代哲学视野里的社会技术，一般来说，是“人们改造社会世界，调整社会关系，控制社会运行，解决社会矛盾，实现人类改造社会世界目的的实践性知识体系。”[②] 指的是现代社会科学的应用，准确地说是“社会科学技术”，与科学或自然技术相对立。它是工业革命引发的社会问题的结果。而在前工业社会，现代社会科学并未

---

① ［美］罗伯特·金·默顿:《十七世纪英格兰的科学、技术与社会》，商务印书馆 2000 年版，第 270 页。

② 赵大宇、田鹏颖:《试论社会技术的本质》，载《科学技术与辩证法》2006 年第 1 期，第 74 页。

完全形成，不可能具有这一意义上的“社会技术”。因此，这里所指的“社会技术”，是一个广义的概念，与科学技术并不是对立的关系，科学技术部分地包含于社会技术中，因为把科学技术应用于实际的生产活动是人类主要的社会活动之一。简而言之，社会技术就是调整、管理、控制社会的方法。

从整个国家来说，支撑社会的广义技术范畴主要包括五大方面：一是政府组织的状态，指政府组织的架构和规模，官僚机构的运转效率等；二是财政税收制度，包括影响经济发展效率的税率和赋税结构等；三是社会保障制度，指要完成经济和社会转型必须具备的初步的济贫和失业保障等；四是法律制度，能够通过调整社会关系来促进或阻碍市场经济的开展和深入；五是意识形态体系，通过影响人们的思想观念控制社会等。所有这些形成了社会技术的构成体系。社会技术是经济活动的基础，社会技术水平的高低，直接体现为社会效率，社会效率的高低与经济增长率息息相关。传统农业社会的商业化深度和广度，是社会技术诸因素合力推进的结果，而不是单一社会因素或经济力量所能左右的。从中西比较研究的角度来看，正是社会技术水平的差异，才导致传统中国经济只有数量的扩充，没有质量上的突破，最终在18世纪与英国分道扬镳，而英国率先实现了工业革命。

对社会技术影响经济发展的分析要从社会整体演进的角度出发，从整个社会的结构性变迁视野出发，着眼于社会运行的技术因素是促进了还是阻碍了社会效率，是提高了还是降低了经济成本，是挖掘了还是阻止了经济发展的潜能，是激发了还是遏制了整个社会富国富民的欲望。虽然中古晚期中英两国商品经济都获得一定程度的发展，但商品经济的洪流最终能否汇聚成市场经济的大河，科学技术能否取得突破性进展，社会技术进步是关键性条件。

在工业革命之前，英国乃至欧洲的科学技术都获得了一定程度的发展，E. M. 卡留斯—威尔逊夫人关于12和13世纪英国、约翰·内夫关于1560年至1640年英国“首次工业革命”的研究，[①] 都清楚地表明了这一点。虽然

① [法]费尔南·布罗代尔:《15至18世纪的物质文明、经济和资本主义》第3卷，生活·读书·新知三联书店1993年版，第630—639页。

如此，但如果认为到1750年欧洲已经拥有独一无二的综合科技水平，这种观点是站不住脚的，“西欧不仅没有在所有技术领域中领先，而且在他们确实领先的那些领域中，也只有一些有长期意义。”[①]学者们也越来越多地意识到，工业革命的成功并非取决于科技进步。经济发展的关键是劳动生产率的提高，而在传统社会，劳动生产率的提高并非是科技进步的结果，而是社会技术全面进步基础上的结果。布罗代尔注意到，古代埃及的工程师已经发明了一种蒸汽动力装置，用于从远处打开或关上神庙笨重的大门，在此之前，埃及人还发明了抽吸水泵、原始的温度计和经纬仪，15世纪德国采矿业出现一系列技术革新，意大利米兰引人瞩目的技术革命也获得了初步成功，但是这些发明并未能导致工业生产的一场革命，因为“一项新发明只是给人打开一扇门，但不强迫任何人走进去。”[②]只有社会技术的进步，才能指引整个社会进入这扇门，从而脱颖而出，取得成功，因为“科学技术重大的和持续不断的发展只能发生在一定类型的社会里。”[③]古代中国的四大发明曾经领先于世界，却没有引领中国走向科技突破，即是明证。

社会技术的作用机理其实十分简单。在传统社会里，虽然世界各国封建制度的表现是千差万别的，但是它们的社会生活和生产条件在本质上是基本相同的。一切封建社会的生产都是个体性小生产。在此基础上，人的社会关系主要从属于一个相对稳定、结构简单的初级社会秩序，这一社会必要的运作由顺从、忠诚和互惠的实践来保证，目的在于达到一个伦理取向的最佳状态。但商品经济的发展可能诱致另一种社会取向，如果商业化的程度能够渗透到社会的每一个角落，促使社会从一个静态社会向一个动态社会转变，从而出现不断变迁、人口密集的专业化社会，那么随着人们的交往方式不再适合于既得生产力，就不得不改变他们的一切社会形式。在这样一个社会里，

① ［美］彭慕兰：《大分流：欧洲、中国及现代世界经济的发展》，江苏人民出版社2003年版，第637页。

② ［法］费尔南·布罗代尔：《15至18世纪的物质文明、经济和资本主义》第3卷，生活·读书·新知三联书店1993年版，第637页。

③ ［美］罗伯特·金·默顿：《十七世纪英格兰的科学、技术与社会》，商务印书馆2000年版，第15页。

社会取向就是效率。生产要素由自然萌发向效益最大化的自组织化转变，社会变迁和社会技术提升的速度加快，社会效率得以提升，劳动生产率增长加速。诺思认为“有效率的经济组织是经济增长的关键；一个有效率的经济组织在西欧的发展正是西方兴起的原因所在。”① 实际上，有效率的经济组织的出现，只是社会技术进步的一项结果。侯建新认为中世纪晚期西欧社会转型有赖于三个社会机制的形成与发展，即社会财富的积累机制、生产性经济活动的法律保障机制、产品与要素市场的流通机制。② 这三个机制也可以视为社会技术的作用机制，其最终目标指向生产效率和社会效率的提升。因此，整个社会的组织机体的效率是经济发展的前提，是科技进步的必要条件。社会技术构成体系主要包括政府组织的状况、财政税收制度、法律制度、意识形态等等，社会技术的进步提高了社会效率，降低了经济活动的成本，实现了优势积累，提高了生产效率，从而为经济腾飞插上了双翼。

二、经济发展水平

经济发展水平，这里指现实的生产力水平和结构，它是经济体制形成和变革的基础和动力。其时，英国的生产力水平提高较为明显。农业劳动生产率是衡量农业劳动生产力的重要指标，是资本主义生产的基础。本章第一节已经提到，英国的农业劳动生产率在 15、16 世纪比 13、14 世纪提高了一倍以上，到 16、17 世纪进一步提高。由于统计数据不完整，以及英国手工业在城乡之间、地区之间发展的不平衡，使工业劳动生产率的估算存在着一定的困难，但是，英国的主导工业呢绒业生产力的提高可以从重商主义时代英国呢绒产品出口的迅猛增长得到侧面印证。

此外，从生产力结构来说，在这一时期，英国的产业结构调整较为显著，农业、工业、商业都发生了被史家冠以“革命”的变革，特别是工业和商业在整个产业结构中地位提升和比重逐步加大，对英国生产力的发展具有

① ［美］道格拉斯·诺思、罗伯斯·托马斯：《西方世界的兴起》，华夏出版社 1999 年版，第 5 页。

② 侯建新：《社会转型时期的西欧与中国》，济南出版社 2001 年版，第 18 页。

重要的意义，因为“产业结构是整个生产力结构的基础，其他一切生产力结构都是在它的决定作用或制约作用下形成的。”[①]从技术结构来说，农业技术结构的改变主要在于土地利用方式的改变，轮作制的采用，牛羊新品种的培育，特别是在畜牧业方面农业技术得到了集中发展，到都铎时期形成了农牧混合的农业技术结构。而在工业技术方面，早在中世纪后期，西欧就取得了一些重大的技术成就，碾磨机的利用，曲柄、连杆与调节器的发明，造船与航海技术的提高，这些技术在西欧的扩散使技术操作水平提高幅度较大。15世纪中叶至18世纪中叶，英国的技术进步主要体现在纺织业、采矿及冶金业、造船及航海业，正是由于这几个世纪在相关技术领域的“厚积”，才使得当技术结构的重心转移到了棉纺业身上时得到了“薄发”，而棉纺业上的一系列技术突破启动了工业革命，释放出了比过去一切世代创造的全部生产力总和还要大得多的生产力。“经济成长将会改变经济的规模和结构，而这些变化又必然会改变经济体制。”[②]农业和工业领域生产力水平的提高，为英国整个社会的商业化夯实了基础，促使经济体制的变革。

三、社会历史与文化

历史传统和文化变迁对一国的经济体制的形成和运行，也具有重要影响。日耳曼历史传统对英国历史的影响较为深远。中世纪议会的政治实践和以《大宪章》为主的一系列法律文件，形成“王在法下”的上层贵族民主制，保障了贵族的财产非经依法审判不得随意剥夺。而在下层社会，由庄园习惯法构成的既定规则和习惯做法，也限制了领主对农奴的肆意盘剥，为农民的积累提供了保障。这种“前原始积累”孕育了资本积累的基础。

英国文化是在吸收外来文化基础上形成的，朱孝远指出：“民族文化上的独立性同文化上的开放性联系非常紧密。无论是文艺复兴还是后来的启蒙运动，都在英国激起了最激烈的反应。……英国人依靠政府来振兴国家的策

① 薛永应、张德霖、李晓帆：《生产力经济论》，人民出版社1995年版，第300页。

② ［美］莫里斯·博恩斯坦主编：《比较经济体制》，中国财政经济出版社1988年版，第8页。

略，并非来自于英国人自己的头脑，相反，它得益于文艺复兴时期的意大利。英国人自己所做的，只不过要把人文主义者的理论付于现实罢了。”①

另一个影响英国重商主义市场经济体制形成的文化因素是所谓的“新教精神”，马克斯·韦伯的《新教伦理与资本主义精神》对此作了详细的论述。② 英国的清教徒把自己在经济上的成功看作是上帝赐予的恩宠，清教的禁欲主义要求以理智约束欲望，认真考虑自己行动的伦理后果，正是新教伦理和责任感促进了英国企业家的理性进取精神，这种精神“在某种程度上可以从非国教徒如从事制铁业的达比全家、制造瓷器的库克沃西、经营棉纺织厂和参与政治活动的布赖特父子以及投身于科学的道耳顿和爱丁顿等人所作出的卓越贡献中得到说明。摆脱常规和对个人责任的强调使在非国教徒中间产生了很大一部分实验者和发明者，而他们的节俭使他们把利润再投资于实业而不是为奢侈的生活挥霍掉。”③ 正是通过吸收、利用外来文化以及继承封建文化的某些合理成分，或者从发展中的资本主义关系中创造出“新教”文化观念，能动地作用于整个经济层面，带动了向市场经济体制的变革。这从 18 世纪前半期的许多文学作品把商人描绘为“英雄”可窥一斑。

四、自然环境

一个国家的地理位置、人口、自然资源等自然环境因素往往会影响一个国家的经济发展速度、经济发展的规模和水平。许多学者指出了自然环境因素对英国崛起的影响，但是也有一些学者走向了极端，如 E. L. 琼斯迈向了地理环境决定论，④ 而 M. M. 波斯坦走向了人口决定论。⑤ 自然环境对经济发展和经济体制的选择有着重大的影响，但“环境决定论”无疑是错误的、不可取的。

---

① 朱孝远:《欧洲涅槃——过渡时期欧洲的发展概念》，学林出版社 2002 年版，第 183—185 页。

② 参见［德］马克斯·韦伯:《新教伦理与资本主义精神》，四川人民出版社 1986 年版。

③ ［美］斯塔夫里阿诺斯:《全球通史——1500 年以后的世界》，上海社会科学院出版社 1999 年版，第 283—284 页。

④ 参见 E. L. Jones, *The Miracle of Europe*, Cambridge University Press, 1985.

⑤ 参见 M. M. 波斯坦:《中古社会的经济基础》，载《世界历史译丛》1980 年第 4 期。

从地理位置来说，英国湿润温和的气候适合牧草生长和畜牧业的发展，羊毛质量上乘，这对以后英国毛纺织业的发展是一个非常有利的条件。作为孤悬欧洲大陆西北的岛国，在与欧洲大陆国家的冲突中，欧洲很难对其实行征服，为经济发展赢得了和平的机会，起码国内不会受到战争的破坏。当大发现时代来临，欧洲贸易中心和主要商船航线发生转移时，英国的地理位置更显得得天独厚，优良的天然港口，使其容易成为大西洋贸易的前哨，成为大西洋世界的起点。事实上也是这样，由于荷兰的商船需要在英国港口停靠，这也是英国敢于出台《航海条例》的一个原因。

社会经济发展水平制约着人口的发展，而人口的数量和结构也影响着经济的发展。从都铎王朝时期起，英国的人口就迈入了上升的通道。E. A. 里格利和 R. S. 斯科菲尔德领衔的剑桥大学人口和社会结构史组根据英国教区的出生、结婚和死亡登记对英国人口数做出了估计，从中可以看出英国人口变动的总体趋势是不断在增长，在 1545 年达到了 300 万，在 1603 年达到 410 万，在 1641 年达到 509 万，但在 17 世纪中后期到 18 世纪中期增长相对而言非常缓慢，1670 年是 580 万，1701 年仍是 580 万，到 1731 年才达到 590 万。[①] 到 1743 年，英国登记在册的死亡人数再也没有超过出生人数，也就是说人口的出生率超过了死亡率。到 1800 年，英格兰和威尔士人口增长速度较快，年均增长率达到了 9.5‰。[②] 而到 1841 年，年均增长率达到了 13.95‰。[③]

关于人口的增长对经济发展的影响历来争论很大，以马尔萨斯理论为基础的人口决定论者强调的是人口给经济发展带来的压力和阻碍作用，但这一理论受到中外学者的批驳，人口的积极作用得到强调。但是，由于人口与资

① E. A. Wrigley and R. S. Schofield, *The Population History of England, 1541–1871*, London, 1981, pp.528–529；Charles Wilson and Geoffrey Parker , ed., *An Introduction to the Sources of European Economic History 1500–1800, Vol. 1, Western Europe*, George Weidenfeld and Nicolson Ltd., 1977, p.116.

② E. E. Rich and C. H. Wilson, *The Cambridge Economic History of Europe*, Vol. 4, Cambridge University Press, 1975, p.32.

③ J. G. Williamson, *Coping with City Growth during the British Industrial Revolution*, Cambrige University Press, 1990, p.12.

源之间的紧张关系错综复杂，人口对经济发展的作用机制也十分复杂，需要具体分析。就近代早期的英国来说，重商主义者对人口有自己独特的观点，把人口视为财富，主张通过国家干预来增加人口。① 人口的增加导致对衣食住行等基本生活品需求的增加，而这些需求又促使一些地方圈围土地面向市场生产农产品，乡村工业面向广大群众的消费组织生产，从而促使英国工农业经营体制和规模等随之发生了变革。在经济增长的因果链条中，还有许多其他的因素不时参与进来，但人口增长也是一个重要因素。在 17 世纪中期以前，人口的增长使英国需要就业的人数增多，导致工资下降，又推进了雇佣经济的发展。到 17 世纪中后期，英国人口增长相对缓慢，导致英国工资上升，生活成本下降，消费水平得到提高。 工资上升对英国产业发展造成压力，为了消除这种压力，英国的产业界采取了两种应对之策，一种是把产业迁往劳动力更便宜、成本更低的地区，或者实现地区集聚化生产，专业化分工，降低成本；另一种是通过技术革新，提高劳动生产率，保持产品价格优势或者增加产品的技术含量和附加值，从而提升产品竞争力，在高工资的基础上实现发展。

此外，人口增长还与“价格革命”、产业结构调整、城市化进程等都有一定的内在联系，这些因素都会直接或间接地对市场经济体制的形成和变革产生一定的影响。

总而言之，随着封建农本经济制度的瓦解和民族国家的兴起，随着重商主义思想和政策的流行，英国出现了市场经济体制发展所需要的条件。更为重要的是，在此过程中，英国逐渐形成了重商主义市场经济体制的三大核心机制：政府调控机制、市场协调机制、市场决策机制。下面三章将从国家干预的变迁、市场机制的形成、企业组织制度的出现来集中阐述这三大核心机制在重商主义时代的形成和发展过程。

---

① P. J. Stern and C. Wennerlind, *Mercantilism Reimagined: Political Economy in Early Modern Britain and Its Empire*, Oxford University Press, 2014, p.25.

第二章　英国市场经济体制的重商主义市场协调机制

——市场机制的形成

重商主义市场经济体制从本质上讲，就是市场经济体制的初期形态，因此市场开始逐步发挥配置资源的基础性作用。英国作为一个原生型资本主义国家，在国家政权力量的支持下，在重商主义思想和政策的推动下，市场逐渐形成为英国重商主义市场经济体制的调节机制，并且不是单一的机制，而是一个以价格和市场体系来调节经济的系统。从农本经济向市场经济的转变是一个重大的经济机制转换过程。中世纪自生自发的市场出现以后，随着商品交换的不断深入，在重商主义时代，市场的发育程度不断提高，市场机制发挥调控功能和配置资源的效力不断增强，引导个人和企业投资方向转变和经营规模扩大，并最终成为英国经济的主导机制。基思・赖特森就指出，从16世纪到18世纪这一时期见证了统一的全国经济的逐渐创生，市场关系成为主要的机制，并与新兴的世界经济紧密联系，在这一发展过程中，市场关系的规模、扩展性和权力逐渐增长，市场不仅仅成为一种交换商品的手段，而且成为支撑和维护整个社会的一种机制。①

在重商主义阶段，市场这只"看不见的手"和国家这只"看得见"的手并行不悖地发展起来，一方面是由于两只手的目标大多时候一致，在国家看

① Keith Wrightson, *Earthly Necessities: Economic Lives in Early Modern Britain, 1470–1750*, Penguin, 2002, pp.22–23.

来，市场的扩大有利于工商业的发展，最终会促进国家的富强。在重商主义者看来，国家的干预是保障财富增长的重要手段；另一方面，此时市场经济正处于发展和成熟过程之中，特别是在早期阶段仍需要国家的力量拓展市场空间和完善市场秩序。因此，虽然相互之间存在着内在的紧张关系并且抵牾之处日多，但仍能化解冲突，和谐相处。

"市场经济"一词并没有一个统一的定义。虽然古典经济学家、经典作家都对市场和商品进行了研究，但从未用过"市场经济"一词，马克思使用的是"商品经济"一词。据卫兴华考证，"最先提出'市场经济'一词的是列宁。他在1906年的《土地问题和争取自由斗争》一文中，在经济思想史上，第一次把市场经济与计划经济作为相对立的两种制度提了出来：'只要存在着市场经济，……世界上任何法律都无法消灭不平等和剥削'，'只有建立起大规模的社会化的计划经济'，同时一切生产资料归劳动者所有，'才能消灭一切剥削'。"西方学者和政治家后来宣传市场经济，在相当程度上是针对社会主义国家当时所实行的计划经济的。特别是20世纪二三十年代的大论战中，他们确实把市场经济与资本主义连在一起，宣扬资本主义实行市场经济的优点，评论社会主义实行计划经济的缺点。因此，"西方学者较为广泛地使用'市场经济'一词和宣扬市场经济，是在20世纪二三十年代及以后的时期。"①

虽然"市场经济"和"资本主义"一词一样，是一个后起的概念，但是，市场的兴起和市场经济的确立，对英国封建制度的瓦解和资本主义经济制度的确立，有着十分重要的意义。马克思指出："商业是行会手工业、农村家庭手工业和封建农业转化为资本主义经营的前提。"②约翰·希克斯也认为，"有一个转变是马克思的资本主义兴起的前提。按现代经济学的看法，这一转变似乎更加重要。这就是市场的出现，交易经济的兴起。"③

---

① 卫兴华：《究竟是何人最先从经济涵义上使用"资本主义"和"市场经济"概念》，载《中国图书评论》，2000年第11期。转引自黄宗良、孔寒冰：《社会主义和资本主义的关系——理论、历史和评价》，北京大学出版社2002年版，第4—5页。

② 马克思：《资本论》第3卷，人民出版社1975年版，第376页。

③ ［英］约翰·希克斯：《经济史理论》，商务印书馆2002年版，第9页。

在重商主义时代，商业产生过压倒一切的影响。社会分工和交换的发展，导致市场的扩展和商品化程度的不断提高，反映商业发展要求的重商主义应运而生。重商主义不但要求统一市场，而且要求经济资源和市场要素在全社会范围内的自由流动，让人们“有随意销售商品的自由”①。英国从传统经济向市场经济转变时，商品经济发展和社会交往扩大的制度基础是近代私有制的确立和信用制度的完善。在此基础上和在重商主义影响下，市场要素形成，在国内外需求的推动下，商品化的旋涡把越来越多的产品、地域、人员抛入市场，城乡市场渐成体系，进而以伦敦为经济中心，整合成为全国统一市场。与此同时，对外贸易和殖民贸易的扩张逐步为国内工业开辟出一个世界市场。市场日益成长为制约资源配置结构、数量和方向的经济力量，奠定了市场经济体制的基础。

第一节　市场经济的基础

市场是社会分工和交换的产物。商品所有者在交换商品时，“必须彼此承认对方是私有者。”② 确立产权的概念就十分必要，可转让性是产权的基本权能之一。“产权是一个社会所强制实施的选择一种经济品的使用的权利。私有产权则是将这种权利分配给一个特定的人，它可以同附着在其他物品上的类似权利相交换。”③ 市场需求、信用制度、统一的度量衡和货币、土地、劳动力、资本等各种生产要素的自由流通都是市场经济的基础。英国从传统经济向市场经济的转变过程，不仅是市场量的空前的扩大过程，而且是近代意义的产权制度和信用制度确立的过程，是市场需求扩张和市场要素获得解放的过程。

---

① ［英］伊丽莎白·拉蒙德编:《论英国本土的公共福利》，商务印书馆1991年版，第71页。

② 马克思:《资本论》第1卷，人民出版社1975年版，第102页。

③ A. A. 阿尔钦:《产权：一个经典注释》，载《财产权利与制度变迁——产权学派与新制度学派译文集》，上海三联书店1991年版，第166页。

一、近代意义产权制度的演进

近代意义上的产权制度的确立对于市场经济体制的形成具有重要历史意义和作用。“重商主义经济所特有并引起各种新问题的要求主要有两个，即保护财产和维护合同的要求。”① 而美国产权学派经济学家道格拉斯·诺斯和罗伯斯·托马斯在《西方世界的兴起》一书中开宗明义地指出：“一个有效率的经济组织在西欧的发展正是西方兴起的原因所在。有效率的组织需要在制度上作出安排和确立所有权以便造成一种刺激，将个人的经济努力变成私人收益率接近社会收益率的活动。”② 西方经济学界自科斯开创产权理论以来，经过阿尔曼·阿尔奇安和哈罗德·德姆塞茨等人的发展，影响日盛。科斯从交易成本理论、德姆塞茨从“外部性内化”的角度论述了产权制度对经济效率的提高、促进经济增长的作用。赵文洪在考察了私人财产权利体系的发展与西方市场经济和资本主义的起源之间的关系之后认为，私人财产权利体系是近代西方私有制基础上的市场经济的基础性要素，也即近代西方资本主义经济制度的基础性要素；私人财产权利体系从起源到确立的发展过程，是西方市场经济，也即资本主义经济制度产生的重要历史原因。③ 当然，产权对市场经济发展和资本主义起源具有重要意义，但也不能据此无限夸大和神化，“无论如何也不可能得出这样的结论，即认为明确了私人产权就必然导致资本主义的起源。”④

近代私有制的形成是一个历史的过程。在农业社会里，土地是主要的生产资料，因而，社会关系的焦点是对土地等不动产的占有和所有。随着商品经济的发展，重商主义的出现，工商业等动产的收益日益增多，动产和不动产的财产意义逐步发生了逆转，财产主体也日益由家庭向个体转变，个人所

---

① ［英］约翰·希克斯:《经济史理论》，商务印书馆 2002 年版，第 32 页。

② ［美］道格拉斯·诺斯、罗伯斯·托马斯:《西方世界的兴起》，华夏出版社 1999 年版，第 5 页。

③ 赵文洪:《私人财产权利体系的发展——西方市场经济和资本主义的起源问题研究》，中国社会科学出版社 1998 年版，第 40—51 页。

④ 厉以宁:《资本主义的起源——比较经济史研究》，商务印书馆 2003 年版，第 19 页。

有权出现。马克思指出，财产关系是生产关系的法律用语，“无论在古代或现代民族中，真正的私有制只是随着动产的出现才开始的”，“私有制，就它在劳动的范围内同劳动相对立来说，是从积累的必然性中发展起来的。起初它大部分仍旧保存着共同体的形式，但是在以后的发展中越来越接近私有制的现代形式”，“在起源于中世纪的民族那里，部落所有制经过了几个不同的阶段——封建地产，同业公会的动产，工场手工业资本——才发展为由大工业和普遍竞争所引起的现代资本，即变成抛弃了共同体［Gemeinwesen］的一切外观并消除了国家对所有制发展的任何影响的纯粹私有制。”①

城市兴起后，市民通过工商业活动使财富得到积累，产权在法律上逐步得到保护，如英国早在 1283 年就颁布了《商人法案》，对商人的合法权益和财产予以法律保障。②但仍会不时受到外部各种封建权利的侵犯。从内部来说，城市当局开始保护私人产权。都铎王朝建立后，专制君主为了保证财政收入，虽然仍不时利用习惯法中赋予王室的特权剥夺私人财产，但总的倾向是加大了对工商业者私人产权的保护。特别是在议会的影响下，发展出了一套与商品经济相适应的私法体系，“当工业和商业——起初在意大利，随后在其他国家——进一步发展了私有制的时候，详细拟定的罗马法便又立即得到恢复并取得威信，……即使在英国，为了私法（特别是其中关于动产的那一部分）的进一步完善，也不得不参照罗马法的原则。”③从而使私有财产特别是动产的积累得到保护，促进了工商业的发展。

在重商主义时代，土地仍是财产的主要形式，私有土地产权的确立是近代产权制度的核心问题之一。在中世纪的英国，“封建法律不承认土地所有权的概念。其基本特点是几个人都对同一块地有裁判权即各自拥有和分享对同一块地的权利。”④封建制度使英国封建土地在层层领有中失去了明确的归

① 《马克思恩格斯选集》第 1 卷，人民出版社 1995 年版，第 127—131 页。

② C. Stephenson and F. G. Marcham, ed., *Sources of English Constitutional History*, New York, 1937, pp.172–173.

③ 《马克思恩格斯选集》第 1 卷，人民出版社 1995 年版，第 133 页。

④ ［美］道格拉斯·诺斯、罗伯斯·托马斯：《西方世界的兴起》，华夏出版社 1999 年版，第 81 页。

依，领主和农奴的土地财产权是不完整的。封建地产的转移要受到上级封主和土地继承人的限制，土地领有者不能自由处置。“中世纪的土地所有权和近代资产阶级的所有权概念很不相同。资产阶级法学强调所有权的绝对性、排他性，可是中世纪英国的所有权是相对的，有条件的。”①1290年英国颁布买地法，“从此不能再创立新封土，……另外，买地法肯定了封臣自由处分其世袭封土的权利，封土逐渐向自由的财产形态转化”② 但是，买主要承接卖主以前的义务。为了摆脱封建义务的束缚，从14世纪兴起了用益制及信托制。封土领有者把土地转封给几个人，这些名义上的主人是受托人，封土领有者作为受益人仍掌管土地，获得收益，“如果他犯重罪，则土地不必没收归上级领主；如果他死亡，则其继承人也不必交继承金，并且也不受监护制度的干涉。”③ 因为领主在法律上只有对其封臣有追索权，没有对其封臣的封臣的追索权。这样，对领主的封建义务被搁置起来，从而瓦解了封建土地制度，促进了土地的买卖和转让。土地产权向资本主义私有制度的变革是经过垦殖运动、土地买卖、宗教改革运动、圈地运动等一系列涉及产权变动的运动实现的。垦殖运动开辟出的荒地成为封建地产统治圈之外的非封建地产，具有初步的私产性质，容易转让；宗教改革运动则把修道院的地产没收后抛入市场，出现了地产产权大转移；圈地运动圈占的公地和小农的土地，通过18世纪的合法圈地阶段后，创立了废除农民在公地上享有传统权利的法律框架，把农民和土地彻底分离，大土地所有者获得了土地实际意义上的完整产权。为使土地私有合法化，英国议会于17世纪中期废除了封建领地制，废除了监护法庭，废除了国王的一系列封建权利，免除了土地所有者对国王承担的封建义务，④ 英国形成了完整的土地所有权，土地私有制从法理上确立了。但是，英国历史上的产权变动过程直到18世纪才最终完成。

私有土地产权制度的确立，标志着英国产权制度演进到了资本主义私有

---

① 朱寰主编:《亚欧封建经济形态比较研究》，东北师范大学出版社1996年版，第67页。

② 朱寰主编:《亚欧封建经济形态比较研究》，东北师范大学出版社1996年版，第70页。

③ 朱寰主编:《亚欧封建经济形态比较研究》，东北师范大学出版社1996年版，第71页。

④ C. Stephenson and F. G. Marcham, ed., *Sources of English Constitutional History*, New York, 1937, p.536.

制阶段。近代产权制度的确立，为社会信用奠定了基础。

二、信用制度的确立

信用和信用制度是商品经济发展到一定阶段的产物。信用一词最早起源于拉丁文“credo”，为信托、相信等义，后被引入英文“credit”，即近代意义上的赊欠、债权、存款等含义。黄仁宇归结资本主义存在三大技术性格，所谓三大技术性格指资金广泛的流通、经理人才不顾人身关系的雇用、技术上之支持因素通盘使用，并指出这三个条件的实现全靠信用。① 克雷格·马尔德鲁认为，近代早期从穷人家庭到王室都不同程度地卷入到信用和契约网络之中。②“自爱德华六世以后，不再任意变动通货，从此货币就成为比较可靠的价值标准和交换媒介，它普遍代表了产品价值，成为诱发和补偿的可靠工具，并从而成为信用制度的扎实基础。”③ 到16世纪晚期，各种信用工具如借款、支票、债券、汇票、抵押等开始使用，④ 此外，伦敦交易所、英格兰银行等金融机构的成立，都使英国信用制度不断完善，为工商业和市场经济发展提供了便利。

重商主义时代初期，英国与其他西欧国家一样，货币短缺成为商业发展的紧箍咒，“英国人对硬币短缺的忧虑，表现在立法反对国际贸易中的信用以及当时抨击威尼斯人在英国进行信用交易的论著中。”⑤ 在15世纪上半期英国几次通过法令，禁止金银出口，防止贵金属外流，杜绝采用任何信用形式。因为此时，直到16世纪前半叶，英国海外贸易仍然以现货交易为主，一般交换手段为金银硬币。而这时欧洲大陆特别是安特卫普的票据交易及期

① ［美］黄仁宇：《资本主义与二十一世纪》，生活·读书·新知三联书店1997年版，第32页。

② Craig Muldrew, *The Economy of Obligation: The Culture of Credit and Social Relations in Early Modern England*, Macmillan Press Ltd, 1998, p.95.

③ ［美］约翰·R. 康芒斯：《资本主义的法律基础》，商务印书馆2003年版，第294页。

④ Craig Muldrew, *The Economy of Obligation: The Culture of Credit and Social Relations in Early Modern England*, Macmillan Press Ltd., 1998, p.96.

⑤ Christopher Allmand, ed., *The New Cambridge Medieval History, Volume VII, c. 1415–c. 1500*, Cambridge University Press, 1998, p.158.

货交易已经发展起来。此时，英国海外贸易主要集中在以安特卫普为中心的欧洲市场，英国商人活跃在安特卫普市场，但是，在这里“只有英国人不参加共同交易所的集会，他们举办独自的集会，在那里主要进行商品交易，外国商人也去那里进行商品交易。”①

在中世纪英国的日常经济生活中，信用交易就很普遍。② 但英国的国际信用制度相对西欧其他国家来说发展较晚，15 世纪中叶信用交易首先出现在国际贸易中，主要商品销售采用赊销的方式进行。如叶塞利家族的羊毛贸易就建立在信用活动的一整套环节上。把保险与信贷结合起来，由卖方承担海上运输的风险，在船舶安全到达或航程顺利完成时付款。到 16 世纪时，英国的汇票使用已经正规化，并且在汇票上也列入了商人和律师至今仍常用的字句，如“如数收讫”。

伦敦交易所的建成标志着英国的信用交易发展到一个全新的阶段，在交易所里，“大商人以及许多中间人……洽谈商品交易、汇兑、入股、海事保险等业务，海事风险由许多保证人均摊；交易所也是一个货币市场、金融市场和证券市场。”伦敦成为与尼德兰、德国进行汇兑交易的中心。汇票等信用票据交易促进了英国国内外贸易的发展。到 17 世纪末，英国终于实行了贵金属进出口自由，当时议会已经认识到，金钱总是大批流往承认其出口自由的地方。乔治·唐宁爵士断言：“过去充当商品本位的金钱本身已变成一种商品。”③ 到 18 世纪，一切对金银出口的抵抗全告瓦解。

从 1640 年到 1675 年之间，伦敦的正规私人银行从金匠中发展出来，不但进行汇票交易，而且发行最早的“见票即付”的钞票，接受顾客的支票。到 1694 年，英格兰银行成立后，逐渐成为国家银行，“银行的银行”，它经营所有私营银行经营的业务，包括票据交易，银行信用正式发展起来。

---

① ［德］约瑟夫·库利舍尔：《欧洲近代经济史》，北京大学出版社 1990 年版，第 336—337 页。

② P. R. Schofield and N. J. Mayhew, *Credit and Debt in Medieval England*, Oxbow Books, 2002, pp.2–12.

③ ［法］费尔南·布罗代尔：《15 到 18 世纪的物质文明、经济和资本主义》第 2 卷，生活·读书·新知三联书店 1993 年版，第 86、201 页。

虽然英国海外贸易市场体系的发展使其不得不使用新的结算手段和交易工具，但是，在欧洲贸易区以外，英国海外贸易特别是与东印度的贸易的一般交换手段仍然以金银为主。英国走的是一条通过海外贸易发展出的信用交易，拉动国内信用体系的变革之路。在海外贸易的拉动下，才出现了国内汇票、私人银行、公共银行等信用手段及信用机构。信用交易对英国在整合欧洲乃至外围市场网络过程中，发挥了至关重要的作用。正如丹尼尔·韦伯斯特说，信用对于各国发财致富所作出的贡献远远超过了世界上所有矿产所作的贡献。①

三、市场需求的扩展

要分析市场运行，就需要确定市场需求。在英国现代化过程中，是需求带动生产，还是生产创造需求？吴承明指出："16—18世纪西欧的现代化过程，是由市场需求引起的，需求牵动生产，商业革命导致工业革命，这已成共识。"②雷纳德也指出："近来对工业革命的理解达成了一致，即工业化前夜消费的兴起是西欧制造业的动力。"③

从需求结构来说，其时英国已形成了一个多层次的需求结构。这一阶段英国的国内需求在诸多因素的作用下，一直呈扩大的趋势，且呈多样化的趋势，主要有以日常生活所需的生存性需求，其主体是千家万户的普通民众，占据着当时英国人口总数的绝大部分，构成一种巨大的需求量；特定人群和社会阶层的改善性需求，这一需求主体是农村和城市中的中等阶层，即小乡绅、富有的农场主、城市富足的市民和专业人士等，其需求物品种类和质量大大多于或高于普通民众的需求；以豪华、奢逸、铺张、浪费为标志的享乐奢侈性需求，其主体人数甚少，即王室、贵族、大乡绅和城市富商等上流社会成员，所需商品多以高价商品为主；非个人性的国家性需求急剧

① [美]约翰·R.康芒斯:《资本主义的法律基础》，商务印书馆2003年版，第314页。

② 吴承明:《中国的现代化：市场与社会》，生活·读书·新知三联书店2001年版，第9页。

③ P. C. Reynard, *Manufacturing quality in the pre-industrial age: finding value in diversity*, 转引自王加丰、张卫良:《西欧原工业化的兴起》，社会科学出版社2004年版，第188页。

膨胀，并在整个社会需求结构中占据着愈来愈重要的地位，特别是战争需求不断扩大，这从18世纪战争支出的急剧增长可以看出，在1738年战争支出为845, 944英镑，1740年为1, 417, 874英镑，1742年为2, 522, 416英镑，1744年为3, 226, 675英镑。① 这些基础性层次的需求，又拉动了生产资料的需求以及由此而衍生出种种交通、运输、劳力、原料加工等等需求类型和层次。② 琳达·利维·皮克对17世纪英国奢侈消费的研究表明，英国人在17世纪的消费已经非常可观。③ 在前几个世纪不断累积的基础上，到了1690年至1750年英国最终形成了“中等阶层”（the middle ranks 或者 the middling sort）④ 的消费主体。对“中等阶层”的形成，学者们基本是没有异议的。也有史家将这一阶层称为“中等收入者”，“‘中等收入者’是在中世纪等级制度瓦解之后从平民中分化出来的富裕社会阶层，包括城市平民和农村的‘约曼农’”。⑤ 拥有新财富的中等阶层成为消费主体后，他们通过消费能力来模仿和挑战贵族的优势地位。韦瑟里尔认为中等阶层在经济、社会和政治上都相当重要，甚至在17世纪就是新产品和进口产品的最大市场消费者。他们中的许多人是19世纪“中产阶级”的先驱。⑥ 彼得·厄尔也认为，中等阶层是最大的消费者，他们的总体支出是有效需求的主要部分。⑦ 此外，社会下层也透过各种渠道卷入到消费经济中来，从而最终形成了一个消费社

① Gordon E. Bannerman, *Merchants and Military in Eighteenth-Century Britain: British Army Contracts and Domestic Supply, 1739–1763*, London, 2008, p.7.

② 王晋新:《深刻而全面的变革——论16—18世纪中叶英国社会经济》，载侯建新主编:《经济—社会史》，商务印书馆2002年版，第245页。

③ Linda Levy Peck, *Consuming Splendor: Society and Culture in Seventeenth-Century England*, Cambridge University Press, 2005.

④ 虽然“阶级”（class）一词在18世纪已经出现，甚至当时人也使用“中产阶级”（the middling class）这一概念，当代不少学者也认为在18世纪英国已经形成了“中产阶级”。但笔者认为使用“中等阶层”可能更为恰当，因为这一阶层还处于一个剧烈变动的阶段，并没有形成一个稳定的阶级。

⑤ 向荣:《啤酒馆问题与近代早期英国文化和价值观念的冲突》，载《世界历史》2005年第5期，第30页。

⑥ Lorna Weatherill, *Consumer Behaviour and Material Culture in Britain, 1660–1760*, London and New York, 1988, p.14.

⑦ Peter Earle, *The Making of the English Middle Class*, Berkeley and Los Angeles, 1989, p.269.

会。[①] 当然，也有学者对 18 世纪的消费能力提出质疑。[②] 与此同时，来自海外市场和殖民地的需求日益成为英国经济的发动机。许多乡村工业地区的发展完全依赖海外市场。在 1610 年到 1640 年，英国对外贸易额增长 10 倍。在 16 世纪末，英国一本名为《生意经》的作者列举了海外市场的多样需求："若与隶属西班牙的西印度群岛做生意，下列商品均很受欢迎：各种油类销路很好……，水晶与其他材料所制的镜子亦很热门；各类刀具、裁缝剪与理发剪保证畅销，各式亚麻布衣服亦不例外；……葡萄酒亦有销路，然非佳酿不可；别针、花边之类小商品都是俏货……"。[③]

从收入分配角度来看，也呈现出与这一需求结构相对应的结构。根据格雷戈里·金对英国 17 世纪末财富分配状况的统计（见表 2.1），富人仍旧只占社会的一小部分，穷人占了大约 50%，其中一半人长年累月过着极度贫困的生活。彼得·厄尔认为，格雷戈里·金对城市居民特别是对伦敦市的店主和零售商的收支估算太低。[④] 实际上，到 18 世纪上半期，由于工资的上涨，英国人家庭收入都有增长和提高。约瑟夫·马西在 18 世纪中期把海外贸易商人分为 3 个等级，每年分别支出 600 镑、400 镑和 200 镑，几乎所有的伦敦海外商人都位于前两个等级。[⑤] 洛娜·韦瑟里尔综合格雷戈里·金和约瑟夫·马西的估算后认为，这一时期从全国来看要维持中等家庭生活水平最低收入是每年 40 英镑。在 17 世纪末期，中等阶层家庭的收入每年通常是 40 英镑到 200 英镑之间，在英国有一半家庭属于中等阶层，到 18 世纪中期大大超过一半。[⑥] 乔赛亚·韦奇伍德在 1772 年 8 月 23 日写给托马斯·宾利的信中指出："据我们所知，中产阶级（the middling class）的人数相当庞大，

---

① Neil McKendrick, John Brewer and J. H. Plumb, *The Birth of a Consumer Society: The Commercialization of Eighteenth -century England*, London, 1982, p.1.

② John Brewer and Roy Porter, eds., *Comsumption and the World of Goods*, London, 1993, pp.89, 107, 529.

③ ［意］卡洛·M. 奇波拉主编:《欧洲经济史》第二卷，商务印书馆 1988 年版，第 311 页。

④ Peter Earle, *The Making of the English Middle Class*, Berkeley and Los Angeles, 1989, p.269.

⑤ Peter Earle, *The Making of the English Middle Class*, Berkeley and Los Angeles, 1989, p.269.

⑥ Lorna Weatherill, *Consumer Behaviour and Material Culture in Britain, 1660–1760*, London and New York, 1988, pp.98, 14.

表 2.1　17 世纪后期英国的收入分配

家庭收入（每年）	人数合计	家庭数	占总人中的百分比	占家庭总数的百分比	职业，等等
200 英镑以上	209520	23586	4	2	贵族及从男爵等；大多数政府官员；豪商巨贾等。
70—199 英镑	440000	65000	8	5	少数政府官员；商人；牧师；律师；海军军官；处境较优的自由持有农。
38—69 英镑	2026000	412000	37	30	手艺人；零售商；少数牧师；农民。
14—37 英镑	1495000	449000	27	33	自由持有农等等劳动人民和户外仆佣；士兵和水手。
14 英镑以下	1330000	400000	24	30	村民；贫民；流浪者等等。
总计	5500520	1349586	100	100	

资料来源：J. Thirsk and J. P. Cooper, ed., Seventeenth-Century Economic Documents, Oxford, 1972, pp.780–781.

我曾经差点说，优势无限，数目浩大。”① 根据J. 马歇尔对坎布里亚1550份遗嘱清单的研究，清单上财产的平均价值从 1661—1690 年间的 71.23 英镑增加到 1721—1750 年间的 124.72 英镑。增加了大约 75%。② 事实上，这一时期从大贵族到小地主，从乡绅到中等阶层都变得富有，城市居民

① Lorna Weatherill, *Consumer Behaviour and Material Culture in Britain, 1660–1760*, London and New York, 1988, p.1.

② Barry Coard, *Social Change and Continuity: England 1550–1750*, London and New York, 1988, p.82.

收入增长更多，特别是首都伦敦的一些商人富可敌国，平均财富也在500—5000英镑之间，伦敦中等之家每年的可支配收入达300英镑。① 总之，在17世纪晚期和18世纪早期，英国人的可支配收入比欧洲任何地方都大。②

收入分配制度在很大程度上决定着社会各阶层的消费能力和水平。重商主义时代英国人收入的分配主要是由私人财产制度、财产继承法以及剩余产生以后在资本占有者手中大量增值这一现实所决定的，由此导致的结果是财富的分配很不平均，消费能力也极度不平衡。

四、度量衡和货币的统一

在中世纪，正规市场的一项重要功能就是监管度量衡。③ 当然从全国来看，各地度量衡仍是五花八门。要建立一个统一的国内市场，必须改变中世纪度量衡混乱不堪的局面。在统一度量衡方面，由于英国政府的重视，英国走在了欧洲大陆的前面，但是“完全统一是不可能的，地方度量衡直到1835年法令才被废除”④。一些地区和城市的度量衡仍在本地流行。阿瑟·扬在1790年抱怨有的城市用金衡有的用常衡，以致无法确定面包的价格。在统一币制方面英国较为成功，因为“英国从来没有忽视在国王控制下统一币制的原则”⑤。虽然亨利八世的货币贬值政策引发通货膨胀和币值混乱，但随后伊丽莎白政府的货币改革，恢复了货币的成色，即每12盎司黄金含11.1盎司白银，成功稳定了币值，其后虽多次经受考验，但这一币值创造了三百多年未变的奇迹，为英国经济的持续增长奠定了坚实的基础。在中世纪阻碍国内商业发展的道路、桥梁、河流通行税，以及城市

---

① Lionel K. J. Glassey, ed., *The Reigns of Charles II and James VII & II*, London, 1997, p.205.

② D. C. Coleman, *The Economy of England 1450–1750*, Oxford University Press, 1977, p.197.

③ R. H. Britnell, “The Proliferation of Markets in England, 1200–1349”, *The Economic History Review*, Vol. 34, 1981, p.212.

④ Eli. F. Heckscher, *Mercantilism*, Vol I, New York, 1983, p.115.

⑤ Eli. F. Heckscher, *Mercantilism*, Vol I, New York, 1983, p.119.

通行税，在随后几个世纪也逐渐消失，虽然赫克歇尔认为，“没有留下痕迹表明是否（这些税费）的消失可以归功于国家的干预。”①但是，这与英国民族国家强势兴起肯定有着内在的关联，赫克歇尔也把英国易于实现税费统一归因于英国王权统一和完整的力量以及海运具有压倒一切的重要性。②

第二节　国内统一市场的形成

在中世纪晚期的英国，随着封建制度的松弛，原来束缚在封建制度下的市场要素在商品化的浪潮冲击下获得解放，并不断发展壮大。市场是商品交换的场所、渠道和中心环节，是供需双方发生联系的纽带，市场机制要发挥有效的调控功能，必须需要一个完备的市场体系和市场结构。英国商品经济的活跃和发展，促使城市市场体系形成，最终形成了以伦敦为经济中心的国内统一市场，随着市场发育程度的完善，市场机制发挥调控功能的效力越来越大，这一进程对英国市场经济体制的建立具有重要意义。

一、市场要素的解放与形成

早期市场经济的发展在于土地、劳动力、资本等市场要素的自由流动。土地、劳动力、资本等市场要素在英国封建制度瓦解后，都逐步摆脱了种种束缚，从它的前世脱胎而来。

土地作为市场要素是随着私有土地产权制度的确立而形成的（见上节），土地一经获得自由，在市场力量的作用下，就形成一个土地交易市场。首先是土地的买卖，在1400年，拉姆西庄园土地交易记录的87%是在

① Eli. F. Heckscher, *Mercantilism*, Vol I, New York, 1983, p.49.

② Eli. F. Heckscher, *Mercantilism*, Vol I, New York, 1983, p.48.

“非家庭”之间进行的，在1456年这一比例达到83%。[①] 此外，土地的转让、出租、抵押等十分活跃。“在中古社会末期，乡村生活的一大特征就是对购买土地的渴望”[②]。都铎王朝通过宗教改革把没收的大量教产拍卖，极大地活跃了地产市场。相当数量的教产被多次转卖，证明了土地交易的频繁。都铎王朝的“这种由封赐向出售的方式转变蕴含着极为深刻的历史内容。它鲜明地显示出时代的变迁，地产已不再是一种与封建政治权力、军事力量相关联的经济基础和象征，而是一种可以进入市场与货币进行交换的商品”[③]。与此同时，通过圈地运动，实现了公地私化，变成可以自由买卖的土地，进入土地市场。

劳动力的自由出卖经历了两个阶段，一是摆脱封建人身依附的阶段，二是仅有的生产和生活资料被剥夺，除了出卖劳动力，别无他途。

十四五世纪封建主义面临危机的时刻，农奴摆脱人身的束缚的机会比较多。其实，早在英国封建社会的盛世时代，垦殖之地即成为他们的自由之地。由于被开垦的土地大多为荒地、森林、沼泽，处于封建领主的实际控制范围之外，来到这里的农奴不必承担更多的封建义务。即使是封建领主组织的垦荒，为了吸引垦荒者前来，也给予他们封建庄园所没有的自由，垦殖地与封建庄园，“是彼此不相干的，就像两个不同的世界一样”[④]。逃往城市是农奴获得自由的另一途径。根据惯例，农奴只要在城市住满一年零一天，即可获得自由。毫无疑问，涌向城市的农奴增多与城市规模不断扩大、数目不断增多之间有着一定的联系。农奴走向自由的途径还有劳役地租向货币地租的转化和货币赎买。把劳役地租折算成货币地租，瓦解了以劳役制为中心的庄园经济，使农奴渐渐摆脱了人身束缚，成为自由农民。虽然农奴制作为一项封建制度在14世纪末期已经崩溃，但直到都铎时期，仍然有农奴存在，亨利七世时的法庭曾裁定，一个农奴如果从领主那里获得了若干年的租佃

---

① A. Macfarlane, *The Origins of English Individualism*, Oxford, 1978, p.96.

② R. H. Tawney, *The Agrarian Problem in the Sixteenth Century*. London, 1912, p.72.

③ 王晋新:《15—17世纪中英两国农村经济比较研究》，东北师范大学出版社1996年版，第222页。

④ [比] 亨利·皮朗:《中世纪欧洲社会经济史》，上海人民出版社2001年版，第68页。

权，就算获得了自由。

获得自由的农奴成为领主土地的承租人。到15世纪，绝大多数人口是自由的自耕农。在这场经济和社会大变革中，这些自耕农也开始分化，一部分人上升为约曼或乡绅，大多数成为拥有少量土地的习惯佃户或雇工，不得不接受雇佣劳动。英格兰在都铎王朝时，一半以上乃至三分之二的家庭至少有部分收入来自工资。圈地运动最终将小农的土地剥夺，使他们与城市破产的工匠一样，被剥夺了仅有的生产和生活资料，为资本主义生产准备了雇佣大军。马克思指出："有了商品流通和货币流通，决不是就具备了资本主义存在的历史条件。只有当生产资料和生活资料的所有者在市场上找到出卖自己劳动力的自由工人的时候，资本才产生；而单是这一历史条件就包含着一部世界史。"①

作为市场要素的资本的生成经历了一个历史的过程，这个过程也是资本主义生产关系产生的历史过程。货币并不一定是资本，货币转化为资本，经历了原始积累的过程。马克思在《资本论》第24章"所谓原始积累"中通过理论和史实的结合，特别是以英国为例，论述了资本的历史起源，即资本的原始积累。圈地运动、掠夺教会地产、血腥立法、殖民制度、国债制度、现代税收制度和保护关税制度等等都是资本原始积累的手段，通过这些方法，生产者和生产资料分离，资本主义生产方式获得起点。

商业资本和高利贷资本（金融资本）是形成产业资本的主要来源，是由中世纪遗留下来的不同形式的资本。在前资本主义时代，就被当作资本了。商品化给少数早期资产者带来了巨额财富，"在许多城市社会中，少数巨头垄断了个人财富的大部分。在埃克塞特和考文垂两市，7%的纳税人口所纳税额几乎占到全市税收的2/3。"② 从商人的投资范围和数额也可见一斑，如商人约翰·班克斯1669年继承了父亲——一位呢绒商和零售商——28000

① 马克思：《资本论》第1卷，人民出版社1975年版，第193页。

② P. Clark and P. Slack, *English Towns in Transition 1500–1700*, Oxford University Press, 1976, p.112.

英镑的净资产后，扩大投资领域，投身海外贸易，并涉足船运、土地和国债等诸多领域，曾出任东印度公司总裁和皇家非洲公司副总裁，以及伦敦市市长，1699年去世时留下20万英镑的财产。[①]“货币财富集中到商人手中并没有自动地导向资本主义。要使得资本主义发生，还需要打破那种社会形态中占主导地位的前资本主义生产方式，远距离贸易对此也有作用。”[②]许多商人还积极向殖民地的开拓事业投资，从1575年到1630年间，英国共成立了20多家殖民公司，总投资达806.7万镑，有6336人投资，其中商人占60.1%，投资350万镑。据查尔斯·达维南特估算，英国的资本因对外贸易和国内制造业而每年增加至少200万镑，其中，向殖民地出口制造品和农产品得90万镑，东印度贸易的净利润为60万镑，向欧洲出口呢绒、铅、锡、皮革等产品赚得50万镑。[③]17世纪末英国所谓的“金融革命”兴起后，金融市场极为活跃，金融资本急剧扩张。1694年英格兰银行成立后，1695年第一批地方银行相继在全国各地设立，构成了信贷体系。此外，国债、股票、彩票等金融市场也都开展起来。商业资本和金融资本在“资本控制直接生产关系以前”，充当了“生产资本”,[④]并最终在历史上转化为产业资本。

地产资本也数额甚巨，从财产流动的角度来看，也可以形成和转化为产业资本。格里高利·金估计英国1688年国民产值4300万英镑，其中农业占2000多万镑，工业略低于1000万镑，商业略高于500万镑。直到1811—1821年间，英国工业产值才超过农业。[⑤]工业化兴起后，通过土地财产积累的财富也会变成工业资本。这一点，已被保尔·芒图的研究证实，“大工

① E. J. Fisher, ed., *Essays in the Economic and Social History of Tudor and Stuart England*, Cambridge 1961, p212.

② [埃及]萨米尔·阿明:《不平等的发展——论外围资本主义的社会形态》，商务印书馆2000年中文重印版，第21页。

③ [英]查尔斯·达维南特:《论英国的公共收入与贸易》，商务印书馆1995年版，第238—239页。

④ 《马克思恩格斯全集》第48卷，人民出版社1985年版，第30页。

⑤ [法]费尔南·布罗代尔:《15到18世纪的物质文明、经济和资本主义》第3卷，生活·读书·新知三联书店1993年版，第346页。

业家的第一代，部分来自农村人口：皮尔家族、拉德克利夫家族、菲尔顿家族、威尔金森家族、达比家族、博尔顿家族。由于大地主的侵占，自耕农被赶出乡村，向产业革命形成的新社会提供了干部。”① 当然，也提供了投资。

土地、劳动力、资本等市场要素的形成，极大地活跃了商品交换，为市场体系的形成准备了条件。同时，这些市场要素本身的发展，形成了土地市场、劳动力市场和资本市场等要素市场，极大地活跃了英国的市场经济。

二、城乡市场体系的形成

商品流通形成市场，在传统经济向商品经济和市场经济转变过程中，市场的兴起，特别是城乡市场形成体系，具有十分重要的意义，不仅仅是形成了交换的媒介，流通的工具，而且对生产、分配、消费乃至资本主义生产关系的形成产生了相当深远的影响。“资本主义生产方式往往是排他性的，摧毁其他一切（生产方式）的。……决定这种排他性倾向的条件，在于它必须以扩大和加深国内市场为基础。”②

1. 农村初级市场——村庄市场

在中世纪，西欧商业机构存在着两种普遍形式，即村庄市场和城镇集市，英国也不例外，随着农村商品化的启动，村庄市场曾广泛存在，甚至“在一些很小的村庄里也有有组织的市场，尽管大多数可能只有极小的成交量，只有附近的人们参加。”③

村庄市场是初级市场，受领主管辖，农民在这里调剂品种和余缺，交换农副产品，更多的是使用价值的交换，因为在农本经济体制下，“农民的生活当然还停留在市场之外（至少有一半在市场之外），这是典型的自给自足的封闭性经济。农民一生中满足于消费用自己的双手生产的产品或用食品和

---

① ［法］保尔·芒图：《十八世纪产业革命》，商务印书馆 1991 年版，第 298 页。

② ［埃及］萨米尔·阿明：《不平等的发展——论外围资本主义的社会形态》，商务印书馆 2000 年中文重印版，第 11 页。

③ C. C. A. Clay, *Economic Expansion and Social Change: England 1500–1700, Vol. I.* Cambridge University Press, 1984, p.173.

劳务向邻居换来的产品。他们去城镇市集的人虽然很多，但在市集只买他们不可缺少的铁犁头，而把出卖鸡蛋、黄油、家禽或蔬菜所得的钱留着纳税，他们不能算真正投入市场交换，而只是来去匆匆的过客。”但是不可否认的是，“许多富裕农民充分利用市场：英国农庄主每年冬天不必从事毛麻纺织，而能把他们的收获化为商品，他们同时向市场采购和供货。”①

从史料记载来看，村庄市场一般也由英国国王颁发特许状，定期开市，时间短且频繁，绝大多数市场每周开市一次，个别的每周开市二次甚至三次，村庄市场严禁场外交易。从村庄市场的商品结构来看，主要是农副产品，如粮食、牲畜及农民自纺的各种纺织品，以及农民的生产、生活必需品，如盐、鱼、食品等等。但是场外交易是不可避免的，正如布里特内尔指出的那样，我们对普通村庄的非正式交易体系知之甚少，因此市场的授权村庄定期贸易的起源，它只意味着市场足够大到能从更正式的组织中获益。②在村庄城镇化的过程中，“在村庄市场和市镇之间很难找出绝对的不同，除了前者是地方性的，后者是区际之间的外，它们的基本功能是一样的。”③村庄市场一度在数量上多于城镇集市。据希尔顿的考察，英格兰中部几个郡的村庄和市镇的市场数量如表 2.2 所示。

表 2.2　英格兰中部四郡市场数量

	村庄市场	城镇市场
格罗斯特郡	30	29
沃里克郡	25	16
累斯特郡	29	5
诺丁汉郡	18	3

资料来源：R. Hoit and G. Rosser, *The Medieval Town:A Reader in English Urban History 1200–1540*, London, 1990, pp.21–22.

① ［法］费尔南·布罗代尔：《15 到 18 世纪的物质文明、经济和资本主义》第 2 卷，生活·读书·新知三联书店 1993 年版，第 38、39 页。

② R. H. Britnell, “The Proliferation of Markets in England, 1200–1349”, *The Economic History Review*, Vol. 34, 1981, p.211.

③ John H. Mundy, *The Medieval Town*, Princeton, 1958, p.36.

十四五世纪，一些原有城市受封建行会束缚，工商业停滞不前甚至倒退而衰落，一些迈入原工业化的乡村开始崛起，走向城镇化，这些小城镇的市场从性质上说介于乡村市场和城市市场之间，科斯敏斯基认为英国在十三四世纪就形成了一个农产品的市场网络，尽管这些市场的规模不大，但很稳定，或疏或密地分布在农村地区。[①] 随着城市规模的扩大，城乡商品交换的增多，农村和城镇的市场日益走向区域化、一体化，村庄市场逐渐被融入城镇市场。但村庄市场在近代早期仍没有完全消失，在一些地方仍然存在。克莱指出，这些极小的村庄市场，绝大多数交易量极小，只有近邻参与。[②]

2. 城镇市场

城市兴起后，很快就成为工商业活动的中心，许多设有市场或市集的城镇被称为“市场城镇”或集镇（market town）。与村庄市场相比，城镇市场辐射面广、规模大，更为主要的是，城镇市场是价值交换的场所，既通过谷物商人和羊毛商人等与农村保持着密切的联系，并服务于农村地区，又以地区经济为基础，与国内市场甚至世界市场相联系。

虽然史家提供的数字多少不一，但在十六七世纪，英国大约有近 800 个市场城镇，是大致可信的。霍斯金斯和布罗代尔都认为，16—17 世纪的英格兰约有 760 个这样的城镇，威尔士约有 50 个此类城镇，合计约 800 个城镇。[③] 瑟斯克主编的《英格兰和威尔士农业史》认为，在 1500—1640 年间，单单英格兰就有超过 750 个市场城镇，在 1690 年英格兰和威尔士正式的市场数最多达 874 个。[④] 布罗代尔指出，两个地区的人口约在 550 万上下，每个城镇的交易活动平均涉及 6000—7000 人，虽然其本身居民

---

① E. A. Kosminsky, *Studies in the Agrarian History of England in the Thirteenth Century*, Oxford, 1956, p.322.

② C. C. A. Clay, *Economic Expansion and Social Change: England 1500–1700, Vol. I.* Cambridge University Press, 1984, p.173.

③ W. G. Hoskins, *The Age of Plunder: King Henry's England 1500–1547*, Longman, 1976, p.203;［法］费尔南·布罗代尔:《15 到 18 世纪的物质文明、经济和资本主义》第 2 卷，生活·读书·新知三联书店 1993 年版，第 21 页。

④ Joan Thirsk, *The Agrarian History of England and Wales, Vol V, II Agrarian Change*, Cambridge University Press, 1985, p.409.

平均在1000人左右。可见城镇商业活动涉及的人数大致等于其人口的六至七倍。①

英国的城镇市场很快就出现了专业化的分工趋势，在英国东部地区有200多个市场，其中，77个开始出现专业化趋势，4个主要销售奶酪、黄油，9个是家禽市场，10个是鱼市，6个是猪市，5个是羊市，10个是牛市，13个是麦芽市场，46个是谷物市场。②“在英格兰和威尔士800个城镇中，至少有300个城镇的活动是单一的：133个城镇从事小麦贸易；26个蔬菜集市；6个水果集市；92个牛市；32个羊市；13个马市；14个猪市；30个鱼市；21个家禽和野味市；12个黄油和奶酪市；30多个城镇经营羊毛或毛线买卖；27个城镇出售呢绒；11个出售革制品；8个出售亚麻，至少有4个推销黄麻。”③

3. 市集

一般来说，市集是远距离贸易的工具，主要开展的是大商人的大宗交易，但市集也服务于本地的乡村和城市。市集起源于西欧的宗教节日，市集“fair”一词，即来自于拉丁语“feriae”，意指节日。④市集兴起初期，人们利用宗教庆祝活动，抓住机会互相交易。市集在英国源远流长，在有些地方，其历史可追溯到罗马和盎格鲁撒克逊时代，但直到诺曼征服以后，市集才大量涌现，特别是十五六世纪十分兴旺发达。市集与市场的区别在于，市场每周举行，市集则是每季度或每年举行一次。⑤英国最有名最大的市集是靠近剑桥的斯托布里吉的定期市集，于每年8月中旬到9月中旬举行，规模巨大，等于建立起一个临时城市，拥有行政、警察、法庭等机关。届时，全英国的商人都云集于此，交易的商品范围广阔，包括蛇麻子、羊毛，呢绒和

① ［法］费尔南·布罗代尔：《15到18世纪的物质文明、经济和资本主义》第2卷，生活·读书·新知三联书店1993年版，第25页。

② J. Chartres, *Agriculture Markets and Trade 1500–1700,* Cambridge, 1990, p.40.

③ ［法］费尔南·布罗代尔：《15到18世纪的物质文明、经济和资本主义》第2卷，生活·读书·新知三联书店1993年版，第26页。

④ W. Smith, ed., *Latin-English Dictionary*, London, 1976, p.268.

⑤ Joan Thirsk, *The Agrarian History of England and Wales, Vol V, II Agrarian Change*, Cambridge University Press, 1985, p.420.

制造品，成百的马，上千的牛，几千的羊在几天之内就易手。①1549 年的市集公告特别提到了各种啤酒和葡萄酒、面包、腌鱼和鲜鱼、亚麻、纱线、毛呢和亚麻布、丝绸、松脂、柏油、煤炭、焦炭、柴把、干草和谷物，这可能只是展示商品的一小部分。② 除此之外，定期市集还有西部的温切斯特市集、东部的波士顿市集、北部的贝弗利市集等，不过，这些市集是地区性的。

从市集的规模和影响来说，主要有服务于国际国内贸易的全国性市集、服务于区域经济的区域性市集和对广大乡村开放的村庄市集。市集一般由国王或领主授权，实行免税优惠，并临时取消许多税卡，一般按季举行，但由于商人准备的时间较长，商品品种齐全，还有不少来自海外的商品，吸引了众多远方客商和附近居民。布罗代尔指出，大型市集能够调动广大地区的经济力量，有时整个西方都莅临参加，他以金字塔来比喻市集，指出塔基交换的商品是价格低廉和不易保存的本地产品，往上是价格昂贵和来自远方的奢侈品，塔顶则是活跃的货币交易。③

市集是典型的中世纪市场组织形式，到 1567 年，英格兰和威尔士有近 3200 个市集。从 17 世纪下半叶到 18 世纪中叶，市集的数量一直呈上升趋势。1660—1709 年增加 2% 左右，1709—1750 年增加 4.5% 多。但在 17 世纪，市集的鼎盛时代已经过去，到 18 世纪，由于交易形式的多样化，市集走向衰落。④

除了上述三种贸易组织形式外，商店等室内市场也发展起来。商店最早出现在伦敦，很快向地方城镇蔓延，甚至在许多村庄出现。到 17 世纪末，商店取代了市场或市集成为主要的出售商品的地方和消费场所。⑤ 以至于当

---

① C. C. A. Clay, *Economic Expansion and Social Change: England 1500–1700, Vol. I.* Cambridge University Press, 1984, p.174.

② W. G. Hoskins, *The Age of Plunder: King Henry's England 1500–1547*, Longman, 1976, p.205

③ ［法］费尔南·布罗代尔:《15 到 18 世纪的物质文明、经济和资本主义》第 2 卷，生活·读书·新知三联书店 1993 年版，第 66、74 页。

④ C. C. A. Clay, *Economic Expansion and Social Change: England 1500–1700, Vol. I.* Cambridge University Press, 1984, p.174.

⑤ C. C. A. Clay, *Economic Expansion and Social Change: England 1500–1700, Vol. I.* Cambridge University Press, 1984, p.177.

时有人抱怨："在每个不超过10户人家的乡村，都有一位店主。"① 通过这种销售渠道，许多时尚用品也到达了英国的每个角落。小城镇的店主，能够向附近居民提供种类丰富的制成品，这些制成品来自于其他地区或外国，由专门从事特定商品贸易的巡回商人提供，如约克郡的克瑟厚呢，威尔登的玻璃器皿，诺威奇的织品，设菲尔德的餐具，斯塔福德郡的陶器。早在1578年，靠近肯德尔的一个小镇有一个店主叫詹姆士·班克豪斯，他出售的货物几乎囊括了可以想到的东西，从麻袋布到西班牙丝绸，以及诸多时尚饰品，如丝帽和法国吊袜带等。除了日常的杂货，还有文化用品，如纸张、墨水瓶和书籍。② 到了18世纪，一位名叫亚伯拉罕·登特的人在英格兰北部威斯特摩兰郡的小城柯比斯蒂芬开了一家零售商店，出售各种等级的茶叶、精糖、粗糖、面粉、葡萄酒、白兰地、啤酒、苹果酒、大麦、啤酒花、西班牙石膏、炭黑、灰粉、蜂蜡、油脂、蜡烛、烟草、柠檬、干杏仁、葡萄干、小豆、胡椒、常用香料、桂皮、八角等等，还有各种纺织品，可谓应有尽有。货源分布于相当广阔的区域。顾客主要来自小城及附近村庄的居民。在他进货和出售时，都发展了信用经济，顾客可以赊账，并使用期票和汇票。③ 在18世纪，零售商店的数量和种类巨量增加，到18世纪中期，已经形成一个错综复杂的零售商店网络。

这些贸易组织形式的创新表明英国商品经济在广度和深度上都取得长足发展，越来越多的居民被卷入商品化的浪潮，越来越多的产品进入流通领域，成为商品。粮食、羊毛、畜产品等农产品是16世纪以前国内市场交易的主体商品，此后，商品结构中工业品比重加大，呢绒等纺织品以及煤炭的消费增长幅度非常明显。纵横交错的市场网络和无所不包的交易内容把城市和乡村联系在一起，逐步按照同一脉搏跳动，基本形成城乡市场体系。再加上交通设施的改进，汇票使用的增加和商业代理人的增多，都有助于改进国

---

① J. Thirsk and J, p.Cooper eds., *Seventeenth Century Economic Document*, Oxford, 1972, p.397.

② C. C. A. Clay, *Economic Expansion and Social Change: England 1500–1700, Vol. I.* Cambridge University Press, 1984, p.177.

③ ［法］费尔南·布罗代尔：《15到18世纪的物质文明、经济和资本主义》第2卷，生活·读书·新知三联书店1993年版，第48页。

内市场的效率。[①] 这一体系的形成对英国经济转型具有重要的意义，不仅仅是推进了商品化进程，使商业成为独立于农业和手工业的行业，而且由于市场的拓展，极大地带动了乡村手工业和城市手工业生产技术、组织形式的进步和演进，推动了生产关系的变革。

三、市场的整合和统一

从 16 世纪到 18 世纪中叶，英国的市场网络由点成线，再成面，并在伦敦这一中心的整合下，形成了全国统一市场。

从政治上来说，统一的民族市场的形成需要国家掌握经济活动的领导权，“毫不奇怪，民族市场的诞生必定与一个中央集权的政治意志有关系，这一意志体现在税收、行政或军事方面，或推行重商主义政策。” [②] 而英国中央集权的民族国家推行的重商主义政策适应了这一历史进程，并且很早就废除了境内关卡，克罗泽指出：“英国国内市场不像法国，是一个真正的民族市场，因为这个国家是一个统一的经济体，没有内地关税或通行税。” [③]

从地理和交通来说，借助世界贸易的中心向大西洋沿岸转移的东风，在地理空间狭小的岛国，有利于民族市场的建成。英国虽然在公路建设方面起步较慢，但却拥有发达的航运，正如保尔 · 芒图所言：“英国是个岛国，海岸富有很深的河口和避风港，海岸的开发，使英国有可能通过海路来建立各郡间的联系：纽卡斯尔的煤是从海路运到伦敦的，苏格兰的牲畜也是从海路运往诺福克郡去饲养的。沿岸航行所提供的便利，很可能有助于推迟一个良好的内地道路系统的建立。” [④] 便捷的交通网为统一市场的形成奠定了基础。

最重要的是，从经济角度来说，16—18 世纪，以市场和商业交换为基

---

① Joan Thirsk, *The Agrarian History of England and Wales, Vol V, II Agrarian Change*, Cambridge University Press, 1985, pp.406–407.

② [法] 费尔南 · 布罗代尔：《15 到 18 世纪的物质文明、经济和资本主义》第 3 卷，生活 · 读书 · 新知三联书店 1993 年版，第 323 页。

③ F. Crouzet, *Britain Ascendant: Comparative Studies in Franco-British Economic History*, Cambridge, p.34.

④ [法] 保尔 · 芒图：《十八世纪产业革命》，商务印书馆 1991 年中文版，第 87 页。

础的商业化进程加快，农村以圈地运动和农业革命为标志的结构变革和重组，从供给和需求方面都对市场的发展提出了新的要求，而以乡村工业为重心的手工业生产的放量扩张亟需扩大市场空间，整合国内市场，开拓国际市场。而海外贸易和殖民贸易的飞速发展也要求国内形成统一的市场，能够迅捷地把国内的商品运出去，把进口的海外商品输送到市场的终端。

命运之神将整合国内市场的力量赋予首都伦敦，伦敦地理位置优越，经济功能强大，再加上作为政治中心，因此能够十分迅速而顺利地将以往早已存在的地方市场、城市市场逐一地纳入到自己的支配之下，并在这种整合的过程中自然而然地成了英格兰民族市场的核心。英国国内没有哪个城市或市场能够对伦敦的经济权势和地位构成一点威胁，更谈不上挑战。

伦敦的市场吞吐量在国内首屈一指。由于伦敦人口增长势头迅猛，消费能力骤增。伦敦人口在 1500 年大约有 5 万人，到 1650 年增长了 8 倍，达到了 40 万，到 17 世纪末增加到 57.5 万，是第二大城市诺里奇的 19 倍，是布里斯托尔的 25 倍，将近占英国城镇人口的 1/2。① 自然增长和外来移民的补充使伦敦人口急剧膨胀，粮食、肉类、牛奶、水果、煤炭等商品的巨量需求吸纳越来越多的地区给予供应。从肯特港口运往伦敦的谷物数量在 1587—1588 年达到了 12, 080 夸特，在 1615 年达到 41, 823 夸特，在 1680—1681 年达到了 71, 090 夸特，整个泰晤士河谷的农场主都自我调整来供应伦敦市场，如牛津郡就向首都供给小麦、麦芽、奶酪、羊和牛等。② 据此，一位历史学家认为，伦敦“正在吞食英国”。的确，“几乎整个英国的生产和贸易区域很快全都为伦敦服务。总之，在 16 世纪，这一经济区北达苏格兰，南抵英吉利海峡，东接北海（其近海运输对伦敦的日常生活至关重要），西连威尔士和康沃尔郡。……威尔士从 16 世纪起已加入这一行列，苏格兰于 1707 年同英格兰合并后也不例外。”任何地区一旦受到伦敦的影响，无不朝着专业化和商业化的方向发展。英国不但吞食了国内大量的商品，而且吸纳了对

① C. G. A. Clay, *Economic Expansion and Society Change : England 1500–1700*, Cambridge, 1984, p.197.

② Keith Wrightson, *English Society, 1580–1680*, Routledge, 1982, p.129.

外贸易的 2/3 或 3/4，甚至 4/5。[①] 伦敦也是转口贸易的中心，全国各地的商品大部分都通过伦敦这个港口出口到海外，而海外进口的商品除自己消费的以外，都转运内地。伦敦的辐射力和吸纳力都指向全国各地。正是这些以伦敦为目的地，又从伦敦出发的运输过程构成英国市场的基本网络。

到 18 世纪，英国国内市场的整体性和现代化程度越来越高，在国内统一市场的基础上，"建构起一种层次化的格局。伦敦始终居于这一格局的内核地位，英格兰则为核心区域，苏格兰和爱尔兰则构成外围的半边缘化区域，而北美、南亚殖民地则为边缘地带"，[②] 成为英国经济变革的基础。

第三节 海外市场的开拓和多边贸易体制的出现

英国在整合国内市场的进程中，正在生成的市场体制和资本主义的扩张性促使英国依靠国家的力量，在发展欧洲市场的同时，通过商业战争和殖民掠夺，不断开拓海外市场和殖民地市场，逐步形成一个世界市场。远距离贸易虽然不是一种生产方式，但"有关的文明可以完全依靠于这种贸易，因而贸易路线的改变可以造成整个地区沦于衰败，或者反之，也可以在生产力不发生任何重大升降的情况下使该地区趋于繁荣。"[③] 遑论中古晚期英国国内工农业得到长足发展，生产力大为提高，特别是新航路开辟后，欧洲的商业中心和贸易路线从地中海区域转移到大西洋沿岸，英国成为通向新世界的起点，更加如虎添翼，对外贸易十分繁荣。对外贸易的繁荣不仅加快了资本的原始积累，而且海外市场的需求为瓦解封建经济、促进资本主义经济关系的成长起了举足轻重的作用。

---

① ［法］费尔南·布罗代尔:《15 到 18 世纪的物质文明、经济和资本主义》第 2 卷，生活·读书·新知三联书店 1993 年版，第 19—20 页。

② 王晋新:《深刻而全面的经济变革》，载侯建新主编:《经济—社会史》，商务印书馆 2002 年版，第 259 页。

③ ［埃及］萨米尔·阿明:《不平等的发展》，商务印书馆 2000 年中文重印版，第 7 页。

一、海外市场的开拓

英国海外贸易商品市场的开拓是从商站制度起步的，其后，在特许贸易制度的庇护下，经历了以安特卫普为中心的欧洲贸易的繁荣和远距离市场的开拓两个阶段，特别是在开拓殖民地市场时，英国后来居上。17 世纪前，英国在追赶欧洲其他强国的殖民步伐。之后，英国就成功实现了超越。

1. 传统商站贸易阶段

乔赛亚・蔡尔德认为，15 世纪时，英国还不懂得贸易。① 这一说法被近年来的研究证明，不太符合历史事实。因为早在中世纪晚期，英国商人就通过在沿海港口建立商站、货栈进行对外贸易，从而形成了所谓“商站制度”。14 世纪以后英国商站制度的建立，标志着英国人主动构建自己的海外贸易商品市场网络的开始。这些对外贸易的港口集中在东海岸的纽卡斯尔、赫尔、波士顿、林恩、伦敦和南部的南安普顿和西部的布里斯托尔。此外，英国商人在海峡对岸城市如加莱、安特卫普、布鲁日等地也设立了商站。从事羊毛贸易的商站到 1363 年一直固定在加莱，“商站商人确立了对这项日益缩减的贸易的长期垄断”②。

这一阶段，英国海外贸易刚刚起步，开拓的市场空间和商品种类有限，主要出口商品为羊毛和呢绒。羊毛主要销售给佛兰德斯和荷兰的呢绒商，换回金银等贵金属，呢绒直接运往安特卫普、贝亨奥普佐姆、乌特勒支的市场和市集，返程则进口系列的原材料、食物，特别是鱼、廉价的制造品、绸布和男装。③ 到 15 世纪末，英国的商港主要有 20 个左右，大部分位于英国南部。④ 在出口商品中，羊毛数量剧减，呢绒数量逐年上升，到 15 世纪中叶以后，羊毛出口已不占重要位置，呢绒成为出口商品主导产品。“在接近都铎王朝的那个时期里，北部一带所有自产的羊毛几乎只供自己销售。南安普

---

① L. Magnusson, ed., *Mercantilism*, III, London, 1995, p.4.

② Susan Reynolds , *An Introduction to the History of English Medieval Towns*, Oxford, Reprint-ed., 1982, p.148.

③ J. L. Bolton, *The Medieval English Economy, 1150–1500*, London, 1980, p.287.

④ J. D. Mackie, *The Earlier Tudors 1485–1558*, Oxford Repinted, 1962, p.219.

顿的出口量减少了将近三分之二。"①这种商品结构的转换对英国经济的发展具有重大意义，正如劳伦斯·斯通指出的那样，"英国的海外贸易……由单一的产品——呢绒的交易构成，其结果就当时而言是导致了真正庞大的工业化，并涉及伟大的农业革命和整个国内经济格局的变化"。②海外市场对经济的拉动作用十分明显。

2. 以安特卫普为中心的欧洲贸易

安特卫普在15世纪中期以后就开始成为英国商品的集散地，伦敦—安特卫普逐渐成为英国出口的主要贸易路线，一直繁荣到16世纪中期。这条路线输出的主要是英国的呢绒产品，并通过安特卫普销往欧洲各地。15世纪末至16世纪60年代中期，伦敦—安特卫普贸易占英国对外贸易量的2/3，其余1/3是由伦敦、南安普顿、布里斯托尔等港口直接对法国、西班牙、意大利等国家的贸易。③布里斯托尔等商站城市的海外贸易出现衰退。

安特卫普当时是国际贸易中心，15世纪末世界贸易路线的变迁以及大西洋经济的形成决定了安特卫普的命运。英国、德国、法国、葡萄牙、西班牙、意大利等国商人在此云集，"但是无疑是英国人掌握着当时的安特卫普'诸国'区域内的价格。作为把商人从全欧洲各地吸引到这里的原因，选择安特卫普作为英国呢绒的'集散城市'仅次于建立香料贸易中心城市。"④英国以安特卫普为中心的欧洲贸易主要掌握在冒险商人公司手中。该公司早在1407年就得到亨利四世授予的特许证，垄断了安特卫普贸易，公司成员中伦敦商人占据优势地位。到1600年，伦敦呢绒出口贸易的大约3/4由该公司掌控，公司的领导权日益由一小部分人掌握，在17世纪初，不到30个商

① ［英］约翰·克拉潘:《简明不列颠经济史》，上海译文出版社1980年版，第229页。

② 转引自［美］伊曼纽尔·沃勒斯坦:《现代世界体系》第1卷，高等教育出版社1998年中文版，第361页。

③ 陈曦文:《英国16世纪经济变革与政策研究》，首都师范大学出版社1995年版，第116—117页。

④ 转引自［美］伊曼纽尔·沃勒斯坦:《现代世界体系》第1卷，高等教育出版社1998年版，第360页。

人却控制了公司的1/2贸易额，公司3500人中只有200人左右极为活跃。①

到16世纪中期，安特卫普贸易中心的地位被接连不断的战争打破，特别是在英尼冲突中，冒险商人公司站在英国政府一边，力图开辟新市场，多方出击，最终于1567年7月选择汉堡作为呢绒集散地，该城市通往德意志市场的道路比安特卫普更加方便，能够较快地加工和出售英国的呢绒坯料。英国的这一决定对安特卫普是个沉重打击。此外，英国人的学习精神再次发挥了出来，对安特卫普市场十分熟悉的托马斯·格雷欣于1566年筹建了伦敦交易所。英国商人开始与安特卫普市场分道扬镳。到17世纪前半期，仍有一定量的英国商品输往安特卫普，但其衰落之势已成定局。

3. 远距离贸易

大航海时代，英国虽然是一个晚到者，但由于英国政府通过战争和外交手段给予积极支持，海外探险和殖民活动很快后来居上，市场版图不断扩大和一再改写，为英国商人打开了一个广阔的天地。从16世纪50年代，英国相继开拓出俄国、利凡特、东印度、北美等市场，形成了一个世界市场网络。

16世纪中期在失去安特卫普市场后，英国商人在政府的支持下，大踏步地开始了海外探险的旅程。通过向东北探险，组建了莫斯科公司（1554年）、波罗的海公司（1579年）、东地公司（1581年）等，垄断了对俄国、丹麦、挪威、瑞典、波兰和属于波兰的立窝尼亚、波美拉尼亚、普鲁士等国家和地区的贸易，开辟了北海和波罗的海市场。此外，莫斯科公司从1558年开始向南开辟到达土耳其、波斯的贸易商路。在1565年到1585年间，输往波罗的海地区的呢绒增加了6倍。在16世纪30年代，英国呢绒出口量的4/5多销往北海北欧和中欧市场，在17世纪早期达到9/10，在1640年不多于2/3，到1700年还占到一半。②从1575年至17世纪20年代，英国与波罗的海地区的贸易一直保持出超，利润率能够达到40%左右。③

与此同时，英国开拓和加强了与地中海及亚洲市场的联系。与非洲摩洛

① L. A. Clarkson, *The Pre-Industrial Economy in England 1500–1750*, London, 1971, pp.140–141.

② R. Davis, *English Overseas Trade 1500–1700*, London, 1973, pp.17. 21.

③ H. Zins, *England and the Baltic in the Elizabethan Era*, Manchester, 1972, p.295.

哥建立了贸易关系，成立利凡特公司（1581 年），建立了同土耳其、叙利亚和埃及的贸易。随后鼎鼎大名的东印度公司（1600 年）成立，特许垄断从好望角到麦哲伦海峡的贸易。公司在南洋群岛开展贸易受到荷兰人的排挤后，转向征服印度，并取得了极大成功，不但通过武力征服逐步实现了对印度的统治，而且在掠夺和贸易中获利甚丰。迪埃戈·萨尔米恩托致腓力三世的信中说："东印度公司的资本与船舶每日都在增加，据说它的利润很高，我有一位熟人三年前曾投资 2000 杜卡托，今天他想收回这 2000 杜卡托，却从公司那里收到 4000 杜卡托。"① 印度成为英国原始积累的重要来源地之一，"特别是 1757 年英国在普拉西（Plassey）大获全胜后开始了纯粹的掠夺，1774 年之后伪装成商业形式的掠夺越来越多，印度的财富源源不断而来。在后半个世纪，据不同估计，英国从印度获得的黄金在 1 亿到 10 亿英镑之间。不论具体数额到底是多少，'印度的财富提供了足够的资金，先是让英国在 1763—1774 年间的和平间歇，暂时偿还了借荷兰和其他国家的债务，最终在 1783 年之后全部还清。到英国面临 1793 年之后的战争时，它几乎不欠任何外债。'"② 与亚洲的贸易对英国经济的影响远不止此，随着初期香料贸易向原料贸易的转变，英国建立了丝绸和棉纺织业等新兴工业部门，对工业革命的发生和深化起到了不可低估的作用。

美洲殖民市场的建立对英国海外贸易及经济的变化发展具有极其重要的意义。过去学者多从殖民地为英国提供了资本积累的机会、为工业品打开了市场、供给了廉价的资源出发分析其作用。而近来美国学者彭慕兰从解除发展中的生态制约角度，认为美洲殖民地通过向英国提供棉花、木材、谷物等土地集约产品，从而实现了西欧与世界其他地区特别是中国的大分流，肯定了殖民地对英国出现工业革命的作用，这一分析对认识殖民地的意义极富启发性。③ 布罗代尔也认为，"美洲一旦进入欧洲的生活，它就逐渐改变了欧

① ［法］德尼兹·加亚尔、贝尔纳代特·德尚等：《欧洲史》，海南出版社 2000 年版，第 406 页。

② ［美］乔万尼·阿瑞吉、贝弗里·J. 西尔弗等：《现代世界体系的混沌与治理》，生活·读书·新知三联书店 2003 年版，第 62—63 页。

③ 参见［美］彭慕兰：《大分流——欧洲、中国及现代世界经济的发展》，江苏人民出版社 2003 年版，第三部分。

洲的全部基本条件，甚至调整了欧洲的发展方向。”①

弗吉尼亚公司（1606年）成立不久，英国在北美建立了第一块殖民地。直至1660年，英国的商业扩张和殖民活动对英国对外贸易的规模和性质所产生的影响还不大，毛织品仍然是英国出口的主要部分（占80%—90%），出口商品中的佼佼者是销售到西欧的薄型呢绒——“新型衣料”。随着英国通过战争等手段把荷兰人、法国人逐出了竞争的行列，英国在北美开辟了13个殖民地，并将西班牙、葡萄牙的在中南美洲的殖民地置于英国商业范围之内。在北美、西印度群岛和印度站稳脚跟。英国人逐渐习惯吃殖民地的糖、吸殖民地的烟，用殖民地的原材料和木材，并从奴隶贸易及转口贸易中获利甚巨。在1620至1640年期间内，烟草从伦敦进口商品中的第八位上升到第一位；在17世纪50年代糖的进口也增加了。再出口额从1640年的不到10万镑上升到60年代初期的90万镑，占英国出口总额的28%。1600年至1640年期间，英国的出口以平均每年1.5%的速度递增。再出口的加速发展，提高了1640年1650年间的出口总额的增长率。②英国的商船队不仅往来于国内外市场，而且能在外国之间直接运送货物。进口商品的具体数字如下：英国1616年从切萨皮克地区进口烟草约6万磅，1633年40.5万磅，1634年46万磅，到1680年增长到2500万磅左右，1700年更达4200万磅。此后增长速度放慢，到1715年以后又形成一个增长的高峰期。与此同时，从1640年到1690年，英国从西印度进口的蔗糖进入增长最快的时期，在50年内增长了4倍。1655年，伦敦商人从巴巴多斯岛进口了103067英担（合5236吨）的蔗糖，在产地，这些蔗糖价值是13万镑，在伦敦卖到18万镑，1663年进口数量增加到2000万磅。1689年以后的25年内，停留在40万担（合2万吨）的水平，从1710年进口量又增加2倍，然后略有下降，直到1740年左右为止。③至于从奴隶

① ［法］费尔南·布罗代尔：《15到18世纪的物质文明、经济和资本主义》第3卷，生活·读书·新知三联书店1993年版，第444页。

② ［美］W. W. 罗斯托：《这一切是怎么开始的——现代经济的起源》，商务印书馆1997年版，第90—91页。

③ 陈曦文、王乃耀：《英国社会转型时期经济发展研究》，首都师范大学出版社2002年版，第98、100页。

贸易中究竟获得多少利润，只有估计的资料。据估计，1730 年前从布里斯托尔开出一艘装载约 270 名奴隶的货船，如果航行顺利，一次可获利 7000—8000 镑，其中还不包括返航时贩卖象牙的利润。这一年有一艘普通货船返航时并未载货，但可获利润仍然超过 5700 镑。在利物浦，贩奴船获取 100% 的利润并不稀罕，有时一次出航净利甚至可达到 300%。①

美洲市场很快就向英国展示了自己的潜力，英国向其出口和再出口的年平均价值从 1699—1701 年的 121.8 万镑增长到 1722—1724 年的 228.3 万镑。②从表 2.3 可以看出，到 18 世纪，美洲市场占英国海外贸易市场份额越来越大，而欧洲市场份额正逐步下降。

此外，英国探险家还开辟了非洲贸易，非洲后来成为三角贸易中提供奴隶的贸易点，其地位日益重要。几内亚公司（1553 年）、西非股份公司（1618 年）、皇家非洲公司（1663 年）获利甚丰。英国商人带入非洲市场的是纺织品、金属制品、珍珠、钟、手枪等产品，带走的是奴隶、黄金、象牙等商品。

从英国国内来说，初步形成了以伦敦为中心，全国东、南、西各地的沿海贸易带。在国内市场的基础上，向外辐射到欧洲以及非洲、美洲、亚洲各地，建立了多层次的海外商品市场网络（见表 2.4），最终形成一个海上贸易帝国，这一帝国从都铎王朝的亨利八世开始出现，在 1763 年七年战争结束时确立，加上传统的欧洲和地中海市场，一个规模空前的海外市场向英国商人开放。③ 多重市场结构的形成，对英国的产品销售极为有利，即使一个市场衰退，也会为其他市场的发展所抵消。从商品结构来说，17 世纪中后期，英国出口商品结构出现了历史性的转换，呢绒出口份额减少，各种金属制品、玻璃制品、棉布等（手）工业制品增多，毛纺织品出口量在 1700 年

① 沈汉、王建娥：《欧洲从封建社会向资本主义社会过渡研究》，南京大学出版社 1993 年版，第 53 页。

② R. Davis, "English foreign trade , 1700–1774", *Economic Review*, Vol. 15, 1962–3, pp.285–303.

③ Nicholas Canny, ed., *The Origins of Empire: Britain Overseas Enterprise to the Close of the Seventeeth Century*, Oxford University Press, 1998, p.1-54J. Hughs, *Industrialization and Economic History: Theses and Conjectures*, New York, 1970, p.39.

占工业品出口的85%，1770年跌到了50%，1800年跌至20%。① 而在此前，纺织品在出口商品中占有绝对的比重，如在1570年占出口总值的4/5，1600年占80%—90%。②

表2.3　17世纪后期到18世纪末期英国出口商品在不同市场的份额

年份	美洲（%）	欧洲（%）	世界其他地方（%）
1663—1669	8.0	90.5	1.5
1700—1701	10.3	85.3	4.4
1750—1751	15.6	77.0	7.4
1772—1773	37.3	49.2	13.5
1797—1798	57.4	30.1	12.5

资料来源：P. K. O'Brian and S. L. Engerman, "Exports and the Growth of the British Economy from the Glorious Revolution to the Peace of Amiens", 转引自张卫良：《英国社会的商业化历史进程1500—1750》，人民出版社2004年版，第82页。

英国商人开拓海外市场得到了英国重商主义政府的大力支持，形成了特许贸易的模式。罗伯特·杜普莱西斯在谈到美洲英国殖民地市场时说，"重商主义关税，补贴，垄断和海军支持的禁运，尽可能地限制这些消费者只能消费英国产品。尽管这些措施从来都没有完全有效，但是这些措施把大量的需求引向英吉利海峡。1663年的大宗商品法，通过要求外国产品必须通过英国转出口才能进入殖民地，从而把许多外国产品排挤出市场。"③ 英国外向型经济的发展，一方面，为英国商人积累了巨额资本，为工业革命奠定了坚实的资本基础和广阔的市场基础。另一方面，海外市场的需求促进了英国国内的市场分工以及产业和技术的转型，如有学者指出，远距离市场的开辟有

① ［英］罗伯特·杜普莱西斯：《早期欧洲现代资本主义的形成过程》，辽宁教育出版社2001年版，第314页。

② W. E. Minchinton, ed., *The Growth of English Overseas Trade in the Seventeenth and Eighteenth Centuries* , London, 1969, p.18.

③ ［英］罗伯特·杜普莱西斯：《早期欧洲现代资本主义的形成过程》，辽宁教育出版社2001年版，第314页。

力地促进了英国乡村工业的发展，因为只有“当市场出现并充分扩张时，这些（对乡村商品生产的）限制才不复存在”，并且“乡村工业的集中只有在商人开辟了远地市场才存在可能性。”①

表 2.4　英国海外贸易网络图

沿海方位	贸易港口群	贸易区域
东海岸	建立了纽卡斯尔—赫尔—波士顿—金斯林—大雅茅斯—伊普斯威奇—科尔切斯特—莫尔登—山德威奇—多佛尔等港口群	通过北海航线，构筑起北海—波罗的海贸易区
南海岸	形成了奇切斯特—南安普顿—埃克塞特—普利茅斯等港口群	直接越过英吉利海峡与法国、西班牙、葡萄牙等国家和地区展开贸易
西海岸	通过巴恩斯特珀尔—布里奇沃特—布里斯托尔—米尔福德—切斯特—利物浦等港口群	过英吉利海峡至法国、西班牙，或西航至爱尔兰展开贸易（南海岸和西海岸的港口群主要经营对欧洲国家的贸易，从而构成欧洲大西洋沿岸贸易区）
西北	坎布里亚郡等地的港口及切斯特的港口群	联结西苏格兰、东北爱尔兰，形成爱尔兰贸易区
以伦敦中心	整合国内经济力量	开拓出非洲贸易区、东方土耳其—波斯—印度贸易区、北美殖民地贸易区及中南美洲（走私）贸易区，最终形成世界贸易网络

资料来源：张乃和：《大发现时代中英海外贸易比较研究》，吉林人民出版社 2002 年版，第 140—141 页。

二、多边贸易体制和最惠国待遇的出现

随着英国海外市场的扩张和英国在商业及工业上领先地位的形成，到 17 世纪末，一个以英国为中心的多边贸易体制开始出现。

① Hans Medick, *Industralization Before Industrialization*, Cambridge, 1981, p.99.

多边贸易体制包括多边贸易安排和多边支付体系等部分。多边贸易安排是在双边贸易基础上发展起来的。英国政府在积极支持商人开拓双边和多边贸易的同时，也通过战争、外交等手段为本国争取贸易机会和最惠国待遇，积极开拓双边和多边贸易。1578 年，两位伦敦商人爱德华·奥斯伯尼和里查德·斯塔普派遣的代理人威廉·哈伯内到达君士坦丁堡，1580 年他获得土耳其苏丹的特许：享有与其他欧洲商人同样的贸易优惠，只要遵守他们国家的习俗和法规，就可以自由做买卖而不受任何限制。1581 年，以哈伯内为首的一批伦敦商人获得伊丽莎白的批准，垄断同土耳其的贸易，期限是 7 年，利凡特公司正式成立。早在 1489 年，亨利命令驻丹麦大使与丹麦缔结条约（1490 年 1 月），使英商可在丹麦与冰岛自由贸易，享受最惠国待遇。英国通过各种手段把欧洲经济纳入自己的贸易轨道，从而建立起多边贸易安排，其中，最重要的手段就是通过和平谈判或者以战后和谈的形式与许多国家签订双边或多边商业条约。据统计，在都铎王朝统治时期，英国与欧洲大陆、北海、波罗的海、地中海地区的国家签订的多边或双边条约达 92 项之多，建立起和平关系，特别是贸易关系，其中许多都是商业条约。① 早在都铎王朝前期，“政府发展本国海外贸易的主要方式，是以国家的名义与各国政府签订一系列商业条约，保障英国商人在欧洲大陆从事贸易的相应权利，同时利用与不同国家的条约削弱和打击主要的商业对手。”② 最惠国待遇条款定型化是在 1713 年英法乌特勒支通商条约中实现的，条约规定双方相互给予“最惠国地位”，即一方保证把它给予第三国在通商与航运方面的好处，也给予另一方。当然，这一做法当时只通行于所谓的“（基督教）文明国家之间”，至于与所谓的“未开化”地区的贸易关系，通行的仍是强加的、单方面给惠的、不平等的“最惠国”条款，这方面的最初代表作是 1680 年英国东印度公司拟定的与缅甸国王之间的“通商条约”。该条约第 17 条规定：“如果此后国王给予任何其他国家以比本条款所含者更多或不同的特权，亦

① K. Powell and C. Cook, *English Historical Facts, 1485–1603*, London: Macmillan Company, 1977, pp.168–171.

② 高作钢：《英国都铎王朝海上政策初探》，载吴于廑主编：《十五十六世纪东西方历史初学集》，武汉大学出版社 1985 年版，第 200 页。

需给英国以同样特权。”①

托马斯·孟描述了当时英国商人的多边贸易：“我这里要考虑的，第一就是这种损失的主要原因，在于我们从阿姆斯特丹购买来的货物多于我们输往那里的货物，致使这里要由汇兑付款出去的人比收款进来的人多，因此我们的币值被压低而有利于收款者了。这样一来，付款出去的人，为了免得在压低币值上受到损失，一定就要想起那些国家，即我们带往那里去的货物的价值大于从那里带回来的货物的国家，如西班牙、意大利和其他国家就是。在他向这些地方交款的时候，他知道（由于上面所述的理由）一定是对他有利的。但是你们将说，现在这笔钱离阿姆斯特丹较前更远了，怎么能够让它碰头呢？是的，好得很，而且再进一步就将证明还有最近的一条回来的途径，倘使它在最后的时候是带回很多利润的。第一笔利润是（像我们所假定的）在西班牙得到的，从此我就考虑还可以在那里去找第二笔；而我发觉佛罗伦萨人输往西班牙的金色和银色的纺织品，纺丝和丝毛交织品的价值大于他们输入的羊毛、西印度的兽皮、糖和洋红的价值，所以我知道我不能错过谋利的机会，于是便向佛罗伦萨输款；我还要从那里（依据同样的理由）转向威尼斯，并且在那里又可发觉此后还要在法兰克福或安特卫普得到利益，直到最后我要根据这种由于不同的时间和空间所赐的获利机会，而从一条较短或较长的途径回到阿姆斯特丹。”②托马斯·孟在这里设想和描述的就是一种典型的多边贸易形式，实际上也是英国从事国际贸易的商人经常采取的商业策略。

关于欧洲究竟在何时形成一个多边支付体系，国外学界对此存在争论。威尔逊认为，多边贸易体系对“17 世纪的英国人是不可想象的”，到 18 世纪以后多边贸易才逐步让位于双边贸易。③赫克歇尔认为多边贸易和套利在中世纪即已存在，甚至更早，并且认为实现这种多边贸易的手段是一个次要的问题，贵金属的流动只是取得多边结算的一种手段，此外，他还认为没有

① 赵维田：《最惠国与多边贸易体制》，中国社会科学出版社 1996 年版，第 1—3 页。

② ［英］托马斯·孟：《英国得自对外贸易的财富》，商务印书馆 1983 年版，第 47 页。

③ C. Wilson, “Treasure and Trade Balances: The Mercantilist Problem”, *Economic History Review*, 2nd ser., 1949, p.158.

汇票的普遍使用，多边贸易不可能进行。[①] 杰弗里·帕克则认为，1500 年至 1730 年是“金融革命”时期，它是工业革命必不可少的序幕，而且从私人资金方面来看，它说明两件事——信贷工具在几个中心的集中以及“与此相联的，一个国际多边支付体系的发展。”而雅各布·普赖斯和斯伯林则把多边支付体系的形成时间定在 17 世纪后半期，雅各布·普赖斯认为，17 世纪 60 年代后，由于世界白银供给减少，导致汇票使用的增加和商品流通的扩大；斯伯林认为，在 1660 年后出现了一个阿姆斯特丹—伦敦的国际票据交换中心，这个中心进而扩大以满足日益发展的世界贸易体系的需要并使工业革命得以进行。伊曼纽尔·沃勒斯坦认为多边还是双边贸易的标准，是根据世界体系中的两个经济地区交换中是否使用货币。据此，他判定欧洲与东印度群岛之间的贸易是双边贸易，而西欧与波罗的海地区的贸易大部分是多边贸易而且以汇票结算，这一事实也说明了这两个贸易区是同一经济体系的组成部分。由于波罗的海被纳入多边支付体系，英国于 1663 年废除了出口贵金属到波罗的海的种种障碍。英国建立起多边支付体系的另一个表现就是英国选择了金本位，并向国际黄金银行网络开放，因为在欧洲世界经济体中，金币用于国际间的结算和国家事务（也用于储备），银币用于大规模的国内商业，铜币用于家庭和较小的商业需要。[②]

事实表明，自从 1567 年伦敦交易所建成后，伴随着英国与欧洲等地国际贸易的开展，伦敦就逐渐成为与尼德兰、德国等国进行汇兑交易的中心，英国于 17 世纪末实行了贵金属进出口自由，就是一个有力的佐证。克里斯托夫·格拉曼也看到围绕伦敦和阿姆斯特丹之间的国际多边支付体系的存在：“十七世纪下半叶，北欧与西北欧的贸易、包括英国与波罗的海之间的贸易所需的大部分资金都是由阿姆斯特丹提供的。支付体系由双边发展成多边，汇票的使用范围不断扩大，通过金银在英国与荷兰之间的输进与输出进行结算。”[③]

---

① E. F. Heckscher, “Multilateralism , Baltic Trade, and the Mercantilists”, *Economic History Review*., 2nd ser., ii, 1949–50.

② ［美］伊曼纽尔·沃勒斯坦：《现代世界体系》第二卷，高等教育出版社 1998 年版，第 120—124 页。

③ ［意］卡洛·M. 齐波拉主编：《欧洲经济史》第二卷，商务印书馆 1988 年版，第 439 页。

最惠国待遇和多边贸易都符合重商主义的原则，最大限度地维护了英国商人的利益，扩大了经商的利润，加快了商品的流通，促使英国成为商业强国。随着国际多边贸易的发展，多边体系雏形的形成，特别是英国与一系列国家签订了最惠国待遇等条款，成为近代以来世界市场规则的萌芽。

第三章　英国市场经济体制的重商主义市场决策机制

——企业组织制度的出现

现代意义上的市场主角的形成是市场经济体制出现的关键之一，市场主角是配置资源的决策者。英国重商主义市场经济体制的微观经济决策机制是在私有制下分散决定的，由所有者—生产者自己决策。在重商主义市场经济体制下，生产什么、怎样生产、生产多少，逐渐取决于市场和商业发展的需要，主要由企业和个人根据国内外市场的供求关系进行决策，具体地说，主要是由商人早期资产者、地主来组织生产和交换。生产和交换的组织形式随着商业资本主义的发展不断变革，由于企业组织制度处于形成过程，从而使得生产、交换组织呈现出一个复杂演进的过程，这一过程也是经济组织变迁的过程。

从市场经济史演进的历史过程来看，企业的出现是在一定经济条件的基础上实现的，并且呈现出复杂的历史形态。在封建农本经济时代，以家庭为单位从事生产经营的经济组织不能称其为企业。关于企业的起源，马克思主义和西方经济学的理论基础是不同的。马克思主义的企业起源理论是建立在分工理论基础上的，认为企业作为社会生产经营活动的一种组织形式，是分工与协作的联结点，是分工发展导致生产组织方式变化的产物。工场手工业的出现，把企业内部的分工者通过协作结合起来，从一定意义上说，这种协作就是现代企业的起点，“工场手工业分工通过手工业活动的分解，劳动工具的专门化，局部工人的形成以及局部工人在一个总机构中的分组和结合，造成了社会生产过程的质的划分和量的比例，从而创造了社会劳动的一定组织，这样就同时发展了新的、社会的劳动生产力”。[①] 但真正的企业出现在资本主义社会，建立在雇佣劳动和机器大工业的基础上，从工场手工业过渡到现代工厂制度后才形成。而西方经济学的企业理论是以交易费用理论为基础的。1937 年美国经济学家科斯发表《论企业的性质》一文，首次运用交易成本的概念来研究企业起源的问题，他认为，在市场配置资源的情况下，交易活动往往要耗费大量的成本，“为了进行交易，有必要发现谁希望进行交易，有必要告诉人们交易的愿望和方式，以及通过讨价还价的谈判缔结契约，督促契约条款的严格履行，等等。”[②] 即需要信息成本、谈判成本、监督成本等交易成本，当市场交易费用增加到一定程度时，一种新的资源配置组织就会出现来取代市场，这种组织就是企业。此后，西方的企业理论不断发展，威廉姆斯、阿尔钦和登姆塞茨等人都对企业形成的主观动因做了进一步的阐释。相较之下，马克思从人类生产发展的历史宏观视野出发，采用历史和逻辑有机统一的方法来研究企业起源问题，从而正确揭示了企业形成发展的客观历史进程。

企业制度的变迁，是一个自然历史的过程。企业组织制度的出现和形成，对现代经济具有重要意义，因为企业作为微观经济的运行主体，是社会生产关系最基本的组织单位，是现代经济运行最基本的环节，是市场经济最主要的决策主体。英国重商主义时代，正是近代企业组织起源的时期，一方面工业企业、商业企业、农业企业的组织变迁都深深地受到商品化程度、市场空间大小的影响和商业资本的左右，另一方面新兴企业组织的出现也对市场经济体制的形成起到了非常重要的促进作用。

---

① 马克思：《资本论》第 1 卷，人民出版社 1975 年版，第 403 页。

② ［美］R. 科斯：《企业，市场与法律》，上海三联书店 1989 年版，第 91 页。

第一节　工业领域管理方式的演进

重商主义时代，英国的工业企业是服务、服从于商业发展的需要，特别是乡村工业，其一大特点就是为国际市场而生产。因此，晚期重商主义把生产视为流通的前提条件，力图控制和变革工业生产组织形式来适应日益扩大的市场要求，从而推动了工业管理方式的演进。

中世纪传统城市工业在近代早期出现了衰退，但城市并没有就此沉沦。罗伯特·杜普莱西斯指出，虽然一部分乡村工业的增长以牺牲城镇为代价，如在英国，一些曾经以纺织工业闻名的城市，如曼彻斯特、林肯和斯坦福，变得默默无闻了，取而代之的是恩格拉东部、约克郡的西行政区、科茨沃尔斯和其他地区的村庄。但是乡村工业的成长并非一定导致城镇工业的衰败。城市和农村往往可以共同繁荣。① 这主要表现在：一方面，出现了一些与乡村工业联系紧密的新兴城镇，为乡村提供市场和资金。另一方面，城市往往掌握着关键的生产环节，以纺织行业为例，乡村进行的是初加工，生产出的粗坯布往往在城市进行修整，最后加工，销往远方市场。此外，一些奢侈品生产也是城市的优势产业。所以，城市仍是“贸易、金融和组织的中心”。②城市工商业经济组织行会也经历了一个新的发展过程。

一、行会的演变

行会作为中世纪的遗产，是英国城市最早的经济组织，主要职能是管理和规范城市的工商业活动，制定行业标准和统一价格等，并且作为半公共机构，具有社会、文化和宗教职能。中世纪行会是城市中小生产者的经济组织，属于封建农本经济的范畴。行会最基本的生产组织形式是作坊，学徒、

---

① ［英］罗伯特·杜普莱西斯：《早期欧洲现代资本主义的形成过程》，辽宁教育出版社2001年版，第37页。

② Sheilagh C. Ogilvie and Markus Cerman, eds., *European Proto-Industrialization*, Cambridge University Press, 1996, p.19.

帮工、师傅构成了行会中每个作坊的组织架构和等级序列，学徒和帮工都必须完成规定的工作年限，才有可能得到晋级。在行会发展的初期阶段，行会成员既是生产者又是商人，跨越生产和流通两个领域。到后期，商人资本开始向生产领域渗透，商人开始支配生产，生产者不同程度地沦为雇佣工人。

中世纪封建行会作为一种经济组织形式，并不是一成不变的，它经历了一个发展和演进的过程。据金志霖先生研究，英国行会有四个基本特征：一、行会成员都能以自身为中心，以占有一定的生产资料，主要是生产工具为前提，独立地从事经济活动；二、行会经济已脱离自然经济的轨道，步入了商品经济的范畴；三、单个生产单位内部没有分工；四、行会基本上是一个享有封建特权的封闭性组织。同时，行会不是一个一成不变的组织，其发展经历了三个阶段：商人行会阶段（12 世纪前半叶和 13 世纪前半叶），手工业行会阶段（13 世纪前半叶和 14 世纪），公会阶段（15 世纪起）。①

15 世纪随着交往的扩大和乡村工业的发展，旧有的城市衰落，其手工业特别是毛纺织业开始凋零，一些新兴市镇开始出现，马克思曾经指出："织布业多半在没有行会组织的乡村和小市镇上经营，这些地方逐渐变为城市，而且很快成为每个国家最繁荣的城市。"② 同时，在资本主义生产关系的冲击下，墨守成规的城市手工业行会出现瓦解、分化、合并，手工业行会开始向公会转变，城市行会开始出现实质性的变化：

1. 行会的分化组合

行会合并成公会，公会之间再合并，通过控制同行业或其他行业来扩大实力，是中世纪晚期普遍的现象。伦敦行会发展史较为典型地表现了这一历程。正如约翰·克拉潘指出的那样，伦敦行会的历史，"的确可以反映商业和工业组织的实际变动情况"，在爱德华三世末期，伦敦共有 48 个公会，到 14 世纪末，至少有 60 个公会，经过不断的分化组合，到"公元 1500 年以后，在伦敦的组织机构中，最后出现了'十二个大商业公会'，它们控制了'伦敦中心商业区'的政治。其中居于首要地位的是布商、杂货商、绸缎

① 金志霖：《英国行会史》，上海社会科学院出版社 1996 年版，第 3—5 页。

② 《马克思恩格斯选集》第 1 卷，人民出版社 1995 年版，第 109 页。

商、鱼商、服饰用品商、铁器商、葡萄酒商的商业公会。同它们在一起的还有一些原先是属于工匠组织的商业公会，长久以来，它们中也包括了一些富裕集团——金匠、皮革商、盐商。”①这12个大商业公会组成了一种都市富豪政治集团，由他们遴选伦敦市长并指导伦敦中心商业区的政策。从15世纪开始，公会在英国各城市大量涌现。与此同时，跨行业、跨手工业行会的经营者出现，到16世纪后半叶，已有跨行业合并的实例。“手工业行会由同行业合并到跨行业合并是经济形势纵深变化的必然结果。”②行会合并后，大多时候地位并不完全平等，拥有雄厚经济实力和资本的行会开始成为行业的控制者，“某一个行会逐渐成为几个行会中的生产管理部门和产品销售部门，其余的几个行会的商业职能慢慢转移到这个行会身上，而它们自己却变成专门从事生产的附属行会。”③

2. 行会成员不断分化和商人支配生产

随着资本主义生产关系的出现，行会成员之间的实力和经济地位开始出现变化，特别是到公会阶段，成员间原来的平等地位不见了，分化日益严重，这种分化的明显标志是富有成员把持公会的管理，商人开始控制生产。

当公会的管理掌握在富有成员手中时，一些破产或贫穷的师傅以及帮工、学徒日益沦为雇工。十五六世纪，形成了代表资本的大师傅和代表劳动的小师傅的两大对立集团。大师傅作为同业公会富有的上层，由于资本实力雄厚，成为公会管理者，由于每个阶段的提升耗资甚多，故除最富裕成员外，均被排除在管理机构之外。而小师傅往往连10先令的会费也交不起，已失去了作为独立小手工业者的基本特性。他们从大师傅那里接受计件工作，然后把成品交付给大师傅，成为大师傅的经济附庸和具有资本主义性质的雇工。④如在伦敦呢绒匠公会内部，就出现了金字塔式的分化，处于最底

---

① [英]约翰·克拉潘:《简明不列颠经济史》，上海译文出版社1980年版，第202、353页。

② 金志霖:《英国行会史》，上海社会科学院出版社1996年版，第158—159页。

③ 郭希宁:《十四至十六世纪英国手工业行会的变化》，载吴于廑主编:《十五十六世纪东西方历史初学集》，武汉大学出版社1985版，第151页。

④ 郭希宁:《十四至十六世纪英国手工业行会的变化》，载吴于廑主编:《十五十六世纪东西方历史初学集》，武汉大学出版社1985版，第152—153页。

层的是漂洗匠和剪绒匠师傅，他们是整个公会系统中的生产者，基本上切断了与市场的联系，为公会的其他成员生产；处于中间的是一般商人，他们从乡村工业发达地区收购呢绒坯布，由公会的漂洗匠和剪绒匠进行进一步修整加工，然后卖给呢绒出口商；处在塔尖的是最为富有的呢绒出口商，经营呢绒的出口业务。①

公会在外部形式上保留了行会的基本特征，保留了基本的生产单位——小作坊。但是，在内部的生产关系上，出现了向资本主义过渡的主要形式之一——商人支配生产。马克思指出，从封建生产方式开始向资本主义生产方式的过渡有两条途径：一是生产者变成商人和资本家，这是真正革命化的道路；二是商人支配生产。② 城市公会中商人支配生产有两种不同的形式：第一种形式是通过控制原料来源和销售渠道，以强迫手工业者服从其指令，这是商人支配生产的初级形态，比较原始，大多出现于公会产生的初期；第二种形式是委托加工，这是商人直接支配生产的成熟形态，大多出现于公会的中、后期，实行委托加工时，无论是对原料，还是对成品，商人和工匠之间都不存在买卖关系，而是一种雇佣关系。③ T. H. 马歇尔就认为，这些由行会合并而来的公会已经具有资本主义性质。④ 商人支配生产的情况，本文将在下面论述工业组织变革时进一步展开。

3. 同业公会逐渐发展成为法人组织

法人观念最早起源于罗马，罗马法曾把国库、国家和地方团体、财团和社团以及教会等视为私法上的权利主体，但此时法人概念尚未产生。直到十二三世纪意大利学者赋予团体以抽象人格，与自然人一样，能够享有财产所有权，从而创立了法人概念。这一概念在中世纪主要指行会、教会、自治城市等具有与自然人相同的民事能力的社团组织，到股份公司取得法人资格

---

① G. Unwin, *Industrial Organization in the Sixteenth and Seventeenth Centuries*, New York, 1963, pp.112–113.

② 马克思：《资本论》第 3 卷，人民出版社 1975 年版，第 373 页。

③ 金志霖：《英国行会史》，上海社会科学院出版社 1996 年版，第 188—190 页。

④ T. H. Marshall , "Capitalism and the Decline of English Gilds", *The Cambridge Historical Journal*, Vol. 3, No. 1, 1929.

后，才逐渐指称公司。英国同业公会通过特许状获得法人组织资格的惯例，对特许股份公司取得法人资格具有重要影响。

同业公会法人地位的获得是一项封建特权。"'伦敦同业公会'的成员有权可以检查不合质量的产品或者不诚实的交易。作为一种永久性的联谊社，它逐渐变为一个握有共同图记的法人团体"，"差不多有半个世纪之久，成立法人组织始终是一种异乎寻常的特权，甚至在富裕的联谊社——其成员都是市民中统治阶级的组成部分——当中情形亦复如此。"① 成立法人组织费用浩繁，只有富人所组织的社团才花得起这笔费用。至1530年，大约有30个大小行业成立了法人组织，在一些最小的组织中一定也有几个殷实的人在内。

二、乡村工业的发展和工业组织的演进

从十四五世纪开始，英国的工业特别是呢绒工业发展呈现出两个特点：一、从东部、南部向西部、北部的山区转移；二、从城市向乡村转移。乡村工业的发展在英国资本主义起源史上占有重要地位，它在生产方式和组织形式的演进上起到了巨大的过渡作用。它的发展，使英国的工业组织形式从传统城市的手工作坊、农村的家庭生产，发展成家内制和手工工场等形式，为现代工厂制的形成奠定了基础。

1. 乡村工业的发展

自从20世纪70年代美国学者门德尔斯创立了"原工业化"（proto-industrialization）理论以来，虽然一些学者在吸收门德尔斯成果的基础上，提出"工业化前的工业化"（industrialization before industrialization）等概念，但对乡村工业的研究基本被纳入"原工业化"理论门下，替代了以前人们使用的"前工业化"（pre-industrialization）概念，并且逐步被广泛接受。门德尔斯在其未刊行的博士论文、《原工业化：工业化进程的第一阶段》《原工业化：理论和实践》等一系列文章中，以地区而不是国家或国际为分析研究单位，丰富了"原工业化"理论，把西欧工业化的起源上溯到工业革命以前几百年，指出原工业化构成西欧整个工业化进程的"第一阶段"，为第二阶

① ［英］约翰·克拉潘：《简明不列颠经济史》，上海译文出版社1980年版，第201页。

段的机器大工业准备了历史条件。根据门德尔斯等人提出的理论，原工业化主要体现出以下几个特征：(1) 原工业化的发展地点在乡村，而不是在城市，并且以家庭生产为主要形式；(2) 产品主要面向地区市场之外的国内外市场，主要是海外市场；(3) 原工业的发展与商品农业的发展有着共存的关系；(4) 原工业化地区与城镇有着密切的联系，城镇为其提供了产品市场和组织外放活动的商人。①

原工业化的生产模式在英国较为典型，一些学者也指出，英国乡村工业的发展特别是毛纺织业的发展符合原工业化的理论。② 英国的原工业化进程大约在 15 世纪起步。其时，乡村工业特别是毛纺业在英国蓬勃发展起来。约克郡农村地区的毛织品产量在 15 世纪 60 年代到 16 世纪 90 年代期间猛增了 10 倍，但约克的城市工业生产则不断下降。在阿登林区，1530—1569 年间有 33% 的住户从事织布生产，而到了 1570—1609 年间，从事织布生产的住户达 60%。③

关于英国乡村工业发展的原因，西方学者多有论争，归结起来主要有以下几点：(1) 农村具备工业发展的要素条件，生产成本低，产品具有竞争力。圈地运动和畜牧业的发展，使得大量剩余廉价劳动力为增加家庭收入而投入工业生产；农村是羊毛产地，矿山所在地，使得发展乡村工业具有得天独厚的原料市场；农村的河流提供的水力资源是当时工业发展的动力源。(2) 商人资本在城市遭到行会的抵制，而农村没有行会的限制，商业资本易于渗透和控制。(3) 国内外市场，特别是海外市场对廉价新织物的需求，刺激了英国乡村工业的扩张。

英国乡村工业的扩散和发展呈不规则性，一个基本特点是西部和北部的乡村工业特别是纺织业，由于生产的粗呢适合大众的需求，逐步崛起，而中

① F. F. Mendels, "Proto-Industrialization : Theory and Reality", *General Report of "A" Themes in the Eighth International Economic History Congress*, Budapest, 1982, pp.77–80; Richard Brown, *Society and Economy in Modern Britain 1700–1850*, Routledge, 1991, pp.109–110.

② P. Hudson , "Proto-Industrialization in England", in S. C. Ogilvie and M. Cerman , eds., *European Proto-Industrialization*, Cambridge, 1996, p.49.

③ [英] 罗伯特·杜普莱西斯：《早期欧洲现代资本主义的形成过程》，辽宁教育出版社 2001 年版，第 117、150 页。

世纪晚期英国乡村工业发展中心东部和南部呈现出向西部和北部转移的趋势。库斯马尔就指出了乡村工业发展地点的不稳定性："英国乡村工业的地点在近代早期是不稳定的，这种不稳定性部分在于乡村工业的特点。"[①]这种不稳定性决定了原工业虽然为机器大工业奠定了基础，但并不一定会自动导向大工业。根据保尔·芒图提供的18世纪毛纺工业的地理分布图，毛纺工业几乎分布在英国各地，主要聚集在三个分散的地区：约克郡同利兹和哈利法克斯地区、诺福克郡同诺里奇地区、英伦海峡和布里斯托尔海峡之间的西南部地区。[②]毛纺工业大多集中在乡村地区。除毛纺工业外，原工业还包括金属制造、酿酒、造纸等行业。

原工业的主要生产形式是家庭生产，但它与农本社会的家庭手工业有着根本的不同，不再是自给自足的产品生产，而是面向国内外市场的商品生产，为"交换价值"而生产。国内外市场特别是海外市场是英国原工业迅猛发展的原动力，"15世纪以后国际市场条件的变化使英国的呢绒成为增长速度最快的经济部门，呢绒产量增加了2—3倍，主要生产出口呢绒产品的约克郡西区增加了8倍，17世纪以后为英国提供了1/5的出口呢绒织品。"[③]在16世纪前半叶，英国毛纺织品的出口增长了2/3，呢绒产品出口占出口总量的81%。[④]据格里高利·金估计，在17世纪末英国有1100万头羊，但是仍然不能满足国内纺织业的原料需求，需要从西班牙和爱尔兰进口优质羊毛。[⑤]

2. 工业组织的演进

从生产组织形式来说，家庭独立生产、包买商制度、集中的手工工场都曾在前工业中广泛存在。这里要指出的是，在重商主义时代，并不存在一个

---

① Ann Kussmaul, *A General View of the Rural Economy of England, 1538–1840*, Cambridge , 1990, p.145.

② ［法］保尔·芒图：《十八世纪产业革命——英国近代大工业初期的概况》，商务印书馆1991年版，第34—35页。

③ 钱乘旦主编：《现代文明的起源与演进》，南京大学出版社1991年版，第67页。

④ C. M. Cippolla, *Before the Industrial Revolution: European Society and Economy, 1000–1700*, New York, 1976, p.257.

⑤ Julia Hoppit, *A Land of Liberty?England 1689–1727*, Oxford, 2000, p.323.

从家庭独立生产→包买商制度→集中的手工工场→工厂的发展序列，后一序列的出现并不意味着前一序列的消失，一直到工业革命前，前三种生产组织仍都广泛存在。保尔·芒图指出："在手工工场（它和今天的工厂有不止一个相似点）与老板兼工匠的几乎是原始的作坊之间，有一系列的中间阶段分散在过程之中。老早开始了的演变，经过一个几乎觉察不出的发展时期以后，就要达到一个决定性的关头了；这一演变可以说是被一个来自经济形式的交替表示出来，其最老的形式仍然在最新的形式旁边继续存在。"①

（1）家庭独立生产

家庭独立手工业生产的历史悠久，消失得也很晚，研究者一般都专注于对家内制和手工工场的研究，对不受商业资本控制的家庭独立生产关注得不多。但是，要看到"还有广大的地区，生产仍脱离商人的直接控制。英国许多地区的羊毛加工业处于这种状态；……这种自由生产有个前提条件，在附近的市场，容易取得原料，成品一般也在那里销售。……直至十八世纪，英国的许多村民还把他们的织物直接送往市场。"②乔尔·莫基尔也认为，商人—制造业主体制取代独立的家内工人是一个缓慢的过程。③

这种家庭独立生产者在约克郡的利兹和哈利法克斯等地所在多有，即使不是人口的大多数，至少也是人口中相当大的一部分。直至19世纪初，在利兹的四周，还有3500多人。这些人在自己简陋的居所内，用自己的生产工具，在妻儿的帮助下从事纺织生产，有时也雇佣一些劳动力。他们自己购买原料，并且在邻近城市的市场出售纺成的织物，但很少人能够一次带着一匹以上。他们是老板兼工匠，同时代表着资本和劳动。他们还各自拥有几英亩土地，这是保持生产独立性的条件，虽然他们几乎不能耕种，但可以在土地上饲养一两头母牛，"以便供给其家人的牛奶"，饲养一两匹马，"每一制

① [法]保尔·芒图：《十八世纪产业革命——英国近代大工业初期的概况》，商务印书馆1991年版，第38—39页。

② [法]费尔南·布罗代尔：《15至18世纪的物质文明、经济和资本主义》第2卷，生活·读书·新知三联书店1993年版，第335页。

③ Joel Mokyr, *The Enlightened Economy: Britain and the Industrial Revolution 1700–1850*, Penguin Books, 2009, p.338.

造者都须有一两匹马，以便到城里去购买原料和食品，把羊毛运至纺工家里，把织成的呢绒运至漂洗坊，以后在制造完工后，把呢绒运至市场去出售”。① 乔尔·莫基尔指出，在工业革命期间，大多数工作仍是在劳动者的茅屋内进行，直到 1900 年工厂制取得完全胜利，仍有少于 1/3 的工业工人在家工作。②

（2）包买商制度

包买商制度，又称为“外放制”（putting out system），或“家内制”（domestic system），是商人资本向生产过程渗透所采取的组织形式，又被称为分散的手工工场。这种制度在英国纺织业中的发展比较充分，风行于除约克郡西区以外的几乎所有呢绒产区。布罗代尔指出：“包买商制度是一种生产组织形式，根据这种形式，商人在分发活计时，向工人提供原料，并预付部分工资，其余部分在交付成品时结清。”在商人的主持、推动和组织下，有一系列家庭作坊和行会作坊为其服务。一位历史学家说得好：“分散只是一种表面现象；种种事实表明，家庭劳动已陷入一张无形的蛛网之中，而蛛丝则掌握在几个包买商手里。”③

中世纪晚期，随着商品化的启动，商业资本发展壮大起来，但此时商业资本处于流通领域之中，游离于生产领域之外而独立发展。产业资本，如果说存在的话，也是强烈依附于商业资本。包买商制度拉开了商业资本向生产领域渗透并支配生产过程的序幕。“商业和商业资本的发展，到处都使生产朝着交换价值的方向发展，使生产的规模扩大，使它多样化并具有世界主义的性质。”④ 在这种情况下，商人已经由一个单纯的购买者变成了包买商。由于主要为国内外市场生产，包买商的优势在于对远方市场信息的掌握，由于了解市场行情，他们能够预见市场需要，据此组织生产。包买商不仅仅是商

① ［法］保尔·芒图：《十八世纪产业革命——英国近代大工业初期的概况》，商务印书馆 1991 年版，第 39—41 页。

② Joel Mokyr, *The Enlightened Economy: Britain and the Industrial Revolution 1700–1850*, Penguin Books, 2009, p.339.

③ ［法］费尔南·布罗代尔：《15 至 18 世纪的物质文明、经济和资本主义》第 2 卷，生活·读书·新知三联书店 1993 年版，第 333、335 页。

④ 马克思：《资本论》第 3 卷上册，人民出版社 1975 年版，第 371 页。

人，也包括生产者，“事实上，他们许多都是工匠，尽管他们经常为了最大的利润，最终也从商了。有时候，在布匹生产过程中负责资本最密集的工序的缩绒工、剪切熨烫工、染布工和其他后道工序的工匠，会聚集资金，以控制同行中或其他工序中的较贫穷的工匠。”接受包买商支配的生产者“许多是住在农村。但在城市郊区，甚至在城镇，适合于受雇在家生产人口也在不断扩大。他们有的是来自农村的移民，有的是无法成为业主的满师学徒工——他们成了为维护业主的利益而制定的行会规定的附属品，有的是单身妇女和寡妇，有的是工匠的妻子儿女，……还有的甚至是贫困的工匠。”[①] 理查德·布朗指出，这种情况下，由商人—制造业主购买适当的原料，雇佣工资劳动者来完成成品的加工，工人们一般拥有自己的工具，但更精制的工具像针织机，他们一般是租用，他们在自己的住处工作。[②]

商人支配生产或者说商人包买大致经历了三个步骤。

第一步是切断乡村和城市手工业生产者与市场的联系，通过控制原料来源和销售渠道，使得原来自产自销的生产者只能向其购买原料、出售产品，围绕其组织生产。1619 年，伦敦皮革商公会的皮革工匠就不堪忍受皮革商人对他们的盘剥，控告皮革商人执意按照他们自己规定的价格出售原材料，使得他们无利可图。在英格兰的威尔特郡南部，原先独立的生产者向纺纱工或本地的中间商购买纱线并把自己的布卖给索尔兹伯里附近的商人，但后来他们只能受垄断了羊毛供应和毛织品出口的伦敦商人的支配。此时，商人和生产者的经济联系还没有完全固定下来，商人还不能为手工业者提供稳定的就业机会，生产者还有一定的独立性。

第二步，生产者受包买商支配，由商人向纺、织生产者提供原料，支付计件报酬，纺织者用自己的生产工具加工后，最后由商人收回出售成品。这样，生产者仍有一定的自主性，但他和商人的关系成为工资雇佣关系。“商人通过外包制度，按制成品计件付款担负起全部供给和销售任务。生产分散

① ［英］罗伯特·杜普莱西斯:《早期欧洲现代资本主义的形成过程》，辽宁教育出版社 2001 年版，第 168、167 页。

② Richard Brown, *Society and Economy in Modern Britain 1700–1850*, Routledge, 1991, p.110.

在几百个工场进行。需要较高技艺的工作由合格的师傅指导下制作，技术要求不太高的工作在工人自己租赁的房屋内或在附近村落的农民家中完成。”[①] 在英国西南部诸郡中，呢绒商人从生产过程一开始就参与其事，他买进未脱脂的羊毛，自行负责找人梳刷、纺织、漂洗和整饰。他拥有原料，因而也拥有各种相继形式上的产品；经手加工产品的那些人，虽然有表面上的独立性，但只不过是些受雇于老板的工人而已。对他们来说，工业往往只是一种副业，他们更多地从农业得到一部分生活资料。在1770年，斯托克波特近郊的一个村庄里有五六十个佃农，只有六七个人是从租地的产物中获得其全部收入的；所有其余的人都另外有工业劳动所提供的收入：他们纺织羊毛、棉花或亚麻。利兹附近没有一个佃农专靠种地谋生，所有的人都为城市呢绒商工作，并且可能不止受雇于一个主人，家里有四五个呢绒商委托的工作。[②] 有时候包买商外放可达到相当大的规模。如在1637年，据说科尔切斯特的一个呢绒制造商雇用了400个家庭的纺工，52个家庭的织工和33个家庭的其他人员。[③] 在实行来料加工的情况下，行会师傅自己往往也成为雇佣劳动者。他依附于商人，商人向行会师傅提供往往需要从远方进口的原料，随后又确保呢绒绸缎等制成品的出口和销售。

第三步，生产工具掌握在商人手里，生产者成了为计件工资而出卖劳动力的雇佣劳动者。生产者有许多原因丧失自己的生产工具。那些乡村纺织者假如遇到年成不好，没有收成，便只能向呢绒商借贷，以自己的织机作为抵押品。这样，继原料之后设备也落到资本家的手里。呢绒商终于占有了羊毛、线、织机、织品以及漂洗呢绒的车间和出售呢绒的商店。生产者由于逐渐丧失生产工具的整个所有权，就只能出卖其劳动力，只有以工资为生。[④] 这样的事情也发生在城市里，一些贫困的织工没有自己的织布机，只好向商

---

① ［意］卡洛·M. 奇波拉主编:《欧洲经济史》第一卷，商务印书馆1988年版，第197页。

② ［法］保尔·芒图:《十八世纪产业革命——英国近代大工业初期的概况》，商务印书馆1991年版，第43页。

③ E. Lipon, *An Economic History of England*, Vol. II, London, 1943, p.17.

④ ［法］保尔·芒图:《十八世纪产业革命——英国近代大工业初期的概况》，商务印书馆1991年版，第45页。

人花钱租机工作，他们的独立地位完全丧失了。

（3）集中的手工工场

一般认为，资本主义的生产组织形式经历了三个阶段，即简单协作、工场手工业、机器大生产阶段。简单协作是一种没有分工的协作。一般是在中世纪手工作坊的基础上扩大招收帮工和学徒的数量。这样一来，量变引起质变，中世纪只有三五个人的小作坊变成具有几十人带有一定资本主义性质的小企业，作坊师傅变成“小业主”。

16 至 18 世纪中叶，是英国工场手工业发展时期。在 1685 年，英国一本《发现金矿》的书中，讲述了手工工场怎样耗费大笔开支，兴建高大厂房，使羊毛拣择工、梳理工、纺车工、织机工、缩绒工以及洗染工等都在一起工作。这里所说的“金矿”就是呢绒手工工场。在约克郡、兰开夏甚至在米德兰地区的纺织行业，都会看到由富有的资本家建立的手工工场。约翰·洛马布建立的工场在 1724 年有 300 名妇女和儿童以两班倒的形式一天 24 小时都在生产。[①] 但是应该看到，手工工场并没有发展成为主要的工业生产组织形式，“手工工场在工业中完全处于少数地位”，因为建立一个工场往往需要巨额投资。1681 年，一家呢绒手工工场在哈丁顿郡的新米尔斯开工，共有资金 5000 英镑。因此，手工工场往往出现在纺织业的最后一道工序。许多手工工场之所以满足于承担最后工序，因为终端工序，如缩绒、洗染，需要精巧的技术和相当多的设备，要求投资，另一方面，对商人来说，控制最后一道工序，就能掌握他最关心的事，即产品的商品化。前面的工序与包买制度衔接，使用家庭劳动，既可节省劳动力价格，也可根据市场需求调节生产。手工工场在城市内往往是家庭劳动网的终点，是生产过程最后结束的场所。[②]

集中工序和专业化生产在许多行业中成为发展趋势，比如设菲尔德和纽卡斯尔的金属就高度专业化，制造工具、宝剑、火枪和钟表齿轮。[③] 集中的

① C. Wilson, *England's Apprenticeship, 1603–1763*, London, 1965, pp.298–299.

② ［法］费尔南·布罗代尔:《15 至 18 世纪的物质文明、经济和资本主义》第 2 卷，生活·读书·新知三联书店 1993 年版，第 348—350 页。

③ C. Wilson, *England's Apprenticeship, 1603–1763*, London, 1965, pp.299–303.

手工工场一般是由富裕商人投资兴办的，当然也有一些城市乡村的手工业生产者积累起一定的资金，雇佣更多的工匠，建立起手工工场。集中的手工工场除了出现在纺织行业，采煤、冶铁、煮盐、碾米厂、制皂、鞣制皮革、玻璃制造、啤酒酿造，以及建筑业、印刷业、造船业和其他装配业等工业部门从一开始就需要集中生产，采用的是集中的手工工场形式。从亨利七世时起，若干富有的呢绒商在英国北部和西部诸郡已起着类似我们今天大制造商的作用，唯规模较小而已。比如：肯达尔的卡思伯特、哈利法克斯的霍奇金斯、马尔梅斯伯利的斯顿普、曼彻斯特的布赖恩、纽伯里的约翰·温奇库姆。他们不只是从织工手里收买呢绒以便在市场上或庙会上出卖的商人，而且还开设作坊，亲自经营。他们是近代词义的制造商。① 此外，还有拉文汉姆的斯普林、费尔福德的塔莫斯、纽伯里的托马斯·多尔曼等人。其中，约翰·温奇库姆开办的手工工场，共雇用近千人，从事梳毛、拣毛、纺织、剪毛、整饰、漂洗、染色等工作。② 1750年前在达勒姆郡安布罗斯·克劳利的制铁场和在达比郡洛比兄弟的捻丝场都雇佣几百人，在温姆利的一位制铜匠1776年在一个场所雇用了800人，外面还有2000人为其工作，伯明翰约翰·泰勒的大工场1755年雇用了500名工人。③

集中的手工工场的生产是按照分工的原则进行的。马克思在《资本论》中专门用一章来论述“分工和手工工场”，指出“分工在工场手工业工人的身上打上了他们是资本的财产的烙印”，“工场手工业分工完全是资本主义生产方式的独特创造。”④ 亚当·斯密在其著作《国家财富的性质和原因的研究》中，开宗明义指出：“劳动生产力上最大的增进，以及运用劳动时所表现的更大的熟练、技巧和判断力，似乎都是分工的结果。”⑤

① ［法］保尔·芒图：《十八世纪产业革命——英国近代大工业初期的概况》，商务印书馆1991年版，第17页。

② 郭守田主编：《世界通史资料选辑（中古部分）》，商务印书馆1974年版，第380页。

③ Joel Mokyr, *The Enlightened Economy: Britain and the Industrial Revolution 1700–1850*, Penguin Books, 2009, p.339.

④ 马克思：《资本论》第1卷，人民出版社1975年版，第399、397—398页。

⑤ ［英］亚当·斯密：《国家财富的性质和原因的研究》上卷，商务印书馆1997年重印版，第5页。

在分工的基础上，工场手工业是资本主义性质的生产。“资本主义生产实际上是在同一个资本家同时雇用较多的工人，因而劳动过程扩大了自己的规模并提供较大量的产品的时候才开始的。较多的工人在同一时间、同一空间（或者说同一劳动场所），为了生产同种产品，在同一资本家的指挥下工作，这在历史上和逻辑上都是资本主义生产的起点。”①这些资本主义手工工场，虽然还称不上具有完全意义上的资本主义企业，其建立起来的雇佣关系与近代资本主义雇佣关系在本质上还有出入，但与封建行会制下的手工业作坊已不可相提并论。而前工业化时期商人——企业主，如像呢绒商等控制下的手工工场，则恰恰兼具后二者的特征：作为生产资料的所有者，他们当中的一些尚须从事生产劳动，只有部分人才脱离劳动，成为管理者；他们采取的雇佣劳动方式，劳资双方虽然订立了契约，但执行起来并不是很严格的；雇佣劳动者并非一无所有，在法律上也未获得完全的自由平等；生产过程有一定的分工，但并不完全科学细致；商品流通基本上是自由的，竞争也比较强；当然，二者生产的目的都是为了赢利。这类手工工场已与封建行会手工业作坊有了本质的区别，说明资本主义生产关系此时已见端倪，但商业资本控制小生产者所产生的资本主义尚不成熟，属于早期资本主义性质。②

机器的发明和使用，使资本和劳动彻底分离，大工业找到了适合自己发展的工业组织——工厂制。乔尔·莫基尔认为，工厂制的兴起是1700—1850年间英国生产组织的两大变化之一。③事实上在1700年的时候，英国不少欣欣向荣的工业，如采矿、制盐、制铜、青铜、军火、明矾和制钉业等，至少都是部分地按工厂的体制经营，并由相当大的资本家控制。现代工业的特定的社会结构在18世纪初已经建立起来了。工厂在18世纪的创立，标志着建立起一种独特的生产方式——资本主义。近代工厂制度的发展和这种制度向以股份制为主要

① 马克思：《资本论》第1卷，人民出版社1975年版，第358页。

② 陈曦文、王乃耀主编：《英国社会转型时期经济发展研究》，首都师范大学出版社2002年版，第45页。

③ Joel Mokyr, *The Enlightened Economy: Britain and the Industrial Revolution 1700–1850*, Penguin Books, 2009, p.338.

内容的现代企业制度的转变，是企业发展历史中最重要的组织创新。

第二节　商业企业组织的制度创新

在重商主义时代，现代企业制度首先在流通领域，从商业组织的变革中形成了自己的成熟形态。英国商业组织的制度创新首先是从海外贸易开始的。英国的海外贸易在中世纪晚期曾掌握在外国商人手里，英国商人在与意大利商人、汉萨商人等争夺海外贸易特许权的同时，不断探索和吸收新的经营形式。独资经营或称业主制（proprietorship）是商业兴起时的基本组织形态，商人或手工业者以自己积累的微薄资本参与市场交易，一般被称为“小业主”。但随着行商向坐商的过渡，以及贸易半径的扩大，特别是海外贸易的兴起，都对经营方式和经营资本提出了新的要求，在独资经营的基础上，企业组织制度创新势在必行。英国商人在继承了一种旧的组织形式规约公司的基础上，并不断探索合伙制（partnership）的组合形式，最终开创了具有近代意义的股份公司，英国企业制度的现代雏形逐渐形成。

一、规约公司（Regulated Company）

规约公司是英国商人继承的一种古老的组织形式，从严格意义上来说，它是一个带有浓厚行会性质的行业组织，相当于同业公会，由所有经营同类商品的外贸商人组成，而不是现代意义上的企业组织。规约公司成员在交纳会费后，只要服从公司的规约，便可各自单独经商，不必集资合股。

中世纪晚期，英国对外出口的商品基本上是羊毛和呢绒两大类，经营这两类商品的主要有两个规约公司——商站商人公司（the Company of the Staplers）和冒险商人公司（the Company of the Adventures）。商站商人主要经营羊毛出口，冒险商人主要从事呢绒出口。早在十四五世纪期间，英国从事对外贸易的商人就在王权庇护下，首先建立了备受青睐的英国羊毛出口贸易同业联盟，即商站商人公司，随后建立了英国优质宽幅呢绒出口贸易同业联盟，即冒险商人公司。①

商站商人公司的驻地在英吉利海峡对岸的加来，商人每年两次把收购的羊毛集中运来出售。② 随着都铎王朝时期羊毛出口和呢绒出口的逐步增加，特别是加来城在1558年的陷落，对羊毛出口贸易是一个致命打击，16世纪以后伦敦—加来羊毛贸易不断衰落，其成员羊毛出口商人也逐渐成为国内羊毛批发商。“英国羊毛出口商人结成的同业联盟商站公司，是王权与诸多商人利益集团调和的结果，在十四五世纪英国羊毛出口贸易中日益占据主导地位。他们由商站商人选举产生的市长及市长老议员负责，控制羊毛的收购、运销及价格水平、支付方式等，成为羊毛出口商人与外商竞争、并为国王查收关税的重要手段。”③

冒险商人公司活动中心主要在安特卫普。1407年是公司的真正起源年，④ 这一年，经营尼德兰贸易的伦敦、约克、赫尔、纽卡斯尔、布里斯托尔、埃克塞特等城市的商人获得亨利四世的特许状，特许状给予公司以广泛的权力，由它来全权管理英国从事对外呢绒贸易的商人，处理本国冒险商人之间及本国冒险商人与外国商人之间的争端，公司享有司法权，可以组织自己的全体会议并通过会议选举最高管理人员。到1564年，伊丽莎白女王再一次给公司颁发特许状，并赋予其“冒险商人公司”的称号，正式获得法人资格。⑤ 伦敦商人逐渐在公司中享有绝对优势的地位，排斥外地商人，以至于国王不得不出面干预。冒险商人公司在17世纪之初，毫无疑问处于伦敦商人团体的领导地位，控制着伦敦呢绒出口贸易的3/4，伦敦全部出口贸易的1/2，到内战前夕，伦敦商人团体的商业和政治权力中心开始转移，冒险商人公司丧失了其压倒一切的优势，利凡特公司和东印度公司加入并取代了冒

① J. Day., *The Medieval Market Economy*, Oxford, 1987, p.168.

② S. M. Jack, *Trade and Industry in Tudor and Stuart England*, London, 1977, p.124.

③ 张乃和:《大发现时代中英海外贸易比较研究》，吉林人民出版社2002年版，第196页。

④ Douglas R. Bisson, *The Merchant Adventurers of England: The Company and the Crown, 1474–1564*, Associated University Presses, Inc, 1993, p.3.

⑤ Cecil T. Carr, ed., *Select Charters of Trading Companies*, New York, 1970, “introduction”, p.13.

险商人公司在伦敦商业社会的高端地位。①

冒险商人公司与具有近代意义的股份公司不同，公司没有属于全体成员的贸易股份。公司成员只要交纳会费、遵循公司“规约”就可以自己的资本单独经商，自负盈亏。所谓“规约”，就是指公司的章程和纪律，一般通过特许状中予以确认，主要是对公司的具体经营范围、路线和靠船口岸，以及经营数量、时间、入会资格等诸多事项予以规定。“每个商人在国内市场以尽可能最佳的条件购买他自己的呢布，然后亲自或通过代理人在尼德兰出卖。至于出卖呢布所得的钱是通过汇票带回国内，或为了进口而购买货物，都可由他本人决定。如果买回货物，则要在伦敦出卖。……在安特卫普或尼德兰其他城市，英商必须在规定的日期，同时一起出售其呢布。”②

冒险商人公司又与中世纪的行会有所不同。布罗代尔认为，它的组织形式大致相当于北海周边国家的“行会”和“汉萨”。因为公司的纪律与行会的纪律十分相似；公司成员互为“兄弟”，他们的妻室互为“姊妹”；公司具有法人地位，还有类似政府的管理机构，并且享有贸易垄断权和永恒继承权。但是，以冒险商人公司为代表的规约公司“同中世纪的商人行会不同，并且与继续增长的国民经济相适应，与某个特定地区或几个地区的通商已不像以往那样，依靠一系列的城市行会进行（在几个汉萨城市中有贝尔根、里加、诺夫哥罗得），而是只允许（全英格兰）唯一的有与这个目的相适应的特权的公会进行。不属于这个公会的人，谁也不允许同这些地区进行通商。”③

莫斯科公司、利凡特公司后来也转变为规约公司，东印度公司在1698年至1708年部分地改组为规约公司。这种组织形式一直保留到19世纪初才告别历史舞台。但是，规约公司的缺点是明显的，主要表现为结构松散，个体利益和集体利益冲突，成员目标不一致，可以随意退出，缺乏稳定性，

① Robert Brenner, *Merchants and Revolution: Commercial Change, Political Conflict, and London's Overseas Traders, 1550–1563*, London and New York, 2003, p.3.

② 蒋孟引主编:《英国史》，中国社会科学出版社1988年版，第246页。

③ ［德］约瑟夫·库利舍尔:《欧洲近代经济史》，北京大学出版社1990年版，第320页。

它终将被一种更能适应现代需要的、比较进步的商业组织，即股份公司所取代。

二、合伙企业（Partnership）

合伙制是英国重商主义时代一种较为普遍的企业组织形式。通常由两人或两人以上共同合作，共同出资或出力经营。这种方式可以有效适应经营业务的多样化，能够满足频繁的远距离组合的需要。韦伯曾经考察了中世纪商业合伙的历史，指出有限合伙制和一般合伙制的基础都是：(1) 一份分离的资本，也就是从法律或经济意义上来说，合伙人或合作者的联合资产是与个人资产分离的；(2) 一个联合的名号（企业），在其下合伙做生意；(3) 在一般合伙制下，对债权人的债务和义务负有联合或几种（连带）责任，但在有限合伙制下则没有。韦伯也强调这三点也是现代合伙制的基础。①

当然，在重商主义时代的英国合伙制的组合方式多种多样，一种从代理制发展来的合伙制，一种是资本的集合形成的合伙制。

在中世纪晚期，随着远距离贸易的开展，代理制发展起来。到了16世纪末，灵活、简便、开销省、效率高的代理制日趋普及。所有商人都为其他商人充当代理人，反之亦然。商人为他人代理业务时提取一小笔佣金。委托他人代理自身的业务时则同意支付佣金。虽然代理制不是合伙，而是相互服务，但是，代理制前进一步，"当代理人自己以分担盈亏的方式加入到这个贸易中时，贸易公司或合伙组织便开始形成。"② 如在16世纪后期，伦敦的亨利·法灵顿商号在法国马赛的代理人西蒙·加罗威，就不仅仅是该商号的代理人，还是商号的合伙人，这种合伙人一个在伦敦，一个在国外的经营方式是常见的做法。③

---

① Max Weber, *The History of Commercial Parterships in the Middle Ages,* Translated and Introduced by Lutz Kaelber, Rowman & Littlefield Publishers, Inc. 2003, Introduction, p.23.

② ［意］卡洛·奇波拉：《欧洲经济史》第2卷，商务印书馆1988年版，第441页。

③ T. S. Willan, *Studies in Elizabethan Foreign Trade*, Manchester University Press, 1959, p.11.

合资合伙企业比前一种合伙企业更为普遍。有证据表明，在16世纪50年代，几个非洲贸易合伙人获利丰厚，由于非洲探险巨大的收益并不能够隐藏，引得伊丽莎白在1561年加入合伙中，她以4艘船和货物作为资本，获得了三分之一的利润。① 在17世纪是英国商业组织的基本形式，在煤炭贸易、奴隶贸易等国内外贸易中较为盛行，较为典型的合资合伙企业如伦敦的艾沙姆商号，由约翰·艾沙姆和其弟弟联合投资组建，规模庞大，主要经营出口欧洲的呢绒贸易。这种合伙制甚至在农村引进和种植新经济作物时也存在，共同分担风险和利润。②

三、股份公司（Corporation）

现代股份公司制度虽然在资本主义时期才以成熟的形态得到广泛的发展，但在英国重商主义时代，股份公司这种企业组织形式已经形成雏形，并且得到了快速发展。从中世纪晚期遗留下来的老式的出口商业公司——规约公司逐渐被殖民股份公司所代替。

在英国，股份公司首先出现于16世纪。从1553年英国第一家股份公司——莫斯科公司建立起，为了发展海外贸易和开拓殖民地，在英国政府的支持下，建立了一大批从事海外贸易和殖民的股份公司。在1554年到1680年间英国就建立了49家特许贸易股份公司。在1688年到1695年间，股份公司的数目已从32个增加到150个。③

股份公司的出现是一项极具现代意义的制度创新。它与合伙公司的根本区别在于："第一，在私人合伙公司中，非经全公司许可，伙员不得把股份让渡给他人或介绍新伙员入伙。但伙员如欲退出，得预先声明，经过一定时间提回股本。股份公司则不然。股份公司不许股东要求取出股本，但转卖股

① R. B. Ekelund, Jr and R. D. Tollison, *Politicized Economies: Monarchy, Monopoly, and Mercantilism*, Texas A & M University Press, 1997, p.156.

② Joan Thirsk, *The Agrarian History of England and Wales, Vol. V. 1640–1750, I. Regional Farming System*, Cambridge University Press, 1984, introduction, XXVI.

③ ［美］道格拉斯·诺思、罗伯斯·托马斯：《西方世界的兴起》，华夏出版社1999年版，第192页。

票，从而介绍入新股东，却无须公司同意。股票价值，体现在市场上的价格。这价格时有涨落，因此，股票所有者的实际股金，就与股票上注明的金额，常有出入；第二，私人合伙公司在营业上如有亏空，各伙员对其全部负债，都负责任。反之，股份公司在营业上的亏空，各股东不过就其股份范围内，负其责任罢了。”①海外贸易和殖民探险活动都需要巨额资本，单凭一个人或几个人的资本已不能胜任。股份公司通过发行股票吸引社会资本，具有诸多优点，它可以减少经营风险，在短时间内集聚大量资本投入贸易。作为一个开放性的商业组织，股份公司是向大众筹集资金的手段，也是在更大的地域和从更广的社会阶层吸收资金的手段。在英国，股份公司得到了上至英国国王、贵族，下至商人和市场的追捧，纷纷认购其股份，掀起了投资热潮。如非洲公司得到了大小贵族、英国女王甚至女王的母亲等人的青睐，女王的股份在公司业务不太景气时，仍可分得 1000 镑的红利。该公司的股份 3/4 由商人和市场拥有，1/4 由贵族持有。②从表 3.1 可以看出，贵族、骑士、绅士、商人、自耕农等都向股份公司投资，当然，商人的投资还是占最大比例。

股份公司首先是一个法人组织。当然，股份公司法人资格不是自然形成的，因为“只有国王才能创设‘法人组织’。”③初期从事海外贸易的股份公司一般都获得国王的特许状，垄断海外特定地区的贸易活动。到詹姆士一世统治时期，特许股份公司才获得“法人”地位，承认公司具有和自然人相同的民事权利能力和民事行为能力，把公司财产同个人财产区别开来，并且从此沿用了中世纪法人团体的名称“公司”。在英国法律术语上，corporation 是拥有法人所有的各种权利的社团，能够取得动产和不动产，能以集体名义缔结贸易合同，能够提起诉讼等等。④

① ［英］亚当·斯密：《国民财富的性质和原因的研究》下卷，商务印书馆 1997 年版，第 302—303 页。
② C. Wilson, *England's Apprenticeship, 1603–1763*, London, 1965, p.173.
③ ［英］约翰·克拉潘：《简明不列颠经济史》，上海译文出版社 1980 年版，第 367 页。
④ ［法］保尔·芒图：《十八世纪产业革命——英国近代大工业初期的概况》，商务印书馆 1991 年版，第 406 页。

表 3.1 社会各阶层加入贸易公司与组织的人数和比例

阶层	人数	在总人数中所占比例（%）	在已明确阶层成分的人数中所占比例（%）
未明确阶层成分的人士	1152	18.2	—
绅士	483	7.6	9.3
骑士	515	8.1	9.9
贵族	179	2.8	3.5
商人	3810	60.1	73.5
商人骑士	123	1.9	2.4
职业界人士和自耕农	74	1.2	1.4
合计	6，336		

资料来源：陈曦文：《英国16世纪经济变革与政策研究》，首都师范大学出版社1995年版，第231页，其中“阶级”似应为“阶层”。

特许股份公司是一个垄断组织。尽管相似之处颇多，但特许股份公司与20世纪的公司在关键点上截然不同，特许股份公司是这样的一种商业组织：在特定地域内，政府给予它贸易专营权，它还有权承担实施这些特权必需的战争和国家功能。[①] 正如P. J. 斯特恩所言，公司特别是东印度公司，从本质上说也是一个政府，对其雇员的权威自不待言，在海外，对海员和士兵、定居者和陌生人拥有同样的权威，这样，公司管理着英王国疆域之外的市场，制定其管辖权下人们商业活动的政策和程序。[②] 东印度公司的武装舰队，到1700年在规模和力量上仅次于皇家海军。[③] 特许股份公司作为一个半政府、半商业性的组织，从国家获得了广泛的政治、经济特权，促进了资本的原始积累和资本主义的发展，布罗代尔指出：“大公司的垄断具有双重的或三重的特征：垄断意味着十分强烈的资本主义活动；没有国家给予的优惠条件，公司就不可能实行垄断；公司依靠垄断独占了与许多地区的远程贸

① 乔万尼·阿瑞吉、贝弗里·J. 西尔弗等：《现代世界体系的混沌与治理》，生活·读书·新知三联书店2003年版，第110页。

② P. J. Stern and C. Wennerlind, *Mercantilism Reimagined: Political Economy in Early Modern Britain and Its Empire*, Oxford University Press, 2014, p.179.

③ R. H. Fritze and W. B. Robison, *Historical Dictionary of Stuart England, 1603–1689*, London, 1996, p.171.

易。……在远程贸易的舞台上，资本主义和国家早在1553—1555年英国创办莫斯科公司前已经携手合作了。”① 特许股份公司在海外的成功致使国内出现了反对其垄断特权的力量。其在海外贸易中赚得的财富都进入英国的经济流通，助长了英国的工业大扩张。但是国内的工业扩张并没有施惠于公司，反倒侵蚀到其垄断特权的合法性，伯明翰和各地制造商都要求废除公司对海外贸易的垄断。同时，贸易本身的增长也削弱了这些公司的垄断特权，因为贸易的发展给予了独立的商人——“私商”（interlopers）或比较引人注目的“自由商人”——以更多的活动范围。到17世纪末特许公司已经不再是国际贸易组织的主要形式。在17世纪的后25年中，东方公司开始失去它在波罗的海贸易的特权。1689年，商人冒险家公司被剥夺了在他们的波罗的海布匹贸易的垄断地位。与此同时，其余大多数贸易公司都遭到了同样的命运。只有与众不同的东印度公司的垄断特权能够保持一个较长的时期。但是即便是这个公司，也在19世纪初丢掉了独占的印度贸易权。“就世界历史的角度来看，当时的欧洲国家还很虚弱，特许公司受政府特许在非欧洲地区代理政府职责。但是一旦政府强大（就像英国很快由于东印度公司的胜利和其他原因而强大），特许就被淘汰，更专业化的政府机构和商业机构将接替他们的职能。19世纪英国的制造厂，以及把它们与供应者、消费者联系在一起的扩展商业网络，就是这些更专业化的商业机构的一部分。”②

在英国，股份公司的典型代表是对外贸易领域的东印度公司和国内金融领域的股份制银行英格兰银行，这两家公司成为后世股份公司的榜样。“英格兰银行和东印度公司是英国对内和对外政策的两个支点，这种政策终于能够指向伊丽莎白时代和克伦威尔时代所预见的目的，即赢得海权和海上的贸易。”③

---

① ［法］费尔南·布罗代尔：《15至18世纪的物质文明、经济和资本主义》第2卷，生活·读书·新知三联书店1993年版，第481—482页。

② 乔万尼·阿瑞吉、贝弗里·J. 西尔弗等：《现代世界体系的混沌与治理》，生活·读书·新知三联书店2003年版，第108页。

③ ［法］保尔·芒图：《十八世纪产业革命——英国近代大工业初期的概况》，商务印书馆1991年版，第74页。

股份公司形式在创建初期，极不规范和完善，其走向成熟和规范主要体现在东印度公司的创立和成长上。东印度公司于1600年成立时有218个股东，是从利凡特公司派生出来的一个公司，主要以经营香料贸易为主。在公司起初的几次航行中，每次都分别筹集资金，贸易完成后进行结算，把本金和利润分掉。后来，公司成员开始把他们的全部或一部分资金留在公司内，作为定期股份，以便下次航行之用。最终定期股份转化为长期股份，公司的资本固定下来。① 从1661年起，公司每年从获得的利润中分配红利一次。而更加重要的是，一个人如果买得了一份股权，他就获得了公司成员的资格。公司经营模式的转换最终使公司确立了一种"普通股份"制度。到1688年，公司的股份能够在伦敦交易所买卖，具备了近代股份公司的形式。

英格兰银行的创办不仅仅对于股份公司这种组织形式的发展具有重要意义，而且对英国的财政制度和金融市场的成熟具有不可替代的作用。英格兰银行是根据股份制原则建立起来的，股东负有限责任，股款120万镑在11天之内筹齐，全部贷给了政府，政府则给予银行法人资格，并享有接受存款、贴现票据的权利。英格兰银行的良好信誉使得人们热衷于向股份公司投资，在英格兰银行的操作下，英国的公债成为国内和国际上的抢手货，伦敦和阿姆斯特丹市场上的发行量激增，解决了国家发展所需的资金。它的作用不在于对国库的贡献有多大，而在于它每天的活动对公众作出了无与伦比的贡献。更为重要的是，由于英格兰银行，伦敦才成为可与阿姆斯特丹媲美的交易和企业中心，并且由于资金的流通量的增加，促使利率很快下降，为企业信贷提供了机遇和保障。创办英格兰银行于1694年一举成功，稳定了国家的资金市场，并赋予商业以额外的动力。德博拉·瓦伦兹就指出，英国金融革命的成就使英国以商业和航海强国的面貌出现。② 除了银行业以外，公司组织在保险业、公共工程、制造业中都获得一定程度的发展。保险业如

---

① G. Davies, *The Early Stuarts 1603–1660*, Reprinted, Oxford University Press, 1945, p.283.

② Deborah Valenze, *The Social Life of Money in the English Past*, Cambridge University Press, 2006, p.31.

1706年成立的伦敦太阳火险公司和友谊人寿保险公司都采用股份公司形式，公共工程如在开凿运河热潮中，运河一般都由公司经营。英国的制铜公司、玻璃公司、矿山企业公司等制造业企业也是股份公司形式。

英国重商主义时代股份公司的出现和发展，意义极为重大，这一企业组织的形成是一项具有世界历史意义的制度创新。股份公司最初是由国王颁发特许状以获得法人地位，但到17世纪末，英国商人不用获得特许状就可以成立一个法人企业，这就摆脱了国家对股份公司的控制，具备了私人企业的性质，开始成为现代公司的先驱①，为产业革命后现代股份公司的大发展奠定了基础。1856年英国颁布《股份公司法》，规定只需依法登记注册，就可成立股份公司，公司制度得到规范和完善，完全实现了现代化。

第三节 农业经营方式的变革

在中世纪的农本社会里，英国农业的生产经营主要按照庄园制的经营体制来运行。在1300年到1500年，英国农村社会关系发生了重大变化，庄园制瓦解，农奴获得解放，到14世纪末，自由自耕农居人口的绝大多数。在新的社会经济条件下，传统经营体制几乎全部废除，农业开始面向市场生产，在谷物法等重商主义措施的保护下，英国农业生产经营体制进入一个变革时期，大致经历了三种形式：一是小农家庭农场；二是租地农场；三是资本主义大农场。三种体制在英国农业经济生活中呈现出犬牙交错的发展态势，但最终资本主义大农场借助圈地运动赢得了全面的胜利。

一、小农家庭农场

黑死病和1381年农民起义的冲击，使得封建庄园制瓦解，自由农兴旺

① J. M. M. Eatwell and P. Newman, ed., *The New Palgrave: A Dictionary of Economics*, Vol. 1, London and Basingtoke: the Macmillan Ltd. 1987, p.676.

起来，开始成为组织农业生产的主体，小农家庭农场出现，每个家庭都是一个完整的经济实体，形成一个独立的生产中心。

小农家庭农场经营体制的主体要素是自由农和小土地所有者，他们拥有的土地数量不多，多为公簿持有地或租佃地，“农村人口的大多数在当时是由公簿持有农构成的，……不自由的农民几乎不到1%”，“在英格兰，这些自由农或小土地所有者住在平均拥有80英亩的土地上，这些土地每年为他们带来20镑左右”①的收入。传统观点认为，大农场比小农家庭农场更有创新，投入更多的资本或实现了更高的产量。罗伯特·杜普莱西斯对此提出了质疑，指出许多主要依靠家庭劳动的中小业主，成功地参与商品农业。他认为，小农家庭农场主要存在于适合耕种的地区，特别是在对庭园耕作和对经济作物需求较大的城镇附近。小农家庭农场也采纳了所有可以得到的新技术，当时的许多创新应归功于农民，而不是像汤森等革新的地主和发明条播的杰斯罗·塔尔的发明家。②可以说，小农家庭农场为英国农业发展作出了不小的贡献。基思·赖特森认为，只要是面向市场生产的农场主或农民，都更重视“改良”的潜在收益。③

圈地运动的兴起，对小农家庭农场是一个冲击。圈地运动是一个利润再分配的过程，利润从农民身上转移到地主身上。根据最新研究，在公有荒地的放牧权的价值，相当于一个农业散工的1/6的工资。而拾穗权对无数的农民来说，也同样有相当大的经济价值。特别是放牧权的失去对农民家庭经营是一项至关重要的损失，因为“至15世纪，典型的羊群所有人并非公爵、主教或修道院长，而是大大小小的农民，也许偶尔还包括一些从事农业的小‘乡绅’。……小农的羊群、小人物的羊群和农民的羊群，到了都铎王朝时代，除此三种外，很少有其他人的羊群了。”④

① 布瓦松纳：《中世纪欧洲生活和劳动》第2编，商务印书馆1985年版，第327—328页。

② ［英］罗伯特·杜普莱西斯：《早期欧洲现代资本主义的形成过程》，辽宁教育出版社2001年版，第240、236、239页。

③ Keith Wrightson, *Earthly Necessities: Economic Lives in Early Modern Britain, 1470–1750*, Penguin, 2002, p.233.

④ ［英］约翰·克拉潘：《简明不列颠经济史》，上海译文出版社1980年版，第171—172页。

圈地运动的深入开展和从16世纪开始的一场为时漫长、规模巨大的地产运动，造成了英国地产自“末日审判”以来最大一次转移，使小农地产严重分化，在所有、占有、使用各个层面上，促成了英国农业经营结构的变化，促成了小农经营的全面衰落，为大土地所有制和大规模经营体制的结合创造了先决的条件。正如查尔斯·威尔逊所言的那样，不管公平与否、自愿或被迫，甚少疑问的是，小土地所有者和半土地所有者——公簿持有农缓慢但确实消失了。①

传统观点都肯定大农场的优势和积极作用，阿瑟·扬就断言：“小农都不可能做像诺福克那里所完成的大事。圈地、搓细绳、养一大群羊，绝对是大农民才能干的……大农场是诺福克文化的心脏：把农场分割成一年几百英镑地租的土地，那整个国家就只有乞丐和野草了。”② 也有农业专家断言，“一个年收入20镑的农场主并不比一个日工好”。③ 按照罗伯特·布伦纳的解释，西欧农民在黑死病之后赢得了与他们的领主第一轮斗争的胜利，确立了他们的自由，而在第二轮斗争中，那些拥有土地、追求自由经营土地以便获得最大利润的英国地主获得了胜利，他们投资于能够降低劳动成本的革新，并把数量巨大的用不着的劳动者从土地上赶走，从而为工业革命准备了劳动大军。而法国的精英们在这场斗争中失败了，从那时起，法国形成了一种以数百万小农为基础的农业制度，这些小农既没有能力也没有兴趣进行会使他们中的一部分变得多余的革新。④ 而中外学者最近的研究对传统观点进行了修正，指出小农家庭农场在调动农民积极性、提高土地利用率、增加劳动力投入量、加快农业技术进步等方面，具有体制性的优点，对英国粮食产量增加、农业繁荣有积极作用。如罗伯特·杜普莱西斯就对小农家庭经营在改进耕种方法、引进饲料作物、推

---

① C. Wilson, *England's Apprenticeship, 1603–1763*, London, 1965, p.251.

② ［英］罗伯特·杜普莱西斯：《早期欧洲现代资本主义的形成过程》，辽宁教育出版社2001年版，第238页。

③ E. Lipson, *The Economic History of England, II. The Age of Mercantilism*, London, 1931, p.382.

④ ［美］彭慕兰：《大分流——欧洲、中国及现代世界经济的发展》，江苏人民出版社2003版，第12页。

广新技术等方面给予了肯定。① 但是，传统观点中的基本结论仍有学术价值，规模经营是其时英国农业发展的主要趋势，小农家庭农场虽然较以往的估计存留的时间更为长久，但英国农业革命最终选择的经营方式是大农场而非小农家庭农场，说明大农场经营所具有的特征更适应近代农业的需求。

二、租地农场

在黑死病和1381年农民起义的打击下，在富裕农民的竞争下，使庄园制度瓦解，领主经济无利可图，难以维持。封建领主开始把庄园土地分割出租和转让，租地农场主出现和兴起。经过短暂的分成制经营方式，从原始地租形式开始向资本主义地租过渡，到16世纪末，英国出现了一批就当时情况来说相当富有的“资本主义租地农场主”，这些人“从广义上讲，……不仅包括乡绅、绅士，还包括杰出的约曼或富兰克林，以及改变了经营方式的骑士。不久，他们又与越来越多的、乐于投资农场的商人和企业主找到了共同语言，事实上融为一个阶级”②。

租地农场主要面向市场生产，一般采用雇佣劳动，实行规模经营，追求企业利润，是农业经营方式的一大转变。租地农场对市场的适应性极强，15世纪中叶到16世纪中叶，羊毛价格上涨，租地农场主及时把握市场行情，变耕地为牧场。16世纪中叶以后，人口的增长拉动了谷物价格，种植粮食又有利可图了，一些租地农场开始种植商品粮食和经济作物来满足市场需求。基思·赖特森认为，“在不断变化的市场形势下，面对维持他们收入的需求，他们采用农耕，目的是最大化的土地利用收益”。③

租地农场的土地主要是通过租佃原领主自营地、以买卖的方式购进、以圈地等方式集中起来的。中世纪后期，领主一般都把自营地出租给自由佃

① ［英］罗伯特·杜普莱西斯：《早期欧洲现代资本主义的形成过程》，辽宁教育出版社2001年版，第236页。

② 侯建新：《社会转型时期的西欧与中国》，济南出版社2001年版，第193页。

③ Keith Wrightson, *Earthly Necessities: Economic Lives in Early Modern Britain, 1470–1750*, Penguin, 2002, p.232.

农，自己坐收地租，租期一般很长，甚至达99年。到16世纪中叶，每100个庄园中，就有99个庄园的自用地已经出租。① 16世纪的价格革命，让租地农场主摘到了黄金果，从而发家致富。此外，通过向土地市场购进土地、圈地，也形成了土地的集中，特别是通过圈地运动，使雇工劳动的农场制、租地农场制发展起来。据统计，1485—1550年间，在圈地运动较为典型的莱斯特郡，乡绅圈地面积占该郡圈地面积的67.5%。② 而乡绅正是新经营方式的实践者，他们完全根据市场需求组织生产，形成了一系列农产品、农业技术和经营模式的创新。

15、16世纪开始出现的租地农场具有资本主义性质或半资本主义性质，与封建庄园制度相比，它的突破性意义不言自明，它的发展与18世纪中叶后的资本主义大农场具有延续性，但是要看到，二者之间不具有一体性，16—18世纪中叶的租地农场与真正的资本主义大农场还是有区别的，只具备了现代初期的特征，是一种独立的经营体制。

1. 无论从规模还是从数量上看，租地农场都较18世纪中叶以后的资本主义大农场逊色。例如米德兰南部，1800年有82%的旷田农场规模在100公顷以上，而在17世纪初只有32%。"根据估算，1790年，拥有3000公顷以上土地的地主占有至少25%的土地，比1690年增加了15%—20%，而拥有不到300公顷土地的地主，从原先占有1/4到1/3土地，减少到不到1/6的土地"③，可以"肯定的事实是在十八世纪后半期农场的数目已经大大地减少了。多塞特郡的某一村庄，在1780年还有30个左右农场，15年后，这个村庄便分掌在两个企业的手里；在哈福德郡的某一教区里，3个地主把50—150英亩面积的24个农场兼并在自己手里。"④

2. 更为重要的是，从生产关系的角度来看，虽然资本主义性质的租地农

① R. H. Tawney, *The Agrarian Problem in the Sixteenth Century*, Longmans, 1912, p.202.

② W. G. Hoskins, *The Age of Plunder: The England of Henry VIII, 1500–1547*, London, 1976, p.71.

③ ［英］罗伯特·杜普莱西斯：《早期欧洲现代资本主义的形成过程》，辽宁教育出版社2001年版，第238、234页。

④ ［法］保尔·芒图：《十八世纪产业革命——英国近代大工业初期的概况》，商务印书馆1991年版，第135页。

场雇工经营，但这些雇工往往拥有自己的一点生产资料或生活资料，如土地或生产工具，并没有完全成为农村的无产阶级，即真正意义上的雇工。据瑟斯克估计，到17世纪前期，英国农村无地、少地，全部或部分靠工资生活的农业雇工只占农村人口的1/4或1/3，其中高原沼泽地带比例最低，肥沃的谷物生产区比例高得多。① 打工是农民日常收入的一个重要来源，在收获时节自由农民成群结队打工，按日收取工资，就是城市工人也到农村打工，外来打工者不仅仅是小块土地持有者、半份地持有者，甚至全份地的大农也常常出现在雇工队伍中。②

三、资本主义大农场

大地产早已有之，并且一直变化不大，F. M. L. 汤普森认为从15世纪中期到17世纪占有超过10, 000英亩的大地产份额在15%—20%之间，到1790年增长到了20%—25%，到1873年仍稳定在24%。③J. P. 库珀的研究也证实了这一点。④ 但真正意义上的资本主义大农场是在18世纪中叶以后才出现的。其时，如火如荼的议会圈地运动正把自耕农从农村消灭，一个完全意义上的农村无产阶级正在形成，英国的农村形成了一种三层结构的社会：第一层是占有土地的地主；第二层是租种土地但并不占有土地的大农场主；第三层是没有任何土地的农业劳动者。地主—大农场主—雇工的经营体制获得全面胜利。

从1750年开始，出现了资本主义大农场的发展潮流。在1690年，大土地所有者3000英亩以上的农场土地占15%—20%，乡绅持有的300—3000英亩农场土地占45%—50%，小土地所有者300英亩以下的农场土地占25%—35%，而到了1790年，这一比例相应变为20%—25%、50%、

① J. Thirsk, *The Agrarian History of England and Wales 1500—1750*, Vol. 4, Cambridge, 1967, p.399.

② 侯建新:《社会转型时期的西欧与中国》，济南出版社2001年版，第294页。

③ F. M. L. Thompson, "The Social Distribution of Landed Property in England since the Sixteenth Century", *The Economic History Review*, Vol. 19, 1966, pp.509. 513.

④ J. P. Cooper, "The Social Distribution of Land and Men in England, 1436–1700", *The Economic History Review,* Vol. 20, 1967.

15%。[①] 圈地运动是大农场形成的重要方式之一。利普森指出，都铎王朝国王赋予英国农民清晰土地法权的失败，加速了地产集中在少数人手中。[②] 当然，一些学者也指出，许多人圈地后往往是以小块土地出租，而不是形成雇工农场。[③] 此外，"几个世纪的圈地运动虽然主要发生在中部各郡，被圈的土地也不过是耕地的 1/10，1455—1607 年期间大约有 50 万英亩土地被圈占，不到总面积的 3%"，而"真正的大地产的扩张，标志着英国农民消亡过程的开始"[④]，是从 18 世纪后半叶至 19 世纪开始的。扩张后的大农场完全按照资本主义市场利润原则经营，根据市场行情和本地的特点种植经济作物或者发展专业养殖业，如在莱斯特郡，曾经的谷物种植区在 1607—1730 年间被圈占为牧场，到 18 世纪 20 年代，莱斯特郡、北安普顿郡、林肯郡的大部分开始发展出饲养和育肥牛业，也成为"一个巨大的羊毛仓库"，大多数绅士成为畜牧业者。而诺福克的大农场主则通过混合种植模式生产谷物供应市场。[⑤]

这些新型的资本主义大农场主，"同昔日农场主相比正如工厂主同作坊主相比的情形一样。他付出的租金是很大的，他预期的利润也是很大的。因此，他所过的生活，前不久还靠自己土地为生的乡绅会认为是自己力所不及的。"更为重要的是，"他同他手下做工的雇工之间再也没有什么共通之外，而且也不像被他所代替了的自耕农，虽然他也往往出身于自耕农。"[⑥] 查尔斯·威尔逊也指出，对自由持有农甚至一些小乡绅来说，新的农作方式和大农场要求的巨额固定和流动资本都超出了他们的能力范围，一些人不得不

---

① John Rule, *The Vital Century: England's Developing Economy, 1714–1815*. Longman, 1992, p.41.

② E. Lipson, *The Economic History of England, II. The Age of Mercantilism*, London, 1931, p.386.

③ [英] 罗伯特·杜普莱西斯:《早期欧洲现代资本主义的形成过程》，辽宁教育出版社 2001 年版，第 238 页。

④ [意] 卡洛 .M. 奇波拉:《欧洲经济史》第 2 卷，商务印书馆 1988 年版，第 262、265 页。

⑤ D. C. Coleman, *The Economy of England 1450–1750*, Oxford University Press, 1977, p.117.

⑥ [法] 保尔·芒图:《十八世纪产业革命——英国近代大工业初期的概况》，商务印书馆 1991 年版，第 141 页。

加入工资劳动者和无地穷人的行列，而农场的规模开始扩大。[①]从农民来说，对其最致命的打击是其传统权利的被剥夺，过去，他们拥有在“灌木丛、树林、下层灌木、采石场、采沙场的特权。他们从那里为做饭获得燃料，为人畜生存获得木材，从灌木篱墙处收获野苹果和榛子，从任何一小块荒地里得到艾菊等野生草药……在他们地块上的无论如何微不足道的一点生物，都能够被节俭的农民劳动者或他的妻子有效利用起来”，在这种情况下，即使失去了土地，但传统经济仍能保持完整无缺。由于圈地运动的打击和剥夺，农民不但丧失了土地，连在公地上的这些传统权利都被剥夺了，“从形式上来说，这种剥夺是完全合法的。毕竟，从狭义上讲，农民并没有产权，他们只有传统意义上的权利。当市场发展了，首先是觊觎土地的贵族，然后是资产阶级，利用这种情况，创立了废除这些传统权利的法律框架。”在这种法律框架下，所有小农阶级所获得或保留的“权利”都被否决了。“原始积累像剪刀一样，刺穿了传统的生活方式。第一刃削弱了人们自给自足的能力。第二刃则为了防止人们在雇佣劳动体系之外找到另一种生存策略，而制定了一系列苛刻措施。”[②]虽然议会圈地委员会成员极力标榜公平，但是圈地破坏了半自给自足的家庭经济，对许多穷人是一个沉重的打击。[③]在这种情况下，农民最后的栖身地——家庭农场荡然无存，而且把田间劳动与工业劳动之间的传统姻缘关系破坏了。农民不能继续在家通过“家内制”养家糊口，不得不放弃他还保存着的外表上的独立性，必须接受手工工场或工厂所出的工资，因为他们被从乡村赶出时，一无所有，除向工场提供其劳动力外，不能提供任何东西。

工业、商业和农业领域的组织创新实际上是一个经济体制在社会分工不断扩大的基础上，为抓住市场机遇、降低经营风险、减少交易费用而进行的企业组织形态上的比较与选择的结果。组织创新的最终目的是优化资源配

---

① C. Wilson, *England's Apprenticeship, 1603–1763*, London, 1965, p.251.

② ［英］迈克尔·佩罗曼：《资本主义的诞生——对古典政治经济学的一种诠释》，广西师范大学出版社 2001 年版，第 2 页。

③ John Rule, *The Vital Century: England's Developing Economy, 1714–1815*, Longman, 1992, p.88.

置，提高资源利用效率。当然，在重商主义时代，企业的出现和形成并不全是市场选择的结果，如规约公司、股份特许公司，就是国家行为和市场共谋的结果，如冒险商人公司在 1564 年向枢密院提交请愿书，请求国王授予新的特许状，第一条理由就是公司已经和能够继续向王室提供借款等服务，国王授予公司特许状对双方都有利。① 虽然企业组织制度要在工业革命后才逐渐达到现代成熟形态，但它的出现有力地促进了生产和交换的发展和资本主义生产方式的形成，调动了资本拥有者投资的积极性，正如桑巴特宣扬的那样："资本主义经营的企业是典型的私人企业，所以经济的积极性存在于追求个人利益的企业中。这些很少受外界控制的企业承担着失效的全部风险，但也享有成功的一切机会。它们的活动使经济机器保持在运转之中。"② 正是这些经济活动主体的市场决策共同汇聚在一起，形成了一条浩浩荡荡的市场经济大河，冲决了阻挡其前进的一切中世纪残余障碍，向前奔腾而去。

① Douglas R. Bisson, *The Merchant Adventurers of England: The Company and the Crown, 1474–1564*, Associated University Presses, Inc, 1993, p.1.

② 转引自阿兰·G. 格鲁奇:《比较经济制度》，中国社会科学出版社 1985 年版，第 40 页。

第四章　英国市场经济体制的重商主义政府调控机制

——国家干预的变迁

政府调控机制的形成是农本经济向市场经济转变的重要标志之一，一方面，从西欧的发展史来看，市场经济的兴起与民族国家的形成相伴相生，互为奥援；另一方面，要想突破农本体制的束缚，没有国家的帮助和调控就可能让社会走向失序，从而转型失败。作为市场经济初期形态的重商主义市场经济体制，国家在市场经济发展和资本主义兴起过程中发挥了至关重要的作用。

在重商主义时代，国家作为一种政治和经济力量兴起后，开始全面干预国民经济生活，身处商业化浪潮中的社会各阶层，特别是工商业阶层，在市场经济和资本主义兴起的初期阶段，都希望得到国家的强有力保护。埃里克·罗尔认为，“重商主义要求有一个强大的国家以保护贸易并粉碎阻挡商业扩张的种种中世纪羁绊。然而他们同样也认识到，管理和限制本身——通过垄断与保护，现在实施的规模更大了——是这个国家的主要基础。因为商业资本需要更广阔和更巩固的市场，这些市场还没有得到充分可靠的保障以供剥削。”① 因此可以说，“这一时期国家以社会整体利益干预经济和社会事务一般被认为是十分自然的，也是人们期望的。”②L. A. 克拉克森也认为：

① ［英］埃里克·罗尔：《经济思想史》，商务印书馆 1981 年版，第 63 页。

② C. C. A. Clay, *Economic Expansion and Social Change: England 1500–1700, Vol. II.* Cambridge University Press, 1984, p.203.

“1750 年以前一种非常流行的思想认为，为了国家的利益，政府有权力，甚至有义务来管理经济……从臣民到政府，到要求保护而免受贪婪地主的剥削的贫苦农民，以及要求可以随意自由使用自己土地的地主，人人都有这样的要求。”① 例如在 17 世纪后期，一些重商主义思想家认为：“为了恢复贸易和商业，商人需要国家在国内外的鼓励和保护。根据联合省君主的实践，对他们的买卖运输警惕在心，稍有阻挠的抱怨，就运用各种手段，不管是条约还是武力，去排除之。”② 正是在这种要求下，近代早期国王和议会的经济职能都得到扩张，政府也设立了专门机构，加强了对经济的管理，推行重商主义政策，通过了一系列旨在推动工商业发展的经济立法。

在西方经济学界，以重商主义为起点，主张国家干预经济生活的经济学理论不绝于缕，直到 20 世纪由凯恩斯总其大成，提出国家全面干预经济的理论。19 世纪中叶，当重商主义思想在英国和法国成为历史陈迹的时候，在德国等经济落后国家重商主义以补充和歪曲的形态再一次出现。德国历史学派在分析了国家对经济发展的特殊作用的基础上，主张国家干预经济生活，把关税保护政策看作是重商主义主要的政策措施。这种思想反映了后发型国家希望通过国家政治力量的保护，来促进本国工业化的实现。李斯特、罗雪尔等都在理论上阐发了国家干预经济生活的思想。这一思想在新历史学派那里得到进一步论述。以施穆勒、坎宁安为代表的新历史学派和原来的历史学派一起构成了新重商主义学派。施穆勒坚持认为，“没有一个坚强组织的国家权力并具备充分的经济功用，没有一个‘国家经济’构成其余一切经济的中心，那就很难设想有一个高度发展的国家经济。”③ 到20世纪30年代，以凯恩斯的《就业、利息和货币通论》的出版为标志，形成了现代国家干预理论，并由美国的成功实践而成为战后资本主义国家普遍奉行的经济理论和政策主张。应该看到，重商主义理论所主张的和重商主义政策所实践的国家

① ［美］W. W. 罗斯托：《这一切是怎么开始的——现代经济的起源》，商务印书馆 1997 年版，第 44 页。

② S. Groenveld and M. Wintle, *State and Trade: Government and the Economy in Britain and The Netherlands Since the Middle Ages*, Zutphen: Walburg Pers, 1992, p.57.

③ 季陶达主编：《资产阶级庸俗政治经济学选辑》，商务印书馆 1963 年版，第 344 页。

对经济的干预，与经济学家凯恩斯及其追随者主张的国家全面干预经济理论与实践是不同的。首先，两者面临的时代问题不同，重商主义时代，主要任务是突破封建制度的束缚，发展商品经济，积累资本，开拓世界市场，向资本主义过渡；而20世纪30年代，资本主义经过近200年的发展，生产过剩，发生了总危机，自由竞争理论宣告破产，急需一种经济理论能够带领资本主义走出危机。其次，从干预程度和方式来说，英国重商主义政策对经济的干预多是间接性的，"在英国，国家在动员资本与管理工业两方面所起的直接作用极小。"①而现代国家干预理论主张全面干预经济，加强了直接干预，除了财政税收等宏观调控政策外，国家直接投资等手段也得到加强。

国家对经济发展的影响是显而易见的。恩格斯曾明确指出，"暴力（即国家权力）也是一种经济力量"，因为"国家权力对于经济发展的反作用可能有三种：它可以沿着同一方向起作用，在这种情况下就会发展得比较快；它可以沿着相反方向起作用，在这种情况下它现在在每个大民族中经过一定的时期就都要遭到崩溃；或者是它可以阻碍经济发展沿着某些方向走，而推动它沿着另一种方向走，这第三种情况归根到底还是归结为前两种情况中的一种。但是很明显，在第二和第三种情况下，政治权力能给经济发展造成巨大的损害，并能引起大量的人力和物力的浪费"②。在15—18世纪的英国，国家对经济发展的反作用大部分时间是第一种情况，只有在斯图亚特王朝的一些时候出现了第三种情况，但这个时候也不能一概而论，而应具体分析。

国家一般可以通过三种途径作用于经济：国家作为立法者、国家作为所有者、国家作为协调者。重商主义时代，英国国家机构大多数时候没有直接参与到经济生活中来，没有像法国那样由国家直接投资兴办大规模的工矿企业，只把金银矿收归国有，英国国家更多的是作为立法者和协调者采取保护工商业发展的措施和为其发展创造外部条件。

与此同时，重商主义学说也对国家产生了影响，它促进了民族国家的强

① ［美］王国斌：《转变的中国——历史变迁与欧洲经验的局限》，江苏人民出版社1998年版，第112页。

② 《马克思恩格斯〈资本论〉书信集》，人民出版社1976年版，第505页。

盛，带动了国家内部经济体制的变革，因为它“取消了中世纪的限制，为建立统一的强盛的民族国家立下了功劳。这些因素反过来又成了推动贸易的强有力的工具，直至早期资本主义发展为成熟的工业资本主义”①。

第一节　政府经济职能的形成与扩展

经历了英法百年战争、红白玫瑰战争、宗教改革的英国，步入了君权绝对主义的时代。君主的权威和权力得到巩固和发展，民族国家兴起，国家对经济的直接和间接影响越来越大。与此同时，议会的功能不但没有被削弱，反而在国家政治和经济生产中发挥着重要的作用。从官僚行政体制来说，政府逐渐从王室中分离出来，国家的经济职能不断增强，对经济的干预能力越来越大。

一、整个国家层面的国王和议会

从整个国家层面来说，国王和议会作为绝对主义国家的两个不同机构，经济职能和利益诉求有时一致，有时并不一致，有时甚至可能形成剧烈的矛盾冲突。不管两者的利益是否一致，但不可否认的是，两者“都花费了大量时间来处理经济和社会事务”。② 因此，忽视国王和议会作为国家机构的作用，就不能全面理解重商主义市场经济体制的本质。

英国国王在重商主义时代是一个重要的国家机构，国王对英国重商主义市场经济体制的形成具有举足轻重的意义。为集中和增进强权所需的各种资源和要素，国王与新兴的经济力量联盟，不断加强与工商业者的联系，通过完善政府机构，推行重商主义政策，把工商业者纳入国家管理体制，不断加强对经济发展的干预能力。但也应看到，英国君主重商的目的在于增加财

---

① ［英］埃里克·罗尔:《经济思想史》，商务印书馆 1981 年版，第 84—85 页。

② C. C. A. Clay, *Economic Expansion and Social Change: England 1500–1700, Vol. II*. Cambridge University Press, 1984, p.203.

力，维护自己的统治。因而，君主作为一个国家机构对经济的发展永远是把双刃剑，既有正面作用，也带来不少负面影响，并且最终可能成为资本主义经济发展的绊脚石。

议会从14世纪起就拥有批准税收的权力，并逐渐被乡绅和早期资产者所控制，成为新兴经济力量参与国家管理的重要机构，特别是议会下院，16世纪以来日益独立，立法功能和权力逐渐增强，以有利于工商业发展的经济立法强化其影响力。

重商主义时代，国王和议会对经济发展的影响，经历了绝对君主制和宪政两个不同的阶段。在绝对君主制阶段，国王是国家权力结构的中心，是国家的最高首脑。菲利普·爱德华兹指出，在伊丽莎白女王统治时期，"枢密院发起政策建议，竭力说服女王采纳行动议程，但是女王拥有最终决定权，这样政策仍旧是女王个人的决策。"[①] 因为"在封建体制或其他权力广为分散的传统政体中，政策创制必不可少的前提乃是使权力得以集中"[②]。在绝对王权初兴时，国王是英国的最高决策机构，"这时议会仍是国王的议会，是国王下属的政府机关"[③]，是国王创制政策的咨询机关。A. G. R. 史密斯认为，从伊丽莎白女王召开议会次数之少和会期之短来看，女王只不过把议会视为"必要的恶"。[④]1539年英国颁布的《国王公告法》规定，议会的立法必须经国王批准方能生效，使国王的政策创制权日益加强，同时，由于国王拥有议会召集权和解散权，因而，国王对议会立法具有重要影响。宗教改革后，虽然议会的立法权力和职能不断增强，但不能改变国家政策创制权向国王集中的趋势。

在宪政阶段，议会成为国家的最高权力中心。通过光荣革命，英国确立了君主立宪政体，制定了一系列法案来限制国王的权力，而把实权逐渐转移到议会，开创了议会至上的时代。

---

① Philip Edwards, *The Making of The Modern English State, 1460–1660*, PALGRAVE, 2001, p.209.

② ［美］塞缪尔·P. 亨廷顿:《变化社会中的政治秩序》，生活·读书·新知三联书店1989年版，第142页。

③ 马克垚:《英国封建社会研究》，北京大学出版社1992年版，第306页。

④ A. G. R. Smith, *The Government of Elizabethan England*, Edward Arnold Ltd, 1967, p.26.

国王对经济发展的干预主要体现在国家的财政体制上。在重商主义初期，王室财政即是国家财政，国王为满足日益捉襟见肘的财政需要，以财政政策为主导，加强了对国民经济的干预。由于这一政策关系到工商业者的利益，代表早期资产者利益的英国议会对国王这一国家机构不断制衡，并最终通过革命建立了自己的主导地位。

随着西欧各国陆续建成民族国家，国家间的竞争成为常态，战争成为近代早期所有的西欧民族国家最为关注的事务，军队大量增加，财政支出急剧上升，于是只能不断强化税收体制。这样，西欧的专制制度陷入了进行战争—征税以增加全国财政开支—扩大和重组官僚机构以镇压对征税的反抗—战争的恶性循环之中，当然，这一循环也成了西欧专制制度发展的强大动力。① 专制君主无穷的战争给现行的税收体制带来了前所未有的压力，英国也不例外。“如何使国家的预算最终保持平衡，这是欧洲‘新型君主国’所面临的一个最大挑战。”② 在1559年英国伊丽莎白女王召开的第一届议会上，掌玺大臣尼古拉斯·培根就说，召开议会的任务之一就是征税。在这之后的几届议会，一个最重要的任务就是满足国家对税收的需求。③ 约翰·布鲁尔认为，英国虽然在17世纪后期到18世纪中期实现了官僚机构的职业化，但这一官僚机构唯一的重要任务就是筹款，如果不想让国家走向破产，行政机构获取大量金钱以满足不断上涨的战争成本就至关重要。④

但是，从14世纪起英国的征税权逐渐归属于议会，这一点具有重要的历史意义。议会成为遏制王权走向全面专制的重要力量；王权既无征税之权，就不存在维持一个庞大的中央政府和一支依赖王权的庞大的官僚组织的必要；每一笔税赋收的数量都须与议会反复讨价还价之后方能获得，使得国王不能随意挥霍；英国以税赋为核心的各种国家财政政策都是以促进工商贸易和农业的发展为目标，从而逐渐形成了各种较为合理的制度安排，保障和

① 马克垚主编:《中西封建社会比较研究》，学林出版社1997年版，第337—338页。

② ［意］卡洛·M.齐波拉:《欧洲经济史》第二卷，商务印书馆1988年版，第482页。

③ A. G. R. Smith, *The Government of Elizabethan England*, Edward Arnold Ltd, 1967, p.27.

④ John Brewer, *The Sinews of Power: War, Money and the English State, 1688–1783*, Harvard University Press, 1988, p.88.

推动对社会产出作出巨大贡献的私人所有权的不断发展。① 英国议会“是从国家的半人治状态向完全法治状态的过渡性组织，能经常地与王权斗争，以阻止国王对私有财产的侵犯制度化、合法化倾向”②。

征得的税收根本无法满足开支的需要，这是自都铎王朝以来，英国国王面临的困境之一。英国国王们不得不广开财路，弥补不足。国王也越来越希望自力更生，绕过议会，通过扩张王室来为政府筹集资金，如在斯图亚特王朝，尤其是查理一世时的征税实际上一直都没有得到议会许可，使得议会在开支和投资决策过程中只起到很小的作用。“当时，公法的执行和公共开支无须经过预算程序，而且议会在开支和投资决策过程中只起到很小的作用。因此，在开支决策方面，国王拥有相当大的决定权。议会能够在多大程度上影响政策主要取决于它为国王提供税收收入的能力，尤其是在以战争为目的的特殊情况下。”③ 这种绕过议会筹措财政的手段，主要包括以下几种：

第一是出售王室土地。正如克莱所指出的那样：“事实上，不管定义多少宽泛，税收不是政府的唯一收入来源，因为王室拥有面积广阔的地产，在 16 世纪早期，王室地产产出接近经常性收入的 40%，在 1502—1505 年间可能每年达总收入 105000 镑中的 40000 镑。”④ 更为重要的是，亨利八世通过教会改革，总计关闭男女修道院 718 所，遣散僧侣修女 8000 余人，修道院资产全部没收，大批修道士被迫还俗。王室从教会攫取的地产每年收入达 135000 镑或者更多，⑤ 但可惜的是，教会改革带来的大量浮财地产，多半由国王转让出售。到 1547 年亨利八世过世时已有 1/3—2/3 地产被转让或出售

① 王晋新：《近代早期英国国家财政体制散论》，载《史学集刊》2003 年第 1 期，第 60—61 页。

② 赵文洪：《私人财产权利体系的发展——西方市场经济和资本主义的起源问题研究》，中国社会科学出版社 1998 年版，第 230 页。

③ ［美］道格拉斯·诺思、巴里·温加斯特：《宪政和承诺：17 世纪英国公共选择治理制度的变迁》，载吴敬琏主编：《比较》第 6 期，中信出版社，第 58 页。

④ C. C. A. Clay, *Economic Expansion and Social Change: England 1500–1700, Vol. II.* Cambridge University Press, 1984, p.251.

⑤ C. C. A. Clay, *Economic Expansion and Social Change: England 1500–1700, Vol. II.* Cambridge University Press, 1984, p.252.

给俗人。亨利八世凭空获利 142 万英镑。爱德华六世和玛丽女王继续转让没收的地产，1558 年伊丽莎白女王即位时，3/4 的修道院地产已非国王所有。此外，伊丽莎白女王、詹姆斯一世等国王也相继出售王室土地，以解决财政上的燃眉之急。

第二是依靠借款来满足财政需求。英国的富人们成为国王借贷的对象。国王对本国商人特别是伦敦商人财富的依赖，实际上加强了商人们的社会地位。但偿还贷款经常是无法预期的事，而且也从来没有按照当初的贷款协议执行过。爱德华四世开始主要向羊毛和呢绒出口集中地商人、伦敦商人借款。通过 1604—1605 年间的借款，国王 1 年就借到了 111891 英镑，直至 1609 年 12 月才最终清偿完毕。1617 年的强行借款（还不到 10 万英镑）直到 1628 年才得以偿还。虽然国王的贷款大多属于强迫贷款，并未与财富集团建立起一种系统的、正常的关系，即履行今天的承诺以获得未来的贷款机会，也不需要得到议会的批准。①

第三是指示亲信卖官鬻爵，加快封赐爵位，借以敛财。这一举措也就使许多出身寒微的工商业者能够晋身于官僚集团，参与国家管理。詹姆斯一世即位不久，仅 4 个月不列颠就增加了 906 名骑士，全国骑士总数陡然增加了 2 倍多。此后，他还加大了出售骑士、准男爵位等头衔的幅度，到 1628 年新议会开会时，上院世俗贵族达到 128 名，是斯图亚特王朝初期时的 2 倍多。

第四是出售垄断权和“特许权状”。都铎和斯图亚特王朝广泛地实施专卖制度，在玻璃制造、制盐、肥皂制造等行业中广泛采取发放许可证的做法。在绝对主义时代，这种专利特许制具有两重性。一方面，它是一种垄断，一种国王政府敛财的办法；另一方面，它也有鼓励工商业的性质。内夫指出，通过授予特许权，王室官员希望刺激人们探查新的矿山，增加全国的矿物和金属产量。伊丽莎白女王因为英国人不会制硝，授予一些荷兰人制硝的专利特许状，并付给其中一个荷兰人 500 英镑，让他教会两个英国人制硝

① ［美］道格拉斯·诺思、巴里·温加斯特：《宪政和承诺：17 世纪英国公共选择治理制度的变迁》，载吴敬琏主编：《比较》第 6 期，中信出版社，第 59 页。

的技术。

国王绕开议会，不择手段地“开辟财源”，极大损害了自己的信誉，也损害了工商业的利益，但是仍不能解决财政的窘境。斯图亚特王朝国王争夺税收大权的图谋，遭到议会的强烈反对，于是国王与议会的冲突只能靠革命来解决了。革命期间，长期议会顺应工商者的要求，结束了通过专卖制度取得岁入的做法，开始建立征收商品税和消费税以解决国家岁入的制度。英国在1660—1685年期间，取消了包税制，改为由财政部控制的比较合理的现代税收制度。革命后，国王的封建性权力被剥夺，议会牢固树立开征新税的绝对权力。从1690年起，议会对税收都指定了专门的用途，不能随意挪用，而且还设立了一个委员会来审查政府的开支。议会除了以上通过制衡和对抗王权对经济发展的影响外，对经济发展最重要的干预手段无疑是经济立法(详见本章第三节)。

英国国王通过对海外贸易的大力扶持，使英国的商业发展步伐不断加强，如伊丽莎白女王不但为从事海外贸易的公司颁发特许状，而且自己对公司进行投资，她于1581年投在利凡特公司的资金达4万镑，而公司的总股本共8万镑。①

二、政府经济管理机构的出现

在国王和议会之下，是具体从事经济管理的政府机构。从都铎王朝的“政府革命”以来，国家的官僚体制开始趋向完备，在中央和地方这两个层次，开始出现一些专门的经济管理机构。

从中央政府来说，主要的经济管理机构有枢密院、财政署等。A. G. R. 史密斯认为，在伊丽莎白时代的英国政府中，枢密院的重要性与女王不遑多让。② 彼得·拉姆齐也指出，枢密院是君主之下主要的政府执行机构，在政策的制定中扮演了重要角色，同时也是主要的虽然不是唯一的立法发起人。③ 枢

---

① A. Wood, *A History of Levant Company*, Oxford, 1935, pp.16–17.

② A. G. R. Smith, *The Government of Elizabethan England*, Edward Arnold Ltd, 1967, p.13.

③ S. Groenveld and M. Wintle, *State and Trade: Government and the Economy in Britain and The Netherlands Since the Middle Ages*, Zutphen: Walburg Pers, 1992, p.28.

密院的前身是亨利七世时行政管理的“核心组织”谘议会，于1540年由克伦威尔创立。“约在1534—1536年左右，他（指克伦威尔）把国王谘议会中的核心组织改组为一个完全的中央政府机构，以枢密院的名字为世人所知。”[①]枢密院不再是王室的管理机构，而成为中央政府常设机构，成为都铎王朝国家行政管理的核心机构，主要由行政官员参加，如国务大臣、财政大臣、大法官等，原来为国王管理信札文书的国务秘书地位上升，成为首席国务大臣，是中央政府机构的核心。到伊丽莎白一世时期，枢密院成为女王依靠的主要官僚机构，人员精干，集权高效，在女王统治期间，枢密院成员从来没有超过20个，在16世纪90年代一度只有9个，真正出席会议的成员在1558—1570年间通常有5—8位，在16世纪90年代通常在5—11位。[②]枢密院成员逐渐被代表新兴经济力量利益的乡绅和资产阶级化新贵族等专业行政官员所垄断。在1640年之前，枢密院十分活跃，“处理请愿，进行调查，发布告示和解决争端，这些经常与经济细务联系在一起。”[③]总之，“枢密院对国家的社会经济政策负有很大责任，它监督地方行政当局在工资、物价、贫民救济、圈地和人口问题方面采取的措施，同时具有贸易公司的批准权。”[④]枢密院对粮价的平抑，对贫民、老人、儿童的救济，对流浪者的搜捕，对失业者的安置等等，都充分体现了国家对经济和社会事务的干预。枢密院成为对国家经济发展具有重大影响的国家机构，面对它的意见，通常连伊丽莎白女王也不得不让步。枢密院通过建立一些专门委员会来管理行政事务，如1622年，枢密院为加强对海外贸易的管理，就建立了管理海外贸易事务的常务委员会。经过革命时期的混乱，枢密院在17世纪60年代恢复，到17世纪末，仍是英国中央政府运行的中心，下辖财政部、贸易部、殖民部和海军部等部门。

---

① G. R. Elton, *England Under the Tudors*, London & New York, 1974, p.184.

② A. G. R. Smith, *The Government of Elizabethan England*, Edward Arnold Ltd, 1967, p.14.

③ C. C. A. Clay, *Economic Expansion and Social Change: England 1500–1700, Vol. II.* Cambridge University Press, 1984, p.203.

④ 沈汉、王建娥:《欧洲从封建社会向资本主义社会过渡研究》，南京大学出版社1993年版，第243页。

财政署产生于12世纪，是管理国王收入的重要职能部门，由财政大臣负责，分为“上部”和“下部”。“上部”负责审计账目，审理有关财政案件，“下部”负责国王的岁入和支出。财政署对国王负责，开始时具有相对的独立性，但都铎王朝的亨利七世为加强王权，亲自管理财政署。与此同时，宫室作为国王的另一个财政管理机关，权力不断加强。宫室原来只管理王领收入，在战时成为国王的收支机构。但从1487年起，财政署的地位大为削弱，国王的其他收入开始归宫室掌握，到16世纪初期，宫室的收入占国王总收入的90%以上。直到1554年，都铎王朝对财政署进行改革，财政署的地位大为提高，国王的大部分收支从宫室转归财政署管理。菲利普·爱德华兹认为，诺森伯兰公爵的这项改革确立了财政署的地位。① 革命后，财政部开始行使监督政府开支的权力，掌管财政事务，关税、消费税、印花税、盐税和土地税等都归其管理，成为政府第一部。因而财政大臣的地位越来越重要，在18世纪初，第一财政大臣在内阁中起到了中枢的作用，相当于后来的首相。

从地方机构来说，对经济发展具有管控职能和重要影响的官员，在乡村是治安法官，在城市是市镇当局。

治安法官在中世纪就开始设立，治安法官的经济管理功能是逐渐发展起来的，治安法官制度刚建立时，治安法官只具有相当于警察的职责，但都铎王朝为了处理新生的经济社会问题，逐渐赋予治安法官具有司法审判、经济管理、治安警察、行政管理等职能，成为地方政府的核心，被誉为“都铎王朝杂役女佣”。治安法官由国王任命，中央政府不发给薪酬，国王一般都从乡绅中选任治安法官。从15世纪中期起，当选治安法官者必须拥有年收入20镑以上的土地或租地。在都铎王朝初期，平均每个郡有不到10名法治法官，到伊丽莎白女王统治中期，平均每个郡可能有40—50名，到1580年英国共有1738名治安法官。②

随着地方经济的发展，治安法官在地方管理上的作用越来越重要，职责

① Philip Edwards, *The Making of The Modern English State, 1460–1660*, PALGRAVE, 2001, p.184.

② A. G. R. Smith, *The Government of Elizabethan England*, Edward Arnold Ltd, 1967, p.90.

越来越多，除了维持治安外，他们还负责具体实施国家的成文法规和国王发布的命令。根据当时人威廉·兰巴德的记载，治安法官需要执行或协助执行306项法令，① 其权力涉及工商业管理和经济活动的方方面面，主要有：一是制定工资标准。早在黑死病爆发期间，由于劳动力骤减，工资不断攀升，1361年一项法令规定治安法官可以确定工资限度，从而给予治安法官广泛干预劳资关系的权力。1563年伊丽莎白的法令又授权治安法官规定工资额。"由治安法官评定工资的制度在某些地方一直延续到18世纪中叶"，甚至"在公元1700年至1750年之间曾颁布过或重新颁布过的工资评定办法就有30次之多，有几次甚至还是在公元1750年之后颁布的"②。虽然赫克歇尔质疑由治安法官评定的工资，与没有他们的干预将支付的工资偏离了多少，因为在许多情况下同一工资标准年复一年地予以重申，但是，他还是认为这一政策得到了表面上的成功。③ 二是控制市场上谷物和其他基本食品的价格，在发生饥荒或食物短缺时，采取措施打击囤积居奇者，稳定粮价，防止波动；委托谷物、家畜和其他生活必需品以及工业原料交易的中间人；检查度量衡；等等。④ 三是积极推行济贫法。随着圈地运动的开展，流民日众，为解决这一问题，伊丽莎白时于1572年、1576年、1597年、1601年先后通过了一系列济贫法，治安法官是这些法令的具体实施者，他们将贫民登记造册，任命济贫税征税员和管理员等，为流民提供工作机会，建立感化院。治安法官对地方事务的干预是全方位的，所以保尔·芒图认为，治安法官"是旧干涉主义的杰出代理人"。⑤ 从贯彻国王和枢密院的命令，到受理地方诉讼和维持地方治安，从颁布地方性工商业条例，到规范度量衡器具、调整工资与物价，从确定济贫税率、任命济贫官员，到批准酒馆开业、检查慈善机构的基金账目、查禁非法书籍等一切地方事务的管辖权，统统纳入治安法官

① William Lambarde, *Eirenarcha: Or of The Office of the Justices of Peace in Foure Bookes*, London, Printed by Thomas Wight, 1599, p.608.

② ［英］约翰·克拉潘：《简明不列颠经济史》，上海译文出版社1980年版，第297页。

③ Eli. F. Heckscher, *Mercantilism*, Vol. 1, New York, 1983, p252.

④ Eli. F. Heckscher, *Mercantilism*, Vol. 1, New York, 1983, p.249.

⑤ ［法］保尔·芒图：《十八世纪产业革命》，商务印书馆1991年版，第370页。

手中。国家把治安法官看成了“超人”，实际上他们不可能完成这么多任务。由于治安法官是地方乡绅和新兴资产者的代表，他们对国家颁布的干预经济的法令，如果与自己的利益相悖，执行起来就不那么积极热心。如他们对都铎王朝的反圈地法令就置若罔闻，因为他们本身就是圈地运动的积极参与者和受益者。由于辛苦工作没有报酬，他们有时也接受贿赂。①

从中世纪开始，城市就拥有自己的独立管理机构。英国的城市多数是在王权的特许下建立的，虽然英国城市与西欧大陆城市一样，也曾出现过争取自治权的斗争，但因英国王权强大，城市自治的范围和自治的程度较低，受到王室的有力控制。但城市统治者对城镇事务有决策权、征税权和司法权，形成了一个与农村庄园不一样的“独立”王国。在城市中，手工业行会和市政机构是城市工商业的管理者。在中世纪早期，城市商人行会和市政机构有时合二而一，或由行会领导出任城市的行政官员。初期，行会由于国王特许状的授权，掌握了城市工商业的管理权，但从 13 世纪开始，手工业行会的建立大多由市政当局批准，市政当局加强了对城市经济管理领域的控制。到 15、16 世纪，手工业行会发展到公会阶段，虽然公会在城市政治舞台上影响极大，其头面人物不时出任市长，但是市政当局和公会围绕城市工商业管理控制权不时发生冲突。公会作为一种城市经济组织，继承了手工业行会的许多经济管理职能，同时也根据资本主义生产关系的出现和民族国家兴起后统一管理的需要调整这些职能，例如《工匠法令》等许多法令都对七年学徒制做出了规定，这些条款的执行监督权自然落入了行会和公会之手。当然，公会也会滥用这一职权，如对工匠师傅的儿子不经学徒阶段就被接纳，更有甚者，在有的公会，师傅的儿子一出生就获得会员资格。② 总的来说，在重商主义时代，公会具有以下职能：征税，城市工业者的税收一般由行会出面征收，统一上缴各级封建主；确定行业生产和市场秩序，如维护行业垄断权，制定统一的从业人数、工资报酬、工作时间、生产规模、产品质量、价格等标准，并对违规者进行处罚，同时，解决跨行业经营纠纷。进入重商主

① Eli. F. Heckscher, *Mercantilism*, Vol. 1, New York, 1983, p247.

② Eli. F. Heckscher, *Mercantilism*, Vol. 1, New York, 1983, p235—236.

义时代，公会由于其僵化的体制和垄断性成了工商业发展的障碍，公会的管理职能由于乡村工业的蓬勃发展而逐渐变得徒有虚名。而城市市政当局的经济管理职能主要是保障城市日常生活所需，打击对食物等日常生活用品的垄断、哄抬物价、以次充好等行为；批准成立行会或公会，惩罚未经授权者，对城市工商业活动进行全面的监督控制。如早在1286年，诺里季市政当局就规定，各手工业行会必须接受市政府管理，行会会长须向市长宣誓效忠；干预公会的具体经济管理措施，"有些公会的内部纠纷的解决显然是以市政当局的裁决为依据的。"①

除了治安法官和市政当局以外，作为地方管理机构的百户区和教区（Parish, 或译为堂区）也值得关注。百户区在16世纪末仍履行着相当大的管理功能，它的主要官员是高级警察，每个百户区有2名，负责收税，也履行军事和警察职能。教区在英国宗教改革后，开始成为世俗管理机构的一部分，亨利八世、爱德华六世时开始赋予其繁多的济贫职责，玛丽统治时期要求其负责维护公路，到伊丽莎白女王时期教区成为地方政府的主要单位。②

海关是英国海外贸易的地方管理机关。英国国王为征收关税，于1275年以后开始在沿海各港口设立海关，其管理人员随着事务的增多也在增加，最基本的官员有征收官（collector）、验货官（controller）、检查官（searcher）、监督官（surveyor），此外还有文书（clerks）、代理（deputies）、称重员（troners）、核秤员（weighers）、记账员（cranekeepers）、保管员（wharfingers）等。③ 这些人员的主要职责是记录进出口船只，查验货物，评估货值，征收关税等。由于为国王征收关税，所以他们拥有报酬，"在地方行政上，几乎没有专职的领取薪俸的职位，只有海关例外。"④ 海关是一个执行和体现重商主义政策和贸易保护主义的重要机构，具有较强的经济管理职能。但是随着英国国家开支的增多，伊丽莎白女王为增加税收，开始实行商

① 金志霖：《英国行会史》，上海社会科学院出版社1996年版，第116、184页。

② A. G. R. Smith, *The Government of Elizabethan England*, Edward Arnold Ltd, 1967, p.96.

③ Norman. S. B. Gras, *The Early English Customs System*, Harvard University Press, 1918, pp.95–99.

④ J. Guy, *The Tudor Monarchy*, London1997, p.49.

人承包关税制，这种不完善的管理体制直到革命后才趋向成熟，近代海关制度才逐渐确立。

第二节　重商主义经济政策的推行

重商主义作为近代早期英国主导的经济政策，与重商主义理论相伴而生。正如厉以宁所言："重商主义的理论和政策究竟孰先孰后？从现有历史资料来看，理论和政策二者是平行发展的，用不着去争论究竟是理论在先还是政策在先。"① 随着民族国家兴起，一方面，经济机构出现，国家经济职能不断延伸和扩展，管理的范围越来越宽，开始通过各种经济政策手段对经济进行干预调节。正如彼得·拉姆齐所言，仅在 16 世纪，就有一半的议会法令和王室公告可以宽泛地用我们今天的术语定义为"经济的"；② 另一方面，突破农本经济后，商业繁荣，经济活动空前活跃，国家间竞争体系的形成，经济新领域的出现，也要求政策的保护和政府的管理，"重商主义包括经济民族主义的国家政策并且关注商品的流通，无论是贵金属的流通还是贸易（双边或多边）的平衡"。③ 因此，重商主义政策的内容极为宏富，大致可分为两类，一类是国内政策，主要包括以保护性关税为核心的贸易保护政策、以维护粮食稳定为目标的农业政策、以重新配置土地为内容的宗教改革政策、以保护纺织业为核心的工业政策等。"重商主义国内政策的纲领，在工业化前的社会里，构成了相当典型的一整套现代化的活动，直到今天也是这样。"④ 第二类是国外政策，主要包括以特许贸易为核心的殖民政策、以国

---

① 厉以宁：《资本主义的起源》，商务印书馆 2003 年版，第 339 页。

② S. Groenveld and M. Wintle, *State and Trade: Government and the Economy in Britain and The Netherlands Since the Middle Ages*, Zutphen: Walburg Pers, 1992, p.29.

③ [美] 伊曼纽尔·沃勒斯坦：《现代世界体系》第 2 卷，高等教育出版社 1998 年版，第 45 页。

④ [美] W. W. 罗斯托：《这一切是怎么开始的——现代经济的起源》，商务印书馆 1997 年版，第 40—41 页。

际商战和争夺航运为内容的战争政策等。

一、国内政策

1. 以保护性关税为核心的贸易保护政策

重商主义时代，英国实行的贸易保护政策内容比较广泛，英国商人很早就得到王权的支持。在爱德华三世时期，由于羊毛贸易控制在外国商人手中，就在1336年增加了羊毛出口的关税，而只对呢布出口征收相对较轻的关税，有力地促进了国内手工业的发展和呢布的出口。[①] 虽然这一时期，这种贸易保护主义的手段只是偶然使用，并没有成为一以贯之的政策，但也让英国商人受益匪浅。到爱德华四世统治时期，英国商人就已经控制了本国羊毛出口的88%、呢绒出口的59%，以及酒类进口的75%。[②]

在诸多的贸易保护措施中，关税保护政策是英国重商主义政策的一个重要组成部分。关税是中世纪以来英国国王的一项重要的收入来源，因此，关税保护政策是以财政政策为主导，以增加国王的国库收入为依归。早在重商主义市场经济体制处于起源阶段时，英国国王就对外国人征收特别关税，通过对本国商人与外国商人实行差别关税，保护本国商人的利益。

随着重商主义思想的成熟，并逐渐成为国家政策的取向，英国从都铎王朝开始，逐步减免出口税，降低原料进口税，使英国的财税体制逐步现代化。斯图亚特王朝的关税政策也具有保护主义的性质。但在“光荣革命”前，由于关税是国王财政收入的支柱之一，主要内容便是对大宗出口货物征税，随着羊毛出口的减少，对毛织品等制成品征收出口税对保证财政收入至关重要。革命后，议会方面逐步赞成1695年一本小册子的作者所扼要表示的见解，认为理想的情况是，免税出口一切制成品和免税进口一切原料，严格执行羊毛出口的禁令以及阻止一切制成品的进口。这一切都是为了厂主

① Susan Reynolds, *An Introduction to the History of English Medieval Towns*, Oxford, Reprinted, 1982, p.147.

② E. Lipon, *The Economic History of England*, Vol 1, London, 1929, p.569.

和商人的利益。实际上，这一政策在革命期间，就得到执行，开始免征出口税。1656年，降低了谷物、肉类、奶油、蜡烛、啤酒和铅等一系列产品的出口税，到1691年，取消了猪肉、牛肉、奶油、干酪和蜡烛的出口税。1699年，这是决定性的一年，取消了所有毛织品、谷物、麦片、面包以及若干其他商品的出口税。1709年，凡由不列颠船只装运的出口煤均免纳关税。最后，沃波尔于1721年完成或者接近完成这项免税的过程。仍须缴纳关税的主要商品只有由外国船只装运的煤以及铅、马匹和“本色”呢绒。与此同时，还对谷物出口给予奖励金，以鼓励出口。① 在降低出口商品关税的同时，英国政府为了保护毛纺工业，在1700年和1720年通过禁止进口的立法，对印度棉布征收高额关税。正是在这种高额关税的保护下，英国的发明者和革新者终于解决了用棉线作经线的问题，从而以机器同印度人的灵巧的双手展开了竞争，并最终胜出。

此外，英国政府还通过发动关税战来保护本国工商业的成长。如亨利七世就曾与威尼斯发动关税战。1488年威尼斯决定对外国商船从其属地克里特岛运送白葡萄酒增加关税，这直接威胁到英国人的贩运贸易。于是亨利七世限制对威尼斯的羊毛出口，每年只准出口600袋，且必须由英国船只运送。随后，威尼斯又采取了报复性措施，禁止英国船只运酒至比萨。亨利七世则通过议会规定，每桶白葡萄酒加征关税18先令，且强制性规定每桶酒重量为126加仑，使得每加仑酒在英国的售价高达7.5便士。②

转口贸易从16世纪以来在英国发展很快，为促进其发展，1635年，英国建立了转口退税体制，就是对为再出口而进口的货物征的关税，当再出口时，退回所收关税，从而促使英国的转口贸易发展势头迅猛。仅以1699—1701年三年平均数来看，每年从伦敦转口的印度棉布价值达32.6万镑，丝绸13.8万镑，胡椒9.3万镑，染料7.9万镑，生丝5.6万镑。③ 通过关税保护、

① ［英］约翰·克拉潘:《简明不列颠经济史》，上海译文出版社1980年版，第390—393页。

② 蒋孟引主编:《英国史》，中国社会科学出版社1988年版，第248—249页。

③ R. Davis, “English Foreign Trade, 1660–1700”, *EconomicHistory Review* 2nd series , Vol 7, No. 2, 1954, p.165.

特许贸易等贸易保护政策，英国商人到1532年就把威尼斯商人彻底排挤出英国，1597年汉萨同盟商人的特权被完全取消，英国工业品在世界市场的优势渐显，使本国的商业得到扩张，反过来又促使工业得到长足发展。同时，也加速了手工业生产组织方式的变革，从而促进了旧生产方式向资本主义生产方式的转变。

2. 以维护粮食稳定为目标的农业政策

由于食物事关民众生活和社会稳定，所以，在重商主义时代，英国政府为维护政治统治，粮食政策是优先满足本国人口增长、手工业发展、城市壮大的需求，以保持本国粮食稳定供给为政策的基础，或限制出口，或鼓励出口，限制进口。这种根据国内实际情况掌控国内外粮食贸易的政策，具有鲜明的重商主义特征。

在15、16世纪，英国农民个人劳动生产率提高，粮食剩余增多，粮食市场极为活跃，并且开始出口，政府也鼓励出口。但是，由于人口增长，丰歉年收成不同，为了维护粮食市场的稳定，都铎政府开始采取措施对粮食出口进行管制。1534年，政府规定，没有国王颁发的出口许可证，不能出口粮食。1556年枢密院更是设立了粮食管制委员会，一系列关于谷物贸易的法规出台。[①] 一般是由政府设定一个谷价标准来确定是否限制出口，如1624年规定，小麦价格每夸特在32先令以下时，可以出口。从1660年代开始鼓励出口，1673年、1689年英国还采取了谷物出口奖励制度，于是出口增长很快。从表4.1可以看出在奖励制度的鼓励下，英国谷物出口增长势头一直持续到18世纪50年代工业革命启动之时。此后，随着英国人口的增长，出口减少，到70年代就开始不断进口。

3. 以重新配置土地为内容之一的宗教改革政策

都铎政府推行的宗教改革，不但从政治上确立了王权至高无上的地位，而且在经济上摆脱了教皇在经济上的予取予求，维护了英国的民族经济利益。更为重要的是，通过对教产的剥夺和拍卖，繁荣了土地市场，促进了地

① N. S. B. Gras, *The Evolution of The English Corn Market*, Cambridge: Harvard University, 1926, pp.226–234.

产的集中和资本主义生产方式在农村的扩展，宗教改革政策构成重商主义政策的重要一环。

表 4.1　18 世纪英格兰和威尔士谷物产量和进出口量

年份（年）	人口（人）	国内消费（夸特）	+ 净出口 – 净进口（夸特）	产量（夸特）
1700	5826000	13109000	184000	13293000
1710	5981000	13457000	362000	13820000
1720	6001000	13502000	491000	13993000
1730	5947000	13381000	343000	13723000
1740	5926000	13334000	522000	13855000
1750	6140000	13815000	1006000	14821000
1760	6569000	14780000	485000	15265000
1770	7052000	15867000	–250000	15617000
1780	7531000	16945000	–238000	16706000
1790	8247000	18556000	–672000	17884000
1800	9024000	20305000	–1313000	18991000

资料来源：Charles Wilson and Geoffrey Parker, ed., *An Introduction to the Sources of European Economic History 1500–1800*, Vol. 1: Western Europe, George Weidenfeld and Nicolson Ltd. 1977, p.121.

都铎王朝剥夺教会地产后，予以拍卖，进一步瓦解了封建土地制度。这些土地通过多次流转，大部分落入乡绅手中（见表 4.2）。通过这次大规模的土地再分配和产权大转移，雇工进行商品性农业生产的乡绅实力大增，为资本主义农业经营方式的成长创造了条件。霍尔顿指出，解散修道院和出售教产的“最终影响是推动了土地市场，使相当数量的地产落入农业资本家手中，使他们对这些土地可以按照获取最大利润的原则进行开发”①。剥夺教产在“推动英国社会经济的变革进程，特别是促进封建农村经济向资本主义商品经济过渡上起了巨大作用”。②

① R. J. Holton, *The Transition From Feudalism to Capitalism,* London, 1985. p178.

② 王晋新:《15—17 世纪中英两国农村经济比较研究》，东北师范大学出版社 1996 年版，第 96 页。

表 4.2　诺福克教产大掠夺之后庄园的数量

年份（年）	王室	贵族	乡绅	教堂	修道院	其他	总数
1535	41.5	143.5	977	43	263	59	1527
1545	126.5	188	1093.5	86	—	33	1527
1555	73.5	174.5	1151	100	—	28	1527
1565	67	158.5	1180	91	—	30	1527

资料来源：W. G. Hoskins, *The Age of Plunder:King Henry's England 1500–1547*, Longman, 1976. p.137.

4. 以保护制造业为核心的工业政策

英国晚期重商主义者认为，制造业得到发展，出口才能增加，多出口，少进口，才是国家的致富之道。因此，不但要对贸易进行保护，而且也要培植本国工业的发展。英国重商主义有一显著特点，就是十分重视保护和发展本国工业，利普森就把工业保护和航海条例、谷物法列为英国重商主义的三大支柱，认为这三大支柱可以视为一个"有机整体"。① 只要能够充分利用本国原料，加工后大量出口的工业都得到大力扶持。罗伯特·杜普莱西斯指出："重商主义的措施是用来帮助国家获取国际贸易的更大份额，以竞争者的代价增加金银的供给，特别是通过扩大出口工业品，减少进口工业品。在追求这些目标，政府不仅增加了对外国制成品设置的障碍，而且也帮助发展国内工业，形成对国内产品市场的保护。通过这样做，他们想要为自己的工业创造比较优势，或削弱竞争对手的优势，如果没有其他目的的话。"②

英国对本国工业的保护措施之一，就是对外国商品课以高额关税，限制其进口，对本国商品的出口和原材料的进口则减免关税，因为关税是建立与保护国内工业的主要手段。如 18 世纪初，英国对印花布征收一种货物税，对方格和条纹图案的外国亚麻布开征 15% 的进口税，促进了兰开夏正在发展的制造业。③ 同时，英国对丝绸、帆布、亚麻布等商品实行出口补贴制度，

① E. Lipson, *The Economic History of England, III. The Age of Mercantilism*, London, 1931, pp.1–2.

② ［英］罗伯特·杜普莱西斯：《早期欧洲现代资本主义的形成过程》，辽宁教育出版社 2001 年版，第 168、265 页。

③ J. P. Wadsworth and J. de Lacy Mann , *The Cotton Trade and Industrial Lancashire 1600–1780*, Manchester, 1931, p.127.

培育和壮大了这些行业。

英国工业政策的另一项内容便是引进技术人才。早在爱德华三世时期，英国就采取了一系列措施吸引佛兰德尔呢绒工匠移民英国，促进了英国毛织业的发展，使英国从一个羊毛出口国转变为一个呢绒输出国。在伊丽莎白一世时期，大批尼德兰工匠、商人，以及法国胡格诺教徒来到英国，英国采取一系列措施吸收移民：对外来移民颁发许可证，准予和保护移民经营自己的行业；授予专利权，吸收拥有技术或资本的外国人移居英国；对外来新教移民实行信仰自由的原则；灵活安置移民；外来移民不得保守他们的技术秘密，必须培养和接纳英国学徒，把技术教给英国工人。外来移民进一步提高了英国呢绒工业的技术水平，此外，铜矿的开采和冶炼、盐的大规模生产、玻璃制造、造纸、印刷、铸币、明矾等一系列新工业都是由外来移民引进或改进的。①

5. 以留住贵金属为中心的货币政策

近代早期，商品经济的活跃和经济发展的加快，使农本经济崩溃后的欧洲面临着一个共同的难题，那就是货币短缺。对硬币的需求量达到空前的程度，到处充满了“硬币短缺”和“货币匮乏”的抱怨，一位英国企业家就抱怨道：“（硬币的）短缺现象是如此严重，以至于一个人要想将一块 20 先令的金币……兑换成银币，他就得在伦敦跑许多家大商店才行。”②早在中世纪晚期，欧洲就曾发生过一场类似“货币战争”的情况，从此产生了管制贵金属出口的政策，初步形成了早期重商主义的所谓“硬币主义”理论。如马林斯就认为，国家应该禁止金银出口，严格管制货币，加强对外贸易和外汇交易的管理。汇兑交易应该仅限于皇家汇兑官或国王授权的一些人，一切汇兑交易不得高于或低于汇兑平衡率，这样，汇兑才是合法的，将趋于稳定，金银财富才能保留在国内。在货币短缺的情况下，英国政府对贵金属出口实行政府控制，在 1429 年和 1449 年的议会法令中，禁止金银等贵金属出口，鼓

① 陈勇：《十四至十七世纪英国的外来移民及其历史作用》，载吴于廑主编：《十五十六世纪东西方历史初学集》，武汉大学出版社 1985 年版，第 173—178 页。

② ［意］卡洛·M. 齐波拉：《欧洲经济史》第二卷，商务印书馆 1988 年版，第 453 页。

励进口。在斯图亚特王朝早期，英国也曾颁布过贵金属出口的禁令。

到都铎王朝统治时期，亨利八世为了弥补战争带来的财政亏空，采取货币贬值的政策，政府通过回收货币重铸的办法，减少货币的成色。从1544年到1551年，硬币每磅含银量从11.5盎司减少到3盎司，添加合金，先后三次重铸货币的结果，亨利八世政府共获得50万镑以上。[①]这一政策背后的另一个目的是防止金银流失到国外，结果是国王从中得利，却引起了极度的通货膨胀。英镑急剧贬值，立即在安特卫普的汇兑市场激起了反响，给欧洲的钱币兑换商提供了利用汇率变化投机的机会。伊丽莎白政府进行了货币改革，恢复货币的成色，即每12盎司黄金含11.1盎司白银，成功稳定了币值，其后虽多次经受考验，但这一币值创造了三百多年未变的奇迹。

所有的重商主义者都重视货币，到晚期重商主义时期，如托马斯·孟虽然也认为金银是财富，但反对早期重商主义者禁止货币输出英国的政策，主张输出货币，因为“货币产生贸易，贸易增多货币”[②]，输出货币是增加货币财富的一种手段。在这一时期，从国家政策层面来说，英国出于发展对外贸易的需要，允许东印度公司等输出货币。直至17世纪末，英国才拥有足够的经济自信，实行贵金属自由出口的政策。

二、国外政策

1. 以特许贸易为核心的殖民政策

新航路的开辟迎来了一个大航海时代，英国虽然在第一轮远洋探险中落后，但面对西班牙和葡萄牙的殖民霸权，英国通过支持海盗活动等对其发动挑战，开始实施海洋战略，霍金斯、德雷克就得到伊丽莎白女王的纵容和支持。从16世纪中叶开始，英国迈出了海外扩张的步伐，16世纪中叶以后安特卫普市场对英国关闭，英国从此着手追赶世界性贸易，为争取对有利贸易区和贸易路线的控制权而展开斗争，海外探险和商业扩张也就成了国家性的冒险事业。一方面，英国开辟了东印度和利凡特贸易路线；另一方面，在17

---

① P. S. Crowson, *Tudor Foreign Policy*, New York, 1973, p.262–263.

② ［英］托马斯·孟：《英国得自对外贸易的财富》，商务印书馆1965年版，第14页。

世纪初开始在北美建立弗吉尼亚等殖民地，与殖民地的贸易关系繁荣起来，为了满足这个殖民经济圈各地各自的需要，所谓的三角贸易在英国商人中盛行起来，在英国、北美、西印度群岛、非洲等地之间，以商品和奴隶为纽带，发展起了各式各样的大西洋三角贸易关系。到18世纪中期，不列颠大西洋帝国形成一个大弧圈，从爱尔兰向西到达拉布拉多的捕鱼站，然后到达纽芬兰，再一路向南到达圣劳伦斯河口和新斯科舍省，然后再向南至一直延伸到大湖区的新英格兰，进一步向南到达延伸至阿巴拉契亚之外的大西洋中部殖民地，到南部种植园世界，再进一步向南到达加勒比群岛—巴哈马、牙买加、百慕大、巴巴多斯和背风群岛，最终到达中美洲口岸的一个分散定居点，一些纯粹是营地。①

英国的海外贸易是凭借特许贸易制度发展起来的。从15世纪末，英国的海外贸易进入特许贸易时代。在此之前，英国的对外贸易集中在以安特卫普为中心的欧洲市场，在此之后，在国王政府的大力支持下，英国向东北方向开拓了北海和波罗的海贸易路线，向东南方向开辟了地中海地区和远东地区的贸易路线，并不断延伸，打开了西班牙、葡萄牙、荷兰等垄断的亚洲和美洲贸易的缺口。在开拓海外贸易市场过程中，英国政府积极地参与其中，对商人们的行动给以热心的指导，并利用外交甚至战争手段最大限度地为本国商人谋取利益。英国的海外贸易以伦敦为中心和主要港口，不断开辟和扩张海外市场，通过国王的特许状，一系列的海外贸易公司相继成立。早在亨利七世时代，伦敦商人冒险公司就获得了国王的特许状。1553年，莫斯科公司成立，这是英国首家股份有限公司，由伦敦商人为主组成；1579年东地公司成立，经营除俄罗斯以外的波罗的海地区的贸易；1581年伊丽莎白女王向与土耳其进行贸易的英国商人颁发特许状，成立了土耳其公司，1592年与威尼斯公司合并，组成利凡特公司；1588年建立非洲公司，或称几内亚公司；1600年英国东印度公司成立，获准在15年内垄断从好望角到麦哲伦海峡的贸易，并且规定公司只要可以通过贸易原额带回，每年可以输出3万镑

① David Armitage and Michael J. Braddick, ed., *The British Atlantic World, 1500–1800*, Palgrave, 2002, p. xv.

货币；1618年成立的西非股份公司，垄断了几内亚和贝宁的贸易。在这些特许贸易公司中，面向美洲、亚洲、非洲的特许公司一般是武装贸易组织，它们的使命之一便是探险和开拓殖民地贸易。早期的殖民企业"像原始的跨国公司一样具有准政府性质，它们获得特许权常常既由于经济目的也同样由于军事、政治目的"①。殖民地贸易在英国对外贸易中占有举足轻重的地位，殖民地市场是英国工业产品和转口贸易的市场，也是许多原材料和产品的供应地。沃勒斯坦就认为："1600年至1700年期间，英国开拓了一项重要的欧洲再出口殖民地产品的贸易，这是一项新的巨大的有利可图的转口贸易。"②从17世纪60年代到17世纪末，英国除毛呢之外的其他工业品出口输往欧洲的增长了18%，输往殖民地的增长了200%。1660—1688年英国的商船吨位扩大了一倍，1600年从英属殖民地进口，然后再转口的贸易的数额占英国贸易总额的5%—6%，17世纪末这个数字超过25%。1686年有44%的英国船只从事美洲或印度贸易，英国商人从垄断中大获其利。③英国殖民政策的核心是垄断殖民地的贸易，英国颁布的航海法使与殖民地的贸易掌握在英国商人手中，且只用英国的船只运输。殖民地还须按照母国的需求来组织生产。由于这些措施的推动，殖民地利益要服从宗主国利益的重商主义信条被制度化。马克思指出："现在，工业上的霸权带来商业上的霸权。在真正的工场手工业时期，却是商业的霸权造成了工业上的优势。所以殖民制度在当时起着决定性的作用"，"殖民制度大大地促进了贸易和航运的发展。'垄断公司'是资本积累的强有力的手段。殖民地为迅速产生的工场手工业保证了销售市场，保证了通过对市场的垄断而加速的积累，在欧洲以外直接靠掠夺、奴役和杀人越货而得到的财宝，源源流入宗主国，在这里转化为资本。"④

英国不仅从殖民贸易活动中得到大量财富，更重要的是，殖民地为英国

---

① [美]彭慕兰：《大分流——欧洲、中国及现代世界经济的发展》，江苏人民出版社2003年版，第180页。

② [美]伊曼纽尔·沃勒斯坦：《现代世界体系》第2卷，高等教育出版社1998年版，第118页。

③ 钱乘旦、许洁明：《英国通史》，上海社会科学院出版社2002年版，第188—189页。

④ 马克思：《资本论》第1卷，人民出版社1975年版，第822页。

在日益竞争激烈的欧洲市场之外，开辟一个全新的广阔市场。这一市场的需求极大地带动了英国国内手工业在生产上的突飞猛进和技术上的连续变革，为工业革命的突破带来了不可多得的机遇。"英国政策在18世纪的胜利，同时也是重商主义的胜利。如此有利于工业品输出和原料输入的殖民地贸易之所以成为杰出的贸易，难道不是重商主义的结果吗？"①

2. 以保障国际贸易为内容的外交和商战政策

从都铎王朝开始，英国不断增强海上力量，国家日益成为海外商人的强大后盾，通过政治、外交甚至军事手段来推动海外贸易的发展。

为了促进英国海外贸易的发展，英国利用均势外交手段，处理与其他国家的贸易纠纷，通过和平谈判的方式与许多国家缔结了互惠互利的商业条约，"都铎王朝前期政府发展本国海外贸易的主要方式，以国家的名义与各国政府签订一系列商业条约，保障英国商人在欧洲大陆从事贸易的相应权利，同时利用与不同国家的条约削弱和打击主要的商业对手。"②从亨利七世开始，英国政府对伦敦呢绒出口商予以外交支持，③亨利七世与丹麦、佛罗伦萨、法国、西班牙、尼德兰等签订商业条约，到伊丽莎白一世时，英国的外交取向已抛却了称霸欧陆的野心，把国家和民族的利益放在了首位，积极发展与其他国家的关系。据统计，都铎王朝统治时期，英国与其他国家共签订双边或多边条约92项，其中，许多是商业条约。④商业条约通过国家的力量，为商人赢得有利的贸易条件，确立优势。如根据1703年英国与葡萄牙签订的商约，葡萄牙永远允许英国呢绒进口，英国则对葡萄牙的酒类进口给予同样的优惠，对葡萄牙酒征税率低于法国酒的1/3。⑤

---

① [法]保尔·芒图:《十八世纪产业革命——英国近代大工业初期的概况》，商务印书馆1991年版，第74页。

② 高作纲:《英国都铎王朝海上政策初探》，载吴于廑主编:《十五十六世纪东西方历史初学集》，武汉大学出版社1985年版，第200页。

③ S. Groenveld and M. Wintle, *State and Trade: Government and the Economy in Britain and The Netherlands Since the Middle Ages*, Zutphen: Walburg Pers, 1992, p.33.

④ Ken Powell and Chris Cook, *English Historical Facts , 1485–1603*, London: Macmillan Company, 1977, p.168–171.

⑤ P. Mathias, *The First Industrial Nation: An Economic History of Britain 1700–1914*, London, 1983, p.91.

为了保障贸易，英国不断扩张海上力量，通过战争来实现贸易目的。英国皇家海军在亨利八世时正式建立并不断壮大规模。凭借其强大的海军力量，英国在发展对外贸易和争夺殖民地时，不惜诉诸武力，发动商业战争，以此作为重商主义政策的一种延伸。正如威廉斯所言："贸易引起战争，战争为了扩展贸易。事实上在旧商业制度下，贸易本身就是一种战争。"①约瑟夫·熊彼特则从社会结构的角度解释了为什么民族国家具有侵略性："社会结构决定了这些新的主权国家是好战的。……它们当中没有一个拥有自己所需要的一切，而是彼此拥有所需要的东西。而且它们很快就被新世界所包围，诱使它们竞相去征服和掠夺。在这种情况下和在当时的社会结构下，侵略或所谓'防务'就成为了政策的重点。"②

在伊丽莎白女王统治时期，由于频繁的海盗活动对西班牙殖民财富的劫夺和对殖民地的骚扰，以及英国对尼德兰革命的支持，1588年，英国和西班牙进行了海上决战，西班牙著名的"无敌舰队"覆灭，商业霸权遭到重创，殖民优势开始丧失。英国则从此开创了自己的海洋霸权时代。

英国要想后来居上，必须向荷兰、法国等当时的欧洲强国发起挑战。为了打击海上强国荷兰，英国先后在1652—1654年、1665—1667年和1672—1674年发动了三次英荷战争。"三次英荷战争的目的是摧毁荷兰的贸易和海运。"③杰弗里·霍姆斯认为，除了打破了荷兰自1600年以来对航运贸易的统治，另一个目的是建立了一个强大的商业舰队。④总之，英国对荷兰霸权的挑战给荷兰的贸易体系造成了根本性的破坏⑤，荷兰的海上霸权开始衰落，英国逐渐成为世界贸易仓库和中心。

从18世纪开始，通过西班牙王位继承战争、奥地利王位继承战争、七

---

① ［英］T. G. 威廉斯：《世界商业史》，中国商业出版社1989年版，第102页。

② ［美］约瑟夫·熊彼特：《经济分析史》第1卷，商务印书馆2001年版，第231页。

③ 乔万尼·阿瑞吉、贝弗里·J. 西尔弗等：《现代世界体系的混沌与治理》，生活·读书·新知三联书店2003年版，第43页。

④ Geoffrey Holmes, *The Making of A Great Power: Later Stuart and Early Georgian Britain, 1660–1722*, London and New York, 1993, p.58.

⑤ S. Groenveld and M. Wintle, *State and Trade: Government and the Economy in Britain and The Netherlands Since the Middle Ages*, Zutphen: Walburg Pers, 1992, p.50.

年战争等一系列战争，英国逐渐超越和战胜法国，取得了霸权，开辟了一个广阔的世界市场。彭慕兰认为："现代欧洲早期的政治经济——特别是代价高昂的长期军事竞争——在造成欧洲独有的海外商业扩张中起的作用可能大于企业家的才干，或是大于对异国商品的好奇心本身。"①克拉克也认为，西班牙王位继承战争的主要目的是经济，"到战争的最后一年 1712 年，我们的航海和贸易较先前和平时代已经取得了明显的优势。"②坦波利甚至认为，在 1748 年结束的奥地利王位继承战争，是"英国人第一次使商业利益在战争中占绝对优势的战争，而且战争仅仅是被用来平衡贸易而不是平衡势力"③。伊曼纽尔·沃勒斯坦也同样认为，"正是对对外贸易的重视使英国重视海军和殖民地，从而使英国取得了在同法国长期斗争中的军事胜利。法国政府在竭尽全力克服国内各种障碍之时，被英国政府的谋略挫败。这远不是自由主义的胜利，而是强大的国家政府的胜利，而它的强大又是必然的结果。"④

进入大航海时代，要想发展商业，为工业品和农产品开拓市场，只有通过一系列的国家行为，推行重商政策，一是对本国商人提供强有力的支持；二是国家对外国商人实行抑制，英国人通过实施以上的重商主义政策，成功地做到了这一点，正如保尔·芒图所言："战争与外交助长了英国商业的自发进步并为商业在今后开辟着一条广泛的出路。"⑤当然，有的学者如约翰·肖夫林就认为，研究重商主义者的学者过分强调近代早期欧洲国家间的经济竞争导致了商业战争，认为 18 世纪中期之前，欧洲把商业作为首要目

---

① [美]彭慕兰:《大分流——欧洲、中国及现代世界经济的发展》，江苏人民出版社 2003 年版，第 182 页。

② G. N. Clark, "War Trade and Trade War, 1701–1713", *Economic History Review*, Vol. 1, 1928, p.280.

③ [美]伊曼纽尔·沃勒斯坦:《现代世界体系》第 2 卷，高等教育出版社 1998 年版，第 343 页。

④ [美]伊曼纽尔·沃勒斯坦:《现代世界体系》第 2 卷，高等教育出版社 1998 年版，第 352 页。

⑤ [法]保尔·芒图:《十八世纪产业革命——英国近代大工业初期的概况》，商务印书馆 1991 年版，第 74 页。

标的战争非常有限。[①] 但也要看到，正是通过一系列的战争，英国确立了殖民强国的地位，为本国商人打开了通向西班牙、荷兰、法国等国家在美洲、非洲和亚洲殖民地的大门，夺得更多的殖民地，糖、烟草等殖民地产品，而英国的工业品源源不断地运往大西洋对岸。总而言之，在这个西欧各民族国家百舸争流的时代，英国从一个事实上落后的国家变成一个航海时代的霸主，并成功地创造出一个世界市场。

第三节 经济立法的加强

经济立法是国家干预体制的重要组成部分。奥塔·锡克指出，撇开国家而单纯地考察经济关系不能令人满意地从体制上理解经济，因为经济体制本身受国家干预的重大影响并带有这个特征，其中，首要一条就是“国家用它的法律规定给经济活动和行为划定了一个框框，在这个框框内经济过程自己运动。”[②] 从15世纪中叶开始，随着封建关系的解体和资本主义关系的萌芽、产生，英国的经济领域空前扩展，经济生活日益复杂，亟须法律规范来调整已经变化和正在变化的社会经济关系。诚如伯尔曼所言：“法律像田地和机器一样，是一个社会中生产方式的一部分”[③]，社会关系的变动和生产方式的变革必须得到法律上的确认。同时，民族国家建立后经济社会职能的加强，也形成了创制法律规范新兴经济关系的内在要求。A. G. R. 史密斯认为，“在16世纪，正如处理经济问题的法令和公告洪流所表明的那样，政府对国家经济和社会生活的干预大大增加。”[④]C. 威尔逊也注意到，从16世纪中期

---

① P. J. Stern and C. Wennerlind, *Mercantilism Reimagined: Political Economy in Early Modern Britain and Its Empire*, Oxford University Press, 2014, pp.305–320.

② ［捷］奥塔·锡克：《经济体制——比较、理论、批评》，商务印书馆1993年版，第56页。

③ ［美］H. J. 伯尔曼：《法律与革命》，中国大百科全书出版社1994年版，第664页。

④ A. G. R. Smith, *The Government of Elizabethan England*, Edward Arnold Ltd, 1967, p.70.

到 18 世纪中期，英国重商主义思想越来越多注入到经济立法中，成为国家政策。①

重商主义时代，这种对经济立法的需求一方面促使英国衡平法的产生，另一方面也使国家通过经济立法干预经济的行动大幅度增加。

英国普通法是从封建自然经济条件下产生的，主要调整的是封建土地关系及其相关利益。到 14、15 世纪时，普通法日益走向僵化，无力适应商品经济的发展，于是，“填空弥缺、纠偏补弊”的衡平法开始产生。衡平法的法律渊源是教会法、罗马法等，15 世纪末大法官庭的建立过程，即英国衡平法的形成过程。② 衡平法调整的对象是民事法律关系，主要包括用益、信托、信用等方面。③ 衡平法通过它所保护的用益制及后来的信托制，把土地与附着在土地上的封建权利与义务分离开来，从而逃避了土地转移可能带来的领主对继承、监护和婚姻、土地收回等方面的干涉，从而适应了土地自由转移的时代要求，方便了土地在市场上的买卖与转让，推动了英国封建土地所有制向资本主义私有制的转变。此外，“衡平法对抵押品赎回权、租赁权、非正式契约规定之权利的保护，都有利于资本主义商品货币经济的发展。”④

英国法律制度的发展和完善，议会特别是下院获得立法人地位，立法功能的增强，促进了经济立法的发展。议会在 16 世纪出台了大量调整经济和社会秩序的法律，之后 17 世纪早期和中期的宪政冲突几乎使议会的立法功能瘫痪，17 世纪晚期又出台了大量经济立法。⑤ 根据统计，英国都铎王朝时期经济立法多达 250 项左右。⑥ 当然，在 1640 年以前，经济立法更多的是由枢密院而不是议会发起，尽管政府法案经常被修正。伊丽莎白 49% 的王室公

---

① C. Wilson, *Mercantilism*, London, 1971, pp.10–12.

② 程汉大主编:《英国法制史》，齐鲁书社 2001 年版，第 168—173 页。

③ F. W. Maitland and F. C. Monague, *A Sketch of English Legal History* , New York, 1915, p.123.

④ 程汉大主编:《英国法制史》，齐鲁书社 2001 年版，第 193 页。

⑤ C. C. A. Clay, *Economic Expansion and Social Change: England 1500–1700, Vol. II.* Cambridge University Press, 1984, p.203.

⑥ 陈曦文:《英国 16 世纪经济变革与政策研究》前言，首都师范大学出版社 1995 年版，第 3 页。

告处理的是经济问题。到1660年以后，议会立法才取代王室特权。[①]重商主义时代英国的经济立法涉及的范围十分广泛，其中最具重商主义色彩的是航海法和谷物法。从15、16世纪的反圈地法和18世纪的圈地法，到济贫法，从制定工资标准、技术标准到反垄断法等，所有这些事关经济发展的立法都深深地打下了重商主义时代经济演进的印迹。到19世纪初仍可看到重商主义经济立法的身影，如1815年的《谷物法》。直至1846年和1849年先后废除了《谷物法》和《航海法》，英国才转向自由贸易政策。

一、航海法

航海法是一项典型的重商主义立法，它保护的不仅是本国的航运业，而是殖民贸易、转口贸易等整个对外贸易。

在封建社会晚期，英国就曾颁布过航海法案，规定除了国王属下的船只外，禁止任何其他人在英国的任何港口进行商品进出口贩运。亨利·皮朗认为这是克伦威尔航海条例的先声。[②]赫克歇尔认为这是英国最早的航海法案。[③]都铎王朝在1485—1540年间，几次通过法案，禁止雇用外国船只运输货物，“都铎王朝的君主们认识到英国海上独立的重要性，尤其注重推动本国的航运及造船技术的发展。这一目标体现在16世纪所通过的一系列法令中。”[④]虽然这一法案的实施会遭到外国的贸易报复，但这一法案的相关内容在斯图亚特王朝仍不时得到重现，并把与殖民地的贸易纳入航海保护体系。如詹姆士一世的枢密院就竭力通过命令从地中海进口商品只能由英国船只载运来促进英国的贸易，在1622年这一要求延伸到波罗的海贸易，在1624年枢密院寻求禁止荷兰与美洲殖民地开展贸易。[⑤]

---

① R. Grassby, *The Business Community of Seventeenth-Century England*, Cambridge University Press, 1995. p223.

② ［比］亨利·皮朗:《中世纪欧洲经济社会史》，上海人民出版社2001年版，第205页。

③ E. F. Hechscher, *Mercantilism*, Vol. II, New York, 1983, p.36.

④ Ken Powell and Chris Cook, *English Historical Facts , 1485–1603*, London: Macmillan Company, 1977, p.187.

⑤ Linda Levy Peck, *Consuming Splendor: Society and Culture in Seventeenth-Century England*, Cambridge University Press, 2005, p.274.

随着英国海上实力的不断增强，开始直面当时的海上劲敌荷兰，“荷兰商业上高超技艺的持续示范比 17 世纪任何其他经济发展对英国人的想象产生了更多强有力的影响。”[①]出台了一系列航海法。1650 年的航海法，禁止外国船只未经许可就与英国殖民地进行贸易。1651 年颁布了著名的航海条例，规定凡进入英国的商品必须用英国的或生产国的船只运输，禁止外国商人染指英国与其殖民地之间的贸易，只有英国商人和英国船只或殖民地的船只，才能在殖民地内从事商业活动。[②]航海法的主要内容，都是为“海上马车夫”荷兰人量身定做的，过去不少历史学家都认为“航海法案”和三次英荷战争是英国国力增强后，为争夺霸权，主动向荷兰发起的挑战。乔纳森・I. 伊斯雷尔的研究表明，英国政府出台航海法案只是被动应对国际贸易局势变化的无奈之举。在 1647 年之前，英国通过一系列双边或多边贸易安排，成为伊比利亚半岛、地中海地区和利凡特地区主导的贸易力量，进入二十多年的发展机遇期。英国能够在这些地区同当时的贸易强国荷兰竞争，取得贸易优势地位，关键在于当时区域贸易格局有利于英国。当时西班牙对荷兰实行了长达 26 年的贸易禁运，并在海上对荷兰商船进行突击检查，给荷兰商业带来致命性影响。但到了 1647 年，随着欧洲地缘政治的变化，西班牙的贸易禁运取消了，荷兰的贸易成本降低，贸易转移效应让英国商人发现在一夜之间已经陷入了贸易危机，呢绒出口业和造船业受到严重冲击，捕鱼业严重受损，所有的市场都落入了荷兰商人手里。英国政府突然之间发现，仓促间无法用外交等手段来解决这一危机，只好出台了历史上著名的“航海法案”。[③]这样荷兰实际上被剥夺了不列颠与其殖民地之间甚至与欧洲其他各国之间的航运业务，割断了荷兰捕鱼业向英国的供给联系，这个法案不仅可以帮助英

① J. O. Appleby, *Economic Thought and Ideology in Seventeenth-Century England*, Princeton University Press, 1978, p.73.

② J. Thirsk and J. P. Cooper, eds., *Seventeenth-Century Economic Documents*, Oxford, 1972, pp.502–505.

③ Jonathan I. Israel, “England’s Mercantilist Response to Dutch World Trade Primacy, 1647–1674”, in Simon Groenveld and Michel Wintle, *State and Trade: Government and the Economy in Britain and The Netherlands Since the Middle Ages*, Zutphen: Walburg Pers, 1992, pp.50–59.

国商人占有波罗的海贸易，而且可以打击荷兰世界贸易中心的地位，帮助取得海外贸易和殖民地贸易的霸权，同时极大地促进了国内的造船和航运业。1660 年的航海法做了新的阐释，更为具体、可行，限制有所放宽，从而奠定了 1662 年、1669 年、1673 年、1696 年和 1714 年等一系列航海法的基础。从表 4.3 和表 4.4 的系列数据来看，航海法颁布后，英国对外贸易的航运船舶吨位增长迅猛，航运业步入了发展的快车道。航运业的发展反过来又促进了海外贸易。所以，亚当·斯密认为："在英国各种通商条例中，航海法也许是最明智的一种。"① 即便如此，"还有人要求补充航海法的条款，规定贸易使用的船只必须是英国造的，而且必须用英国木材，使用英国制造的帆布。条款还应规定，死者在入殓时必须要用英国毛织品包裹。种植园里所有的奴仆和黑奴都要穿着英国的毛织品，以利于发展英国这一重要工业。"②

二、谷物法

粮食供应由于事关民生，一直受到英国政府的重视。颁布谷物法，调节粮食供求关系是从中世纪开始的一贯政策。谷物政策是英国重商主义政策的组成部分。政府视国内粮食供求关系而决定是否允许谷物出口，这就使得英国在谷物出口政策上左右摇摆，谷物法内容复杂多变。

表 4.3　1582—1773 年英国航运吨位分布

年份	总吨位	煤炭贸易	其他口岸贸易	纽芬兰和格陵兰渔业	其他渔业	外贸
1582	68433	7618	10607	6000	11316	32892
1609—1915	101566	28223	15743	13312	14409	29879
1660	161619	70899	250051	20330	3159	42180
1702	267444	78212	41454	16157	8763	122858
1773	581000	125346	89631	38585	23646	303792

① ［英］亚当·斯密：《国民财富的性质和原因的研究》下卷，商务印书馆 1997 年重印版，第 36 页。

② ［特立尼达—多巴哥］艾里克·威廉斯：《资本主义与奴隶制度》，北京师范大学出版社 1982 年版，第 53 页。

表 4.4 服务于海外贸易的船舶吨位

地区	1663 年	1686 年	1771—1773 年
北欧	13000	28000	74000
不列颠诸岛及欧洲近邻	39000	41000	92000
南欧和地中海	30000	39000	27000
美洲和西印度	36000	70000	153000
东印度	8000	12000	29000
总数	126000	190000	375000

资料来源：Charles Wilson and Geoffrey Parker , ed., *An Introduction to the Source of European Economic History 1500–1800,* Vol. 1:Western Europe, George Weidenfeld and Nicolson Ltd. 1977, p.129.

中世纪时，英国的谷物法主要内容是限制买卖，限制价格。但有时政府也颁布法令对粮食交易给予支持，如亨利六世在 1437 年颁布的谷物法中规定，在 1437—1491 年间，只要国内小麦价格每夸特降到 6 先令 8 便士时，生产者即可自由出口谷物。[①] 从都铎王朝开始，英国谷物法的总体趋势开始具有重商主义特征，鼓励出口，抑制进口。在伊丽莎白时代，实行局部控制，假使西部的谷物歉收，西部口岸便不许出口谷物。之后一般都设置了一个最低价格标准，如果价格低于这个标准，则准予出口，否则，不允许出口。如 1624 年规定，小麦价格每夸特在 32 先令以下时，可以准许出口。同时，英国的谷物法也通过进口粮食的关税来调节进口数量，保证国内粮食供应。如 1670 年的谷物法就规定，如果英国国内 1 夸特小麦价格在 53 先令 4 便士以下，则对进口小麦征税 16 先令；价格在 53 先令 4 便士和 80 先令之间，征税 8 先令；价格在 80 先令以上，则只征 4 便士的税，以利大量进口，满足国内需求。同时规定，小麦可以自由出口，如遇歉收，政府有权禁止出口。从 1673 年开始，英国开始断断续续地实行粮食出口奖励金制度，规定在小麦价格每夸特低于 48 先令时，每夸特则给予 5 先令的输出奖励金，黑麦价格低于 32 先令时，给予 3 先令 6 便士的奖励金，大麦价格低于 24 先令时，给予 2 先令 6 便士的奖励金，到 1706 年又加上了燕麦和麦片，当其价

① R. H. Tawney, *The Agrarian Problem in the Sixteenth Century*, London, 1912, p.113.

格低于15先令时，给予2先令6便士的奖励金。[①] 尽管奖励法案不时修正，但这一法案为英国农业提供了保护框架，使谷物政策的重商主义性质更为明显。这一政策进一步刺激了英国的粮食生产，增加了农业资本家的边际收益。在重商主义时代，英国的农业生产虽然取得了很大的进步，但灾荒和饥馑仍未彻底遁去，谷物法的实施，有利于稳定英国国内的粮食价格。

三、反圈地法和圈地法

有关圈地的立法经历了两个完全不同的阶段，呈现出较为复杂的利益变动格局。15、16世纪，面对圈地狂潮，都铎政府为维护统治基础，出台了一系列限制圈地的法令。而同时期的重商主义者则从发展粮食贸易的角度，反对圈地，因为这一运动造成农牧业比例的变动，粮食生产减少。

圈地运动是重商主义时代农村经济变革最突出的现象之一。15世纪以来，圈围公地，或者是（购买）小农的土地，改为牧场，或采用资本主义方式进行经营。这一被托马斯·莫尔称为"羊吃人"的运动，带给当时英国的是农村人口外出流浪，引起社会动荡。都铎王朝为维护传统的土地关系，巩固专制王权的社会基础——农民，缓和农村社会矛盾，对圈地持反对态度，反对圈地的法令层出不穷。圈地"引发了许多起小规模的地方骚乱和一起遍布米德兰三郡的规模更大的暴动。大众的愤怒促使政府采取行动，从亨利七世统治之初到伊丽莎白女王统治结束甚至更久远，调查工作、王室公告和法令构成了一个持续的系列行动"[②]。在亨利七世时期就通过立法禁止圈地，1488年的一项法令就要求人口正在减少的怀特岛把地产限制在以10个马克为最大收入的范围之内。1489年议会通过第一个反圈地法案[③]，随后颁布了"防止破坏村庄法"，规定凡附属于20英亩耕地的房屋必须保持完好，以供一家农户居住。在1515年、1516年、1533年、1535年、1552年的法令，

① D. C. Coleman and A. H. John, ed., *Trade, Government and Economy in Pre-Industrial England*, London, 1976, pp.47–48.

② Joan Thirsk, *The Agrarian History of England and Wales, Vol. IV. 1500–1640,* Cambridge University Press, 1967, p.200.

③ D. C. Coleman, *The Economy of England 1450–1750*, Oxford University Press, p.36.

规定了复杂的措施，以图消弭圈地运动所带来的弊害。① 亨利八世于1517年设立了圈地调查委员会，进行了一系列调查。② 但是，都铎政府的反圈地政策和措施在大地主和地方投机家的反对下，显得苍白无力，到16世纪末不得不废止反圈地法令。

英国圈地运动的步伐在16世纪后半期放慢，在17世纪也从未停止过。但“在詹姆士一世和查理一世统治下，政府丧失了对这项事业的大部分热情。事实上，1607年之后，当最后一次大规模圈地调查进行时，已经放弃了对圈地原则的反对，只是继续保持了在实践中反对圈地的样子，委员会不时出发去发现违法者，但违法者的罪行仅以缴纳罚款得到赦免，对圈地者的处罚已经退化为一种增加收入的手段，而不是其他”③。“光荣革命”后，地主的势力不但没被削弱，反而得到加强。进入18世纪后，则开始了所谓“议会圈地”时期。在1700—1750年间，通过议会法案圈地的动力逐渐增强，到18世纪30年代频率开始加快，但直到50年代还不是那么普遍。④圈地得到国家强有力的支持，此后议会颁布一系列圈地条例，最终导致自耕农在英国消失。在18世纪里，英国的议会颁布了数以千计的圈地条例（详见表4.5）。这些条例一般都是由大地主向议会提出请愿书，只要他们代表要圈围土地的2/3，议会一般不经过调查就草拟并通过圈地法案。这个2/3指的是亩数而不是所有者数的2/3，因此，一个地主就可能启动圈地进程。⑤圈地运动改变了地产管理方式，将过去分散的敞田制改为资本主义式的大农场。随着圈地运动规模加大，土地流转速度加快，便逐渐地与地产产权变更发生一定的联系，如通过带有某种强制性的购买，或者通过暴力将享有村社公地、荒地权利的农民赶走，都全部或部分带有地产转移的性质，加快了地

① ［法］保尔·芒图:《十八世纪产业革命》，商务印书馆1991年版，第121页。

② D. C. Coleman, *The Economy of England 1450–1750*, Oxford University Press, p.36.

③ Joan Thirsk, *The Agrarian History of England and Wales, Vol. IV. 1500–1640,* Cambridge University Press, 1967, p.213.

④ Joan Thirsk, *The Agrarian History of England and Wales, Vol. V. 1640–1750, II. Agrarian Change,* Cambridge University Press, 1967, pp.381–382.

⑤ John Rule, *The Vital Century: England's Developing Economy, 1714–1815*. Longman, 1992, p.76.

产的集中和农民的破产。① 圈地运动作为资本原始积累的手段之一，为资本主义生产方式的奠立拉开了基础变革的序幕。

表 4.5　18 世纪英国圈地法令数量

年份	数量
安妮女王统治时期	3
1714—1720	每年 1 个
1720—1730	33
1730—1740	35
1740—1750	38
1750—1760	156
1760—1770	424
1770—1780	642
1780—1790	287
1790—1800	506

资料来源：[法] 保尔·芒图：《十八世纪产业革命》，商务印书馆 1991 年版，第 111 页。

四、反垄断法

王室的专卖权是一项干预经济的传统封建性权利，即王室有权制定商业权利条例。早在爱德华三世时期，英国就出现了专卖政策。到伊丽莎白女王时期，为促进本国工业和对外贸易的发展，曾特许了许多专卖的垄断权。如在工业上，英国在都铎和斯图亚特两个朝代对明矾和硝盐生产、玻璃制造、矿源勘探等行业给予专利特许；在对外贸易上，给予几内亚公司、东印度公司等海外贸易公司以特许权。乔治·昂温指出，"它不仅仅因为这些特许似乎能为国王有增无减的财政困难提供一个最容易的出路。这种公司性的垄断精神在从事工商业的各阶级中相当普遍，从最富有的到最贫

① 当然，近年来西方史学界对议会圈地从多个角度进行了重新评估。出现了一种新的趋向，就是把议会圈地看作是英国农业领域经济和社会变迁长期进程的一个高峰，见 John Rule, *The Vital Century: England's Developing Economy, 1714–1815*. Longman, 1992, p.68。

困的，都受到它的影响，这种精神也许真是要想使特许既不成为令人痛恨的但却又是不可避免的筹款方法，它能部分地体现国家政策的伟大和有利的计划。”①

但是，英国的特许垄断损害了中小企业主和商人的利益，引起了他们的反对。伊丽莎白女王不得不撤销了其中最不得人心的专卖权。1601 年，英国普通法法庭对著名的“垄断案”作出了裁决，认定国王使用垄断权违反了普通法。1624 年，议会通过了《垄断法》，禁止国王为了获得收入授予现有行业垄断权，只准国王在火药、明矾、玻璃制造 3 个行业有权出卖专利垄断权，并可以在 14 年内保护新的工业方法的发明者。这一法案的通过，一方面剥夺了国王对国内工业和海外贸易的垄断特许权；另一方面，也从保护知识产权方向上奠定了近代专利制度的基础。道格拉斯·诺斯和罗伯斯·托马斯指出：“商业贸易中的盈利机会似乎到处都受到特权的限制，参与和流动受到阻碍，这些障碍只有到企业的机会和盈利性都增长了从而促进了经济发展时才会被消除。1624 年的垄断法不仅禁止王室垄断，而且在法律中还包含了一个鼓励任何真正创新的专利制度。”②

五、工业法规

英国对工业的管理主要体现在一系列的工业法规中，这些法规既包括对产品质量的规定，也包括对学徒制度、工人工资等方面的规定。

1552 年，英国制定的《布品法规》，详细规定了 22 种毛织品的标准。1563 年制定的《工匠法令》规定了全国最高工资额和学徒章程，这是一个真正的劳动法典，延续了中世纪的管理制度，把各市镇和各同业公会的命令都概括地收集在里面，它规定，如果没有按照一个师傅与学徒间相互义务的正式合同（一式两份的合同）的规定，学徒满七年，任何人都不得在英国从事一种职业。而且，学徒的人数是有限制的，或者至少，学徒人数与成年工

① ［美］约翰·R. 康芒斯：《资本主义的法律基础》，商务印书馆 2003 年版，第 289—290 页。

② ［美］道格拉斯·诺斯、罗伯斯·托马斯：《西方世界的兴起》，华夏出版社 1999 年版，第 184 页。

人的人数之间要保持某种比例。① 虽然这些条例没有得到严格实施，经常被违犯，但《工匠法令》在产业革命的冲击下寿终正寝。② 英国政府的这种干预对工业和农业的各个方面都发生了影响，使政府可以对某些市场的变化作出反应。例如，当纺织工人的工资经认定为太低时，政府就随时规定最低工资，而不是最高工资。农业政策则根据收成的丰歉、粮食的多少而改变。直至 17 世纪中叶以后，英国才取消了对家庭工业的许多限制性规定。而对工资的规定直至 1813 年才最后消逝。随着生产的扩大和工厂制度的演变，在许多行业中规定学徒制和生产条件的法令才终止执行。当然，正如埃里克·罗尔所言，“当议会终于在 19 世纪取消这些法令的时候，无非是把既成事实备案注册而已。”③

为了保证呢绒的长度和质量，并作为征税的根据，早在 13、14 世纪，英国就开始了对销售的呢绒进行检验和盖印的制度。在 15、16 世纪，英国通过了许多呢绒生产的法令，这些法令错综复杂，极其混乱，禁止使用某些工序，但又规定了一些工序，甚至规定了每种呢绒尺寸的细节。这些详细规定的检查工作由国家的检查员（即郡检查员）和城市公会的检查员共同执行。到 17 世纪，由于呢绒织品花样繁多和乡村工业的发展，使得检查制度名存实亡，约克郡的呢绒商向税收承包人购买检查印花纸，自己贴到呢绒上面即可。在 18 世纪上半叶，国家专为蓬勃发展的约克郡西区制定了管理阔幅呢绒和窄幅呢绒的法令，并将执法权限交给郡司法官和检查员。但这些法令到 1760 年左右都失效了。④

在十六七世纪之初，英国许多商品都是从国外进口，但是在工业法规的推动下，新工业如织袜业、制扣业、制针业、制钉业、制盐业、淀粉业、肥皂业、刀具业、烟斗业、灶具业、采矾业、缎带和花边业、亚麻布纺织业、麦酒醋酿造业等逐步创立、壮大。为了发展新工业，英国还通过诸多法规鼓

① *Statutes of the Realm*, IV. William S. Hein & Co., Inc. 1993, pp.414–422.

② ［法］保尔·芒图：《十八世纪产业革命——英国近代大工业初期的概况》，商务印书馆 1991 年版，第 366—368 页。

③ ［英］埃里克·罗尔：《经济思想史》，商务印书馆 1981 年版，第 92 页。

④ ［英］约翰·克拉潘：《简明不列颠经济史》，上海译文出版社 1980 年版，第 405 页。

励用于工业原材料的新农业种植业，如为了榨油的油菜种植业，为了榨油和制作麻线、亚麻布和帆布的亚麻和大麻种植业，为了染料的靛蓝、茜草、黄木犀草种植业，烟草种植业，花卉和蔬菜种植业，葡萄种植业，为了养蚕的桑树种植业都发展了起来。① 以至于到了 17 世纪 90 年代，英国的制造商已经把绝大多数外国竞争商品挤出了国内市场。②

六、济贫法

从严格的现代学术意义上说，济贫法是社会立法，不是经济立法。但当时实际上根本没有“经济”这个概念，当时人也不会把经济活动和其他人类活动区分开来。③ 还有一个很重要的原因在于贫困流浪人口的产生根源是圈地运动、剥夺地产等经济方面的因素所导致，济贫法中除了现代意义上社会救济的内容外，还牵涉不少经济方面的内容。并且由于这是人类历史上第一次真正意义上的失业浪潮，其解决之道对经济学发展具有很重要的历史参考意义，所以有必要在这里作一简要论述。

十六七世纪，由于圈地运动等经济变革的加剧，流浪者日众，成为向工业社会转型时期严重的社会问题。都铎王朝建立后，对流民加大了立法管理。从 1495 年到 1628 年，共颁布有关法令 53 个。④1570 年以前，以惩罚管理为主，这些严刑峻法就是历史上有名的“血腥立法”。伊丽莎白时颁布的《济贫法》，第一次把救济贫民定为国家的责任，同时开始走上了以救济为主、惩罚为辅的济贫道路，确立了各教区都必须赡养所辖区内的贫民的原则，国家命令城市和教区官员筹集资金，救济穷人，开始征收济贫税，任命济贫官。1552 年法令规定自愿纳税，只有劝说无效后才借助于强制手段。1563 年法令第一次在全国范围强制征集济贫资金。1572 年法令以征代募，

① Joan Thirsk, *Economic Policy and Projects: The Development of a Consumer Society in Early Modern England*, Oxford, 1978, pp.6–7.

② L. K. J. Glassey, ed., *The Reigns of Charles II and James VII & II*, London, 1997. p.194.

③ S. Groenveld and M. Wintle, *State and Trade: Government and the Economy in Britain and The Netherlands Since the Middle Ages*, Zutphen: Walburg Pers, 1992, p.29.

④ 陈曦文、王乃耀主编:《英国社会转型时期经济发展研究》，首都师范大学出版社 2002 年版，第 194 页。

规定按每个居民的财产比例交纳，拒绝交纳者会被带到两名治安法官面前，如果不服从就送进监狱，并要求在每个教区任命济贫官。① 到 1650 年左右，税收收入和私人捐赠的数目大体相当，有效地保障了济贫资金的来源。② 为了解决就业问题，1575—1576 年法令要求每个城市、自治镇和集镇治安法官应为流民提供棉、麻等生产资料，让年轻人和需要工作的人有工可做，要求每个郡都要建立感化院、济贫所，将那些有工作机会而不去工作的人送去强制劳动。

英国的重商主义经济立法反映了不同经济和社会集团的利益。因此，从这些法律的性质来说，有的体现了重商主义思想，促进了市场发育和资本主义经济发展，有的则具有封建滞后性。这些相互冲突和矛盾的法律得以制定，并能够同时并存，这本身又反映了冲突与矛盾的化解和调和。正是在这种冲突、交锋、化解、调和的过程中，旧有的经济关系逐渐整合，旧有的体制性因素逐渐瓦解，新的体制性因素逐渐生长，新的市场经济体制逐渐建立起来。

---

① A. G. R. Smith, *The Government of Elizabethan England*, Edward Arnold Ltd, 1967, pp.75–77.

② R. Grassby, *The Business Community of Seventeenth-Century England*. Cambridge University Press, 1995, p.228.

第五章　英国重商主义市场经济体制的历史地位及作用

英国在重商主义市场经济体制阶段，形成了市场经济体制的三大核心机制。这一市场经济体制的初级阶段，形成和确立于英国的过渡时期，即从封建主义向资本主义过渡，从传统社会向现代社会转变，从农业文明向工业文明变迁的关键时期。从经济层面来说，交往方式得到扩展，商品化进程不断深入，世界市场开始形成，使得英国农业、手工业、商业、金融业都处于同质发展互相促进的态势，在组织方式等方面也发生了重大的、结构性的转换或者说革命，从而促进了生产方式的转变，为工业革命奠定了基础。在这样一个历史大转折时代，重商主义市场经济体制通过逐步形成的配置社会资源功能、刺激生产功能、调节供求功能和强化自由功能等积极作用，促进了生产关系的变革和人的发展，为英国顺利实现工业化、走向资本主义架起了桥梁。因而，有必要对其基本特征、历史地位、作用和影响给予总结和全面评价。

第一节　重商主义市场经济体制的基本特征

英国重商主义市场经济体制是在14、15世纪英国农本经济制度瓦解后，伴随着西欧民族国家的兴起而形成的。英国重商主义市场经济体制是现代欧美市场经济体制的早期阶段，它反映了英国重商主义时代这一特定历史时期政治与经济的互动关系。

在重商主义市场经济体制下，商业化向纵深推进，国内统一市场形成，成为近代国家统一和发展的坚实基础，海外贸易的大发展为英国发展积累了巨额财富；到17世纪末，以西欧特别是以英国为中心的国际多边贸易不断发展，形成了多边体系的雏形，特别是最惠国待遇等条款，成为近代以来世界市场规则的萌芽；在市场化生产和消费的双重驱动下，英国早在18中世纪中叶以前就形成了一个创新社会，创新和改良的热潮有增无减。18世纪中叶以后，工业革命兴起，确立了资本主义的工业生产方式，世界市场正式形成，资本主义自由市场经济体制逐步代替重商主义市场经济体制，重商主义市场经济体制才走向衰落。到19世纪《谷物法》的废除，重商主义正式淡出历史舞台，但其某些内容和特征在其他国家不时出现，并在英国以后的发展中仍偶现流光碎影。纵观市场经济体制在英国重商主义时代的起源、形成、确立过程，可以看到，重商主义市场经济体制具有四个基本特征。

一、过渡性

重商主义市场经济体制的过渡性是由封建社会向资本主义社会转型、封建经济制度向资本主义经济制度转变时的过渡性所决定。莫里斯·多布就曾提出过渡时期经济体制的疑问："如果我们承认存在一个过渡的早期决定性阶段，那么我们怎么表述介于这一阶段和16世纪晚期之间这一时期的经济体制呢？"①

马克思和恩格斯在他们的著作中指出了这种过渡性，在《德意志意识形态》中指出，前资本主义的所有制是"自然形成的生产工具"（耕地、水等）的必然结果，而资本主义是"文明创造的生产工具"（大工业）发展的结果，②说明从封建社会向资本主义社会之间并不是一个简单演进关系，需要"创造"一定的条件。前资本主义的生产形式都是从事"使用价值"的生产，而资本

① Maurice Dobb, *Studies in the Development of Capitalism*, London, 1946, p.19.

② 《马克思恩格斯选集》第1卷，人民出版社1995年版，第103页。

主义的生产则是为了“交换价值”或“剩余价值”的生产，从“使用价值”的生产向“交换价值”的生产转换，确立资本主义生产方式，需要一个漫长的历史过程，这就形成了一个过渡阶段。期间，封建农奴制等前资本主义生产关系解体，资本开始生成，商业资本和高利贷资本成为最容易转化为产业资本的两种“过渡形式”。直到文明创造的所有制形式和生产工具机器出现后，才使资本主义得以最终确立，正如马克思所言：“只有大工业才用机器为资本主义农业提供了牢固的基础……才为工业资本征服了整个市场。”[①]

从15世纪末到18世纪中期的重商主义时代，在经济史研究中一直占有重要地位，早在19世纪，威廉·坎宁安把这一时期描绘为“转型时代”，“中世纪生活正被打破，现代社会正从其废墟中兴起。”[②]著名英国史家基思·赖特森现在还认为，近代早期“确实是英国经济和社会发展的转折点”。[③]克里斯托弗·戴尔也仍然认为，“从封建主义向资本主义过渡”作为一个总体概念仍然有效，因为我们不能回避13世纪到16世纪之间发生的深刻变化。[④]朱孝远认为，在封建社会向资本主义过渡时，欧洲出现了一个长达450年的过渡期，他阐释了过渡期的原理，“过渡期首先是指一个漫长的演化过程，社会在这里不是简单地分为旧和新，而是旧的形态逐渐地变成废墟，废墟又孕育出各种灾难如战争、饥饿、穷困、愚昧和秩序紊乱，这些紊乱又变成了催促新兴因素急迫产生的原因。在这里，历史一步一步地打破旧形态的脸面，逼迫它变成另外一个东西。”为什么会出现过渡期呢？他认为，一方面，封建主义因为过时而自我崩溃；另一方面，资本主义还不能立即建立全新体制，“世上只有旧结构自我崩溃但新结构尚未成熟时才会有过渡期。”[⑤]

正是由于英国处于社会转型期，重商主义市场经济体制才会呈现出过渡

---

① 《马克思恩格斯全集》第23卷，人民出版社1972年版，第817页。

② W. Cunningham, *The Growth of English Industry and Commerce During the Early and Middle Ages*, Cambridge, 1910, p.490.

③ Keith Wrightson, *Earthly Necessities: Economic Lives in Early Modern Britain, 1470–1750*, Penguin, 2002, p.22.

④ Christopher Dyer, *An Age of Transition? Economy and Society in England in the Later Middle Ages*, Oxford, 2005, p.43.

⑤ 朱孝远：《欧洲涅槃：过渡时期欧洲的发展概念》，学林出版社2002年版，第10—14页。

性。这种过渡性可以从以下几个方面理解：

第一，从文明变迁的角度来理解，工业文明的兴起，是人类历史上第一次实现文明类型之间的转换。工业文明在兴起前，经历了一个长达几个世纪的酝酿期。工业文明的生产力基础，是以工业和农业的发展为主要内容，以蒸汽机为动力源；农业文明的生产力基础主要是农业，以人力和畜力等为动力源。由农业文明向工业文明的变迁有一个过渡期，这也决定了资本主义经济制度确立前的体制变革具有过渡性。

第二，从社会转型的视野来看，封建社会瓦解后，经济行为的主体要素处于分化组合的过程中，首先是国家作为一种经济力量，其功能的发挥随着市场经济潮流的壮大不断完善。其次是个人社会经济身份剧烈变动，乡绅阶层兴起，贵族资产阶级化，商人阶层的扩大等；企业作为一种全新的社会经济组织开始出现。这些经济行为的主体要素的变动在资本主义大工业兴起后，才相对确定下来，之前，一直处于一个不断重新组合和过渡的状态。

第三，重商主义市场经济体制是在封建农本经济制度和资本主义自由经济制度之间的过渡体制。重商主义时代是一个体制变革的时代，封建农本经济制度瓦解后，开始了一个新体制的探索阶段，此时，封建经济关系并没有立即完全消失，资本主义生产方式也经历了一个萌芽、成长和确立的过程。因此，此时的经济体制经历了一个新与旧交织、新涨旧消的渐变过程，呈现出一种经济体制的过渡形态。

二、长期性和复杂性

重商主义市场经济体制的存在从 15 世纪末开始，到 18 世纪中叶结束，时间长达 250 年。米歇尔·博德看到了这种长期性："走向资本主义的'漫长过程'历时好几个世纪之久，是一个复杂的、相互联接的过程"[①]。苏维朗达也认为："在转型时期，封建制度的这些特性一点一点地消失，让位于一种新的经济秩序，逐渐在全国引入货币经济，地方团体服从于强有力的中央

① ［法］米歇尔·博德：《资本主义史：1500—1980》，东方出版社 1986 年版，第 4 页。

权威。”[①]其长期性是由其过渡性所决定，而这种长期性又增加了重商主义市场经济体制的复杂性。

重商主义市场经济体制的复杂性有两个方面的内容：

一是资本主义经济关系是最复杂的关系。正如马克思所言：“资产阶级社会是历史上最发达的和最复杂的生产组织。因此，那些表现它的各种关系的范畴以及对于它的结构的理解，同时也能使我们透视一切已经覆灭的社会形式的结构和生产关系。资产阶级社会借这些社会形式的残片和因素建立起来，其中一部分是还未克服的遗物，继续在这里存留着，一部分原来只是征兆的东西，发展到具有充分意义，等等。”[②]在资本主义生产关系形成前的前工业社会，正是旧的社会形式和生产关系覆灭、新的社会形式和生产关系形成的时期，呈现出前所未有的复杂性。

二是资本主义的生成和封建主义的衰落并非一个非此即彼的关系，而是呈现出一个错综复杂的状态。“在这个时期，封建主义关系在经济上和政治上已经出现极大的危机并不断衰落，但封建法权关系却未根本废除；资本主义关系已发展起来，在社会生活中起的作用越来越大，但经济的原则却未在法律上得到确认。这样，相互冲突的两种社会关系的基本参数便暂时同时出现在同一社会舞台上，表现出混杂性。”同时，“资本主义关系萌芽的产生和封建主义关系的解体在时序上不是简单的后者先发生而前者随后或同时进行，而是交错发生的。资本主义商品货币关系与其说是封建关系解体的产物，不如说是两者在时间上相互契合、犬牙交错地扭结在一起。……在现实的历史长河中永远无法像理论概括那样在两种社会形态之间找到一条绝对的时间或地域界限。社会形态和生产关系的历史转变点的确定只具有象征性和相对性，而且总可以在实证中找到若干悖论的证据。”[③]朱孝远在阐述过渡期的原理时指出：“过渡是指一事物向另一事物逐渐转化的过程。既然是一个过程，任何一种非此即彼的界定（如封建的、资本主义的、中世纪的、近代

① B. Suviranta, *The Theory of The Balance of Trade in England: A Study in Mercantilism*, Helsingfors, 1923, p.2.

② 《马克思恩格斯选集》第2卷，人民出版社1995年版，第108页。

③ 钱乘旦主编：《现代文明的起源与演进》，南京大学出版社1991年版，第178页。

的)，显然都是与这个名词的原意不相吻合的。”①

三、双重属性

重商主义市场经济体制是什么性质的？是封建性的，还是资本主义性的？抑或两者都不是？基思·赖特森指出，所有的历史学家都拒绝这种简单的观念，认为历史发展进程能够简洁整齐地划分阶段，或者从一个传统阶段向另一个阶段转变必然牵涉生活每个维度的相应转变。② 这就决定了过渡时期的双重属性，尼尔就认为近代早期英国社会“既不是前工业的，又不是工业的；既不是封建的，又不是工业资本家的；既不是无阶级的，又不是多阶级的；既不是以秩序为基的，又不是以阶级为基的；既非此又非彼，尽管辩证地来看，既是此又是彼。”③

从英国重商主义市场经济体制的基本发展脉络来看，在重商主义时期，“‘封建主义’无疑衰败了，但支配封建有机体的武士阶级却没有衰败。相反，他们继续统治了几个世纪之久，而新兴资产阶不得不服从这种统治。他们为了达到自己的目的，甚至成功地攫取了很大一部分新创造的财富。由此而确立的政治结构虽然增进了但同时也损害了资产阶级的利益，在性质和精神上却不是资产阶级的，而是运行在资本主义基础之上的封建主义，是依靠资本主义为生的贵族军事社会，是一种两栖物，完全不受资产阶级的控制。”④ 熊彼特虽然使用的不是严格规范的史学术语，但他的这种看法得到了佩里·安德森研究的证实，他指出农奴制瓦解了，资本主义经济体系形成了，但“农奴制的终结并不意味着农村封建关系的消失，将两者等同起来显然是个普通的错误。不过，很明显，当榨取农村剩余价值的手段不再是劳役或实物地租而是货币地租时，私人超经济强制、个人依附关系、直接生产者

① 朱孝远：《欧洲涅槃：过渡时期欧洲的发展概念》，学林出版社 2002 年版，第 8 页。

② Keith Wrightson, *Earthly Necessities: Economic Lives in Early Modern Britain, 1470–1750*, Penguin, 2002, p.2.

③ 转引自 H. R. French, “The Search for the ‘Middle Sort of People’ in England”, *The Historical Journal*, Vol. 43, 2000, p.278.

④ ［美］约瑟夫·熊彼特：《经济分析史》第一卷，商务印书馆 2001 年版，第 228 页。

与生产工具相结合这些封建生产关系的特征并未适时消失；只要封建贵族地产阻碍土地的自由买卖和劳动力的实际流动，换言之，只要劳动未能与其生存的社会条件相分离、成为真正的‘劳动力’时，农村的生产关系仍然是封建式的。……在任何前工业社会，占有基本生产手段的领主当然是贵族地主。在整个近代初期，不论在经济上还是政治上，占主导地位的阶级与中世纪并无二致：仍是封建贵族。在中世纪结束后的几个世纪中，这个贵族阶级经历了深刻的变化，不过，它的政治统治地位是与绝对主义历史相始终的。”①所以，此时英国的经济体制和政治形态都呈现出一种两重性，莫里斯·多布认为，过渡时期的生产方式“既不是封建的，也不是资本主义的”②。因为“绝对主义国家的权力仍属于封建贵族，其所有制经济关系的法律规定仍然是封建主义的”。而在英国资产阶级革命后，虽然建立了资产阶级政权，但“从宏观上来看，英国革命并没有结束都铎王朝开始形成的过渡型国家形态，但这后一段英国的国家形态的过渡性，则是向成熟的资产阶级国家那一极逐渐靠拢，而不像都铎王朝的国家只是开始偏离典型的封建国家那一极”③。在重商主义时代，国家的真正权力仍掌握在贵族地主手中，贵族地主仍是国家经济活动中的重要力量。“封建特征和资本主义特征错综拥挤在一起，形成一个既非封建又非资本主义的整个世界。”④所以，英国重商主义市场经济体制从始至终具有双重性。

四、阶段性

以时间标尺来衡量，英国重商主义市场经济体制发展大体上经历了三个发展阶段，每一个阶段的内容和特征各有侧重，反映了重商主义作为一种市场经济理论形态，其国家干预和自由贸易两个面随着国家和市场之间力量对

① ［英］佩里·安德森：《绝对主义国家的系谱》，上海人民出版社2001年版，第5页。

② Maurice Dobb, *Studies in the Development of Capitalism*, London, 1946, p.19.

③ 沈汉、王建娥：《从封建社会向资本主义社会过渡研究》，南京大学出版社1993年版，第211、245页。

④ ［英］莫尔顿：《人民的英国史》（上册），生活·读书·新知三联书店1976年版，第219页。

比的变化不断发生变化：

第一阶段，重商主义市场经济体制兴起阶段。15、16世纪，随着民族国家出现，财政支出的日益增多和战争费用日益高昂，为了增加收入，英国国王都实行有利于工商业发展的政策和措施，信奉金银即财富的重商主义信条，禁止金银输出，如爱德华四世在1487年就将输出金银列为重罪。[①] 与此同时，随着商业和工业的发展，商人的力量不断增强，开始影响国家经济政策的制定，于是重商主义市场经济体制应运而生。

第二阶段，重商主义市场经济体制全面构建阶段。从16世纪中期开始，重商主义市场经济体制开始确立。特别是新航路开辟以后，海路大通，一个新世界市场逐渐展现在英国商人的面前，于是他们要求国家开拓殖民地，对海外贸易等给予强有力的保护。此时，英国的国力和军事力量进一步增强，加强了对本国商人的保护。到17世纪，随着《航海法》的颁行，英荷、英法"商战"的胜利，重商主义市场经济体制终于确立。

第三阶段，重商主义市场经济体制衰落阶段。到18世纪初，工业资本主义已经成长起来，获得了长足发展，生产组织变化的趋势确定地走向工厂生产，此时英国还通过关税手段来保护本国工业。正是由于从17世纪90年代起，英国采取措施阻止印度印花布的输入，以保护本国的纺织业，不断提高关税打击法国的竞争，J. O. 埃普利贝认为，从此时起英国才真正出现了重商主义。[②] 随着工业革命的发生，英国在海外争夺战中逐渐占据优势。同时，凭借其强大的工业生产能力，成为"世界工场（厂）"，贸易保护主义已经不符合产业资本的利益，在世界范围内开展自由贸易的呼声日高，资本主义自由市场经济体制开始出现，在这样的潮流冲击下，英国重商主义市场经济体制走向衰落。

---

① W. Cunningham, *The Growth of English Handicraft and Commerce during the Early and Middle Ages*, Cambridge, 1910, p.478.

② J. O. Appleby, *Economic Thought and Ideology in Seventeenth Century England*, Princeton University Press, 1980, pp.250–251.

第二节　重商主义市场经济体制的历史地位

一种经济体制并不是突然出现的，而是由一定的历史造成的，体制的进化一般是通过体制与体制之间相互不断地作用来实现。由于内部经济的发展和外部经济环境的变化，迫使体制与之相适应，从而使得经济体制始终处于变化之中。与此同时，体制内并行不悖的各种结构在保持了各自自主性的同时相互作用，使得体制这一整体呈现出某种协调性。因此，要准确理解和清晰界定重商主义市场经济体制在英国历史上的历史地位，必须将其放在英国向资本主义过渡的大历史背景下，放在以前的封建农本经济制度和其后的资本主义自由经济制度之间进行考察，通过揭示这两种经济制度与重商主义市场经济体制在结构—过程之间的相互关系和功能转换，来阐明重商主义市场经济体制形成演变过程、结构特征和作用功能，揭示其意义。

在重商主义市场经济体制兴起以前，英国处于封建主义时期。“世界各国封建制度的表现形式是千差万别的，但是它们的社会生活和生产条件在本质上是基本相同的。一切封建社会的生产都是个体性小生产。这是封建社会区别于……近代资本主义社会的主要特点之一。”① 以个体性小生产为基础，封建经济本质上是一种农本经济、自足经济，农业是“本”业，工商业是“末”业。在这种经济体制下，财产权利受到封建关系不同程度的制约，土地这种最重要的财富掌握在以国王为首的封建领主手中，形成了以封建土地所有制为核心的财产关系系统。“西欧封建土地所有制的法律名称称作封土，这是封建主所占有的最普遍的地产形式，它是由封建主之间相互封受而占有的。”封土往往是层层封授的，但英国“所有的土地追溯到最后均受自国王，国王是真正的封建等级之巅，而且是全国土地的最后主人”。② 当然，除封建主义所有制外，还有占有劳动工具、独立经营的自由农民及工商业者的个体所有制。

① 朱寰:《世界中古史》前言，吉林文史出版社 1986 年版，第 2 页。
② 马克垚:《西欧封建经济形态研究》，人民出版社 2001 年版，第 107、124 页。

在封建国家形态下，政府的职能范围极其有限。国王可以对全国的经济进行些微调整，如没收反叛贵族的土地重新分封，通过自己的特许权在全国范围内推行一些经济政策，如取消关卡，减少通行税等，但是，“中世纪的政府以它们有限的行政能力和对它们领土不完全的政治控制，不可能执行许多属于现代政府权限范围以内的政策。更进一层说，许多现代政府政策所要达到的社会和经济目标，中世纪时或者并不存在或者显得有十分不同的侧重点，而财政政策在政府面对预算紧迫时，可以说是机会主义的，同时经济政策经常表现对政治利益集团的策略性让步。不过，承认这一切，不一定要否认中世纪经济和财政政策的存在，尽管这些政策应从在中世纪的条件下使用中世纪的资源来追求中世纪目标这个角度予以考虑。”①

在封建农本经济制度下，经济活动主体是封建领主和农奴，发展的重心是耕织结合的农本自然经济。对微观经济活动的管理主要是通过庄园和行会两种制度进行。庄园制是英国封建农本经济的基本组织形式之一。庄园的土地一般划分为三部分：领主保有地、农奴份地以及公地，农奴或农民通过耕种份地来维持生活，条件是向封建主交纳地租，服劳役。封建领主不但拥有经济和政治特权，甚至拥有司法权，还是庄园生产、交换、分配、消费活动的主体和支配者。庄园基本上靠自给自足，庄园内有各种作坊，纺织领地内生产的麻与羊毛，领地内的车匠、铁匠、酿酒者与其他的工匠也被安排在这里工作。只有庄园不能生产的生活必需品或奢侈品才向外界交换。当然，这是庄园经济的典型形态，到中世纪晚期随着经济变动的加剧，庄园制逐渐崩溃，农奴获得解放，成为自由农民，领主保有地开始出租给富裕农民。

封建农本经济以农为“本”，但不表示完全抛弃“末”业，工商业在农本经济结构里也拥有发展空间，伊曼纽尔·沃勒斯坦就指出，战后对封建社会的研究取得了很大的进展，种种事实表明，人们不能把封建社会看作是一个在自然经济框架中完全自给自足的封闭型结构。实际上，市场遍布各地。作为一个历史体系，封建社会自有其独特的运行逻辑，而市场经济则与这种逻辑有着千丝万缕的联系。但在封建制下，商品经济远没有达到普及的

① ［意］卡洛·M.奇波拉主编：《欧洲经济史》第一卷，商务印书馆1988年版，第267页。

程度。一般说来，市场或者有很大的地方局限性，或者面向远程贸易，区域性的市场网络实属凤毛麟角。大宗贸易以奢侈品为主要对象。①在封建农本经济制度结构中，市场、城市等工商业活动在其发展的初始阶段，是封建农本经济的必要补充，有利于封建农本经济的发展。正如吴于廑指出的那样："商业、为投入市场交换的小商品生产、商业和手工业集中的地方市场和城市，是从封建农本经济的内部滋生成长起来的。在它们兴起之初，在它们成长过程中一个相当长的阶段里，不论在经济上还是政治上，都是和封建制相协调的。它们为农村的多余生产物提供交换的机会和场所，同时生产和转运农村必需的物品。它们吸收农村因自然增殖而产生的多余人口和因反抗阶级压迫而游离出来的劳动力。它们的居民经营各类产业，需要依靠农村提供原料。居民日渐增多以后，虽然其中也有从事农业的，但生产有限，食物还得仰给于农村。在城市与农村之间，进行着相互需要的各类商品的交换。"②城市工商业的管理超出了中世纪封建政府的能力，一般由城市或城市中的行会来管理，基本生产单位是小作坊。

重商主义市场经济体制的政策取向和经济发展目标与农本经济的政策取向和经济发展目标是不同的，有时甚至完全相反。重商主义市场经济体制发展的重心是商业和工业，因此，自给自足并不是重商主义的追求，追求财富才是重商主义的目标。③重商主义市场经济体制的形成必须突破农本经济制度。在中世纪晚期，封建经济已经容纳不了城乡商品经济的发展，其藩篱终被冲破，封建制度的瓦解，庄园制的崩溃，农民依附关系的解除，商品经济在城乡的深入，都是重商主义市场经济体制出现的基础。在重商主义市场经济体制下，民族国家的经济职能得到充分发挥，把商业的发展放在首要的位置，政府通过财政政策、宗教改革政策、货币政策、促进粮食出口政策、发展工业政策、殖民政策等一系列政策措施，通过一系列调整经济关系、维护

① [法]费尔南·布罗代尔:《资本主义论丛》，中央编译出版社1997年版，第33页。

② 吴于廑:《世界历史上的农本与重商》，载吴于廑主编:《十五十六世纪东西方历史初学集》，武汉大学出版社1985年版，第20页。

③ [瑞典]拉尔斯·马格努松主编:《重商主义经济学》，"重商主义"(为中文版而作)，上海财经大学出版社2001年版，第2—3页。

经济秩序的经济立法，以及采取战争和外交等诸多手段，促进商业的发展，特别是出口贸易的发展。大卫·休谟对对外贸易盛赞有加："对外贸易能够增加国家的产品储备，君主可以从中把他认为必需的份额转用于社会劳务。对外贸易通过进口可以为制造新产品提供原料，通过出口则可将本国消费不掉的某些商品换回产品。总之，一个从事大量进出口的国家，比起另一个满足于商品自给自足的国家来，其工业必然更加发达，在衣食住行各方面都更讲究享受。因此，这样的国家既富足又强盛。"①国家、企业、个人是重商主义市场经济体制下经济活动的主体。绝对个人财产所有制逐渐形成和信用经济的发展，使得商品经济沛然成潮，市场不再是地方性的了，而是形成一个由市集、市场等交换场所构成的全国统一市场，这个市场以伦敦为中心，并成为对外贸易网络的起点。围绕商品经济发展，工商业突破行会制、农业突破庄园制等旧组织形式，生产关系不断变革，以适应经济发展的需要。但是，重商主义市场经济体制与中世纪晚期农本经济制度具有延续性，马克垚指出了这一点："从一种比较简单或比较直接的观点看，重商主义是西欧中世纪国王们解决他们面临的一个基本矛盾的产物：财政收入来源十分有限而政治、军事的花费浩大。"②

从消费视角来看，重商主义市场经济体制也是对中世纪农本经济的突破与发展。消费与生产互为表里，缺一不可，卡洛·M. 奇波拉曾经指出："任何经济体系的功能都可以从两个方面来看，那就是需求和供给。这两个视角紧密联系，反映了同一个现实。"③但是消费本身在西方社会科学中一直扮演着次要的角色，即使在经济学中，消费虽然占有重要地位，但经济学习惯上以生产作为分析的起点，导致消费概念发育不全，只有统计估算。④特别是中世纪史家，很少涉及消费这一主题，主要是由于相关资料匮乏，⑤以至于

① [英]大卫·休谟:《休谟经济论文选》，商务印书馆 1997 年版，第 12 页。

② 马克垚:《中西封建社会比较研究》，学林出版社 1997 年版，第 382 页。

③ Carlo M. Cipolla, *Before the Industrial Revolution: European Society and Economy 1000–1700*, Third Edition, London, 2003, p.2.

④ Ben Fine and Ellen Leopold, *The World of Consumption*, London and New York, 1993, p.62.

⑤ Maryanne Kowaleski, "A Consumer Economy", in Rosemary Horrox and W. Mark Ormrod, ed., *A Social History of England: 1200–1500*, Cambridge University Press, 2006, p.238.

约翰·布鲁尔和罗伊·波特断言存在着消费的"中世纪空白"。① 但是随着最近几十年学术界对西方消费社会历史考察的视野从近代早期不断向中世纪晚期延伸，从消费角度来审视西欧从农本经济向重商主义市场经济转变的时机已经基本成熟。

从消费性质来看，从农本经济向重商主义市场经济的转变主要体现在生存性消费向时尚性消费的转变。吴于廑指出，农本经济是生产所有生活必需品的经济，其目标在于最大程度上实现自给自足，交换在原则上没有必要，即使有也无足轻重。② 也就是说，在自给自足的农本经济时代，消费仅仅是为了生存。詹姆斯·W. 汤普逊也认为，在封建的盛世，庄园的自给自足是真实可信的，虽然盐、铁和磨石等需要从外面运入，但主要的必需品，甚至包括葡萄酒、啤酒、麻布等物品，都是在庄园上自己生产或制造的，也是在庄园上消费的。③ 玛丽安娜·科瓦雷斯基强调："在中世纪早期，农民自己种植大部分食品，自己生产其他物品，比如呢绒，当时城镇需求很低，因为城镇很少，即使是贵族也倾向于依靠自己的地产生活，消费经济不是很活跃。"④ 贝内特指出，中世纪的农民住在低矮简陋的小屋，常处于饥饿的边缘，必须竭尽全力来维持艰难的生存，尽力养家糊口，特别是在漫长的冬季。⑤ 在这样一个自然经济的时代，虽然王室和贵族等特权阶层有时会讲究一下排场，但他们主要消费的还是自己领地的产物，"有产阶级的生产几乎不超过其自身的需求，几乎不消费任何非本地生产的物品。"⑥ 克里斯托弗·戴尔认为，消费在中世纪出现重大变化发生在1375—1520年期间，英

① John Brewer and Roy Porter, ed., *Consumption and the World of Goods*, London and New York, 1993, p.1.

② 吴于廑：《世界历史上的农本与重商》，见《吴于廑文选》，武汉大学出版社2007年版，第88—89页。

③ [美]詹姆斯·W. 汤普逊：《中世纪经济社会史》下册，商务印书馆1997年版，第380页。

④ Maryanne Kowaleski, "A Consumer Economy", in Rosemary Horrox and W. Mark Ormrod, ed., *A Social History of England: 1200–1500*, Cambridge, University Press, 2006, p.239.

⑤ [英] 亨利·斯坦利·贝内特：《英国庄园生活》，上海人民出版社2005年版，第198、209—210页。

⑥ [美] 詹姆斯·W. 汤普逊：《中世纪晚期欧洲经济社会史》，商务印书馆1992年版，第11页。

国普通大众的饮食更加丰富多样，人均衣物、住房、商品和服务的消费普遍增长，需求受到时尚的影响，并得到裁缝、木匠、绸布商和其他靠消费增长谋生的人的推动。① 到 17 世纪末，消费已不再是一种对基本需求的满足，而是超越了物质享受的层面而成为一种身份诠释方式和提高社会地位的行为。英国形成了以中等阶层为主体的消费社会，中等阶层在衣食住行和休闲娱乐等方面的炫耀性消费能力十分强劲，追求时尚，讲究品位，攀比和模仿成风。②

从消费主体来说，从农本经济向重商主义市场经济的转变体现在从特权消费阶层向中等消费阶层的转变。桑巴特指出："中世纪早期的财富几乎完全是由地产构成，而且正是大土地所有者（教会除外）构成贵族。那时，富裕的市民还不存在。"③ 因此，此时的消费主体是王室和贵族，但是，"这一状况在 13、14 世纪发生了变化。我们看到在那一时期并非从封建关系中产生的大额财富迅速积累"，"这些新财富应打上中产阶级而不是封建的标记。"④ 这些早期资产者迅速成为消费的主体，汤普逊在谈到中世纪晚期欧洲经济社会状况的变化时，指出除了政治、战争艺术和军役制等方面的变化外，还反映在资产阶级的广泛影响上，"资产阶级乃是社会中一个新阶级；它代表着一种由封建时代即已得到承认的新的经济政策和经济思想。这个资产阶级既能够也愿意为了自己并在自己身上花费金钱。富商大贾建造起一幢幢富丽堂皇的住宅，比之先前的贵族宅邸毫不逊色，如布尔日的雅克 · 科尔的宅邸。他们餐桌上摆着金银餐具，身上穿着裘皮丝绸。"⑤ 这样就导致中世纪晚期出现了一个显著现象，那就是西欧各国包括英国制订了大量禁止奢侈的法律，禁奢法的目的之一，"是为禁止新发迹阶级在衣着、餐具、家具、

① Christopher Dyer, *An Age of Transition? Economy and Society in England in the Later Middle Ages*, Clarendon Press, 2005, p.155.

② 李新宽：《17 世纪末至 18 世纪中叶英国消费社会的出现》，《世界历史》2011 年第 5 期，第 51 页。

③ ［德］维尔纳 · 桑巴特：《奢侈与资本主义》，上海人民出版社 2000 年版，第 6 页。

④ ［德］维尔纳 · 桑巴特：《奢侈与资本主义》，上海人民出版社 2000 年版，第 7 页。

⑤ ［美］詹姆斯 · W. 汤普逊：《中世纪晚期欧洲经济社会史》，商务印书馆 1992 年版，第 675 页。

珠宝上过度挥霍浪费钱财”。① 到了近代早期，随着市场的扩展和致富机会的增多，在土地精英和穷人之间，形成了一个中等阶层。② 中等阶层作为消费者，在17世纪就成为新产品和进口产品的最大市场。③ 琼·瑟斯克甚至认为，从17世纪开始形成的消费社会，“不仅涵盖贵族、乡绅和富裕的约曼，而且包括卑微的农民、劳工和仆人”。④

从消费品种类来看，从农本经济向重商主义市场经济的转变主要体现在从单调的地产消费品向多样的全国乃至全球消费品的转变。在农本经济条件下，消费品主要是本地生产，罗伯特·福西耶提到，10世纪人们肚子里塞满了豆子，11、12世纪饮食有所改善，到12世纪肚子里有了牛肉，但面包仍是主要的食物。西多会士一天的食物定额是300克，在1125年饥荒前后，好伯爵佛兰德斯的查尔斯为每位穷人准备了1000克的食物。根据对北德意志一个垃圾场的考古发掘，表明饮食中的动物蛋白比例有所增加，牛肉消费增加，但猪肉消费停滞不前，羊肉和野味基本消失。在发生饥荒时还会出现人吃人的现象。⑤ 王室和贵族即使偶尔举办奢侈的宴会，但正如布罗代尔所言，这些宴会还没有讲究的烹饪，“读者不要受历史上某些有名的宴会，如勃艮第的瓦洛家族豪华的宫廷筵席的迷惑：美酒像泉水一样流淌，房间里陈设豪华，化装成天使的儿童拴在绳子上从天而降……那个年代炫耀的是数量，而不是质量。最令人艳羡的也不过是酒池肉林而已。”⑥ 到了中世纪晚期，每个人的食物、饮料消费量和种类都增加了，英国工资

① ［美］詹姆斯·W. 汤普逊:《中世纪晚期欧洲经济社会史》，商务印书馆1992年版，第681页。

② Jonathan Barry and Christopher Brooks, ed., *The Middling Sort of People: Culture, Society and Politics in England, 1550–1800*, The Macmillan Press Ltd, 1994, p.2.

③ Lorna Weatherill, *Consumer Behaviour and Material Culture in Britain, 1660–1760*, Routledge, 1988, p.14.

④ Joan Thirsk, *Economic Policy and Projects: The Development of a Consumer Society in Early Modern England*, Clarendon Press, 1978, p.8.

⑤ David Luscombe and Jonathan Riley-Smith, ed., *The New Cambridge Medieval History, Volume IV c. 1024–c. 1198, Part 1*, Cambridge University Press, 2004, p.15.

⑥ ［法］费尔南·布罗代尔:《15至18世纪的物质文明、经济和资本主义》第一卷，生活·读书·新知三联书店1992年版，第220页。

劳动者、农民和工匠能吃更多的肉和鱼，喝更多的啤酒，有更大的机会吃到白小麦面包，喝到大麦芽酿的啤酒，下层民众的生活日益接近贵族家庭的日常饮食。[①] 近代早期，随着国内市场的统一和世界市场的开发，来自国内和海外市场的商品极大地丰富了消费品的种类。米森描绘了 18 世纪初期伦敦富裕绅士或殷实市民的晚餐，共有 10 种或 12 种常见的肉类轮流上桌，正餐有两道菜肴，大部分是肉类，间或与蔬菜搭配，或者浸泡在奶油中，这两道菜总是轮替上桌，构成了中产之家的日常晚餐。[②] 由此可见，来自国内甚至海外市场的肉类、蔬菜、水果、饮料成为日常饮食的主流。更为重要的是，香料、糖、咖啡、茶、葡萄酒、烟草、印花布、瓷器等海外商品逐步由过去昂贵的奢侈品普及成为价廉的中等阶层日常消费品，其他消费品包括房间的装饰品也有许多是从世界市场进口而来，或者使用的是进口的原材料加工而成，世界市场的形成极大地改变了西欧人的消费品位和消费结构。

从奢侈观念来看，从农本经济向重商主义市场经济的转变主要体现在奢侈的去道德化。赫克歇尔认为，中世纪观念和重商主义之间最广阔和最具决定意义的鸿沟就存在于道德领域，重商主义从目标和手段双重意义上都是去道德的，道德考虑在许多重商主义作品中完全消失了。[③] 克里斯托弗・贝里对奢侈概念的历史演变做过细致的研究，“奢侈”的第一定义是贪婪和淫荡，尽管这双重含义不是起源于基督教，但却随着基督教的最终胜利而独占鳌头，经过奥古斯丁和阿奎那的进一步阐释，这一定义成为农本经济时期道德语汇的一个组成部分。[④] 尽管一些早期重商主义者仍将奢侈消费视为恶习，但重商主义者倾向于用经济考虑来取代道德考虑，重商主义思想原则上抛弃了任何对奢侈的道德态度，唯一值得考虑的是，一项

---

① Christopher Dyer, *An Age of Transition? Economy and Society in England in the Later Middle Ages*, Clarendon Press, 2005, p.134.

② Peter Earle, *The Making of the English Middle Class: Business, Society and Family Life in London, 1660–1730*, University of California Press, 1989, p.273.

③ Eli F. Heckscher, *Mercantilism, Vol. 2*, New York and London, 1983, pp.285. 110.

④ ［美］克里斯托弗・贝里:《奢侈的概念：概念及历史的探究》，上海世纪出版集团 2005 年版，第 87—101 页。

特定的措施在多大程度上促进或阻碍了经济生活在重商主义引导的方向上前进。[①] 到 17、18 世纪，奢侈逐渐从道德的语境中走了出来，巴本、曼德维尔等人开始站在经济发展角度来思考奢侈问题，认为时尚和奢侈品能够刺激消费，促进贸易和就业，带来更大的普遍繁荣，因而是合理的，从而引发了 18 世纪对奢侈消费的大讨论，奢侈的概念在历史上第一次开始具有积极的含义。[②] 曼德维尔之后，奢侈不再是道德文章的主题，而成为政治经济学文章的主题，奢侈成为范围广阔的商业讨论的一部分，詹姆士·斯图尔特爵士、大卫·休谟等人几乎完全把奢侈与商业、便利和消费联系在一起，[③] 如大卫·休谟就认为："增加和消费所有用来美化和享受生活的商品，对社会是有益的，因为这些商品增加了个人天真的喜悦，同时也成为一种劳动力的储备库，在紧急情况下，可以转为公共服务。在一个国家，如果没有对这些过剩品的需求，人们就会陷入懒散，丧失所有的生活乐趣，对社会毫无用处，就不能依靠这些懒散成员的勤劳来维持舰队和军队。"[④]

从消费层面来看，重商主义市场经济呈现出与农本经济不同的特点，这些特点也决定了在这一历史时期重商主义必然会走向自由贸易。市场经济的发展也必然要求结束重商主义早期存在的垄断，实行自由贸易。早在 1604 年，英国各地特别是伦敦的服饰商和出口商就齐集议会下院，要求摆脱伦敦富商的垄断，实行自由贸易。[⑤] 但资本主义自由经济体制是伴随着工业革命的推进和英国在世界市场霸主地位的确立形成的。布罗代尔曾经指出："英国于 18 世纪不再坚持重商主义，我认为这足以证明，世界的时钟已敲响大不列颠强盛的钟声。再过一百年后（1846 年），英国能够开放自由贸易，不

① Eli F. Heckscher, *Mercantilism, Vol. 2*, New York and London, 1983, pp.289–290.

② Maxine Berg and Elizabeth Eger, *Luxury in the Eighteenth Century: Debates, Desires and Delectable Goods,* Palgrave Macmillan Ltd, 2003, p.2.

③ Maxine Berg, *Luxury and Pleasure in Eighteenth-Century Britain*, Oxford University Press, 2005, pp.32–33.

④ David Hume, *Essays and Treatises on Several Subjects*, London, 1758, pp.159–160.

⑤ A. E. Bland, and P. A. Brown, and R. H. Tawney, ed., *English Economic History Select Documents*, London, 1915, p.443.

冒任何风险。”[1]米歇尔·博德显然也看到了这一点：“当资产阶级认为自身强大到足以统治世界市场时，它就放弃了重商主义的理论，转而赞扬自由贸易的功效。当资产阶级感觉强大到足以与专制主义抗衡时，就用自由和自由同意的新理论武装自己（由此赢得了小资产阶级和民众的支持），和贵族的开明阶层（他们需要平息农民起义和人民的不满）联盟。”同时，在现实政策层面上来看，正像巴斯夏所说：“英国开放了它的所有港口，打碎了将与其他国家隔离开来的一切藩篱；英国曾经拥有50处殖民地，现在却只有一处——宇宙了。”[2]恩格斯指出了这种自由竞争的本质：“凡是大工业代替了工场手工业的地方，工业革命都使资产阶级及其财富和势力最大限度地发展起来，使它成为国内的第一阶级。结果，凡是完成了这种过程的地方，资产阶级都取得了政治权力，并挤掉了以前的统治阶级——贵族、行会师傅和代表他们的专制王朝。资产阶级废除了长子继承权或不许出卖领地的禁令，取消了贵族的一切特权，这样便消灭了特权贵族、土地贵族的势力。资产阶级取消了所有行会，废除了手工业者的一切特权，这样便摧毁了行会师傅的势力。资产阶级用自由竞争来代替它们；在自由竞争这种社会状况下，每一个人都有权经营任何一个工业部门，而且，除非缺乏必要的资本，什么都不能妨碍他的经营。这样，实行自由竞争无异就是公开宣布：从今以后，只是由于社会各成员的资本多寡不等，所以他们之间才不平等，资本成为决定性的力量，从而资本家、资产者成为社会上的第一阶级。但是，自由竞争在大工业发展初期之所以必要，是因为只有在这种社会状况下大工业才能成长起来。”[3]

从思想层面来说，从法国的重农学派开始，就重视生产，反对国家干预，主张经济自由发展，如魁奈就主张：“必须维持商业的完全自由。因为最完全、最确实，对于国民和国家最有利的国内商业和对外贸易的政策，在

① ［法］费尔南·布罗代尔：《15至18世纪的物质文明、经济和资本主义》第3卷，生活·读书·新知三联书店1993年版，第39—40页。

② ［法］米歇尔·博德：《资本主义史：1500—1980》，东方出版社1986年版，第41—42、121页。

③ 《马克思恩格斯选集》第1卷，人民出版社1995年版，第235页。

于保持竞争的完全自由。”[1]重农学派的自由贸易思想传入英国后，对英国经济思想的发展产生了一定的影响。英国经济学家从威廉·配第、杜德莱·诺思、理查德·坎梯隆、约翰·洛克、大卫·休谟到亚当·斯密等人抛弃了重商主义思想中的国家干预理念，主张取消国家对经济的干预，允许资本家自由经营、自由竞争、自由贸易。这一思想逐渐被日渐强大的国家所接受，并推动了工业革命的深入。特别是亚当·斯密的著作《国民财富的性质和原因的研究》中对重商主义学说进行了批评，驳斥了一个国家的财富用国库中金银数量来衡量的观点，指出自由贸易对贸易双方都有利，生产的专业化能够扩大经济规模，促进效率和经济增长，政府和产业的共谋关系有损于全体人口的利益。“有一位同时代人对这部著作做过这样的评论：‘斯密将说服在世的一代人，将征服下一代人。’”[2]尽管普遍认为《国民财富的性质和原因的研究》著作的出版标志着重商主义时代的结束，但直至19世纪自由贸易原则才真正成为政府施政的基础。1813年，取消了东印度公司的垄断权，开放了远东贸易，并于1858年解散了东印度公司；1823年，取消了400种商品的进口税；1842年，再次取消工业品的进口税；1849年，废除“航海法案”；1853年，取消了原料和半成品的一切关税。到1860年，英国废除了一切保护关税的政策措施，成为彻底实行自由贸易的国家。

一般来说，重商主义反映的是商业发展的要求，自由主义反映的是工业发展的要求。但是，正如埃里克·罗尔所言：“经济组织与政治机构之间的关系，以及经济思想、政治思想与政策之间的关系，必须从相互影响的关系上来认识。从一个长时期看来，这种关系往往揭示了一种互相对立的性质。一般公认商业资本主义走在现代工业资本主义之前并为之铺平道路。我们将看到，在经济问题上，后者却把国家权力和国家干预看成是很不利于其发展的绊脚石。因此，工业资本主义担当了反对其前人认为有必要创造的政治结构的角色。”[3]资本主义从商业资本主义向工业资本主义过渡后，主要有三个

① 《魁奈经济著作选集》，商务印书馆1979年版，第338页。

② ［德］汉斯·豪斯赫尔：《近代经济史》，商务印书馆1987年版，第278页。

③ ［英］埃里克·罗尔：《经济思想史》，商务印书馆1981年版，第63页。

特点，第一，在工厂体系框架内导向生产体制的机械化，引入全新的工作纪律；第二，与自由市场结成联盟；第三，大量和集中利用资本。① 资本主义自由经济制度的主要特征就是在资本主义机器大工业的基础上，确立了生产的主导地位，商业资本完全从属于产业资本，建立了完全的市场经济体制，国家干预减少，在自由资本主义时期，无论是在传统经济自由主义理论中，还是在当时的国民经济实践中，国家的地位和作用都十分有限。英国之所以能这样做，是由于作为“世界工厂”在对外贸易中确立了绝对优势。19 世纪前半期，英国出口结构中 80% 以上是工业制造品，而进口结构中 90% 以上的是原材料和食品。一切不利于经济自由发展特别是贸易自由的政策措施和经济立法都被废除，市场机制充分发挥作用，股份公司等资本主义企业制度成熟起来，成为吸纳社会资本、组织社会化大生产的手段。在资本主义自由经济制度下，按照亚当·斯密的论述，君主只有三个应尽的义务：“第一，保护社会，使不受其他独立社会的侵犯。第二，尽可能保护社会上各个人，使不受社会上任何其他人的侵害或压迫，这就是说，要设立严正的司法机关。第三，建设并维持某些公共事业及其某些公共设施（其建设与维持绝不是为着任何个人或任何少数人的利益），这种事业与设施，在由大社会经营时，其利润常能补偿所费而有余，但若由个人或少数人经营，就决不能补偿所费。”② 总之，资本主义自由经济制度是在重商主义市场经济体制基础上发展成熟的。

但是，也应该看到，即使在资本主义自由经济制度下，政府并不是无所作为的，且不说通往自由市场的道路，是通过大量而持久的国家干涉打通并保持畅通的，更为重要的是，所谓的自由放任政策也是由政府来强制实施的。迈克尔·佩罗曼在其《资本主义的诞生》一书中，就用“斯密的重商主义”作为一节的标题，指出自由贸易的积极倡导者亚当·斯密在关于殖民地、金融和英国工业发展方面，对国家作用也十分重视，“尽管现代读者认

---

① Robert A. Dodgshon, *Society in Time and Space*, Cambridge University Press, 1998, pp.96—98.

② ［英］亚当·斯密：《国民财富的性质和原因的研究》下卷，商务印书馆 1997 年版，第 252—253 页。

为他是主张自由放任主义的，但作为经济管理理论家，斯密并不是人们想象的教条式的自由贸易主义者”，“斯密的殖民地发展方案不过是一种比较复杂的新式重商主义罢了”。与此同时，甚至那些大张旗鼓反对重商主义的人，也倾向于认为，利润最大的活动应该在英国进行，或至少应该在有利于英国的地方进行。拿骚·西尼尔之所以反对《谷物法》，并不是根据与自由贸易有关的那些普遍理论，他认为，如果英国坚持实行市场保护政策，反对进口食品，美、德等国将会转而追求工业发展，相反，放开英国市场，实行谷类自由进口，将会使那些潜在的竞争对手忙于原料的生产，进而维护英国的工业霸主地位。①

由此可见，英国重商主义市场经济体制是介于封建农本经济制度和资本主义自由经济制度之间的一种经济体制，它的历史意义在于英国其在基础上大致完成了市场经济体制的确立，完成了社会转型和向资本主义的过渡，为文明变迁确定了方向，只需工业革命来为之加盖确认的图章。

第三节　重商主义市场经济体制的发展启示

要追寻西方市场经济的起源，就必须探究英国重商主义市场经济体制的兴起。英国重商主义市场经济形成过程，为其他国家发展市场经济提供了诸多启示：

第一、英国重商主义市场经济体制的形成过程表明，只有社会技术的进步，才能逐步厘清政府与市场的边界，有效提升整个社会的效率，降低经济活动的成本，市场机制才能发挥基础性的功能，市场经济体制才能真正地形成。

从农业社会向工业社会转型，社会技术对市场经济体制的兴起具有至关

① ［英］迈克尔·佩罗曼：《资本主义的诞生——对古典政治经济学的一种诠释》，广西师范大学出版社 2001 年版，第 259、260、59、60 页。

重要的作用。社会技术主要由政府组织状况、财政税收制度、法律制度、意识形态等体系构成。政府组织状态对经济体制的影响主要表现在政府对经济生活的干预上。国家的干预手段多种多样，主要有经济政策手段、立法手段、确立经济规则和维持经济秩序等，目的是为经济运行创造所需的制度条件。政治体制能否对经济体制施加有效影响，在塞缪尔·P. 亨廷顿看来，主要在于“一种政治体制首先必须能够创制政策，即由国家采取行动来促进社会和经济改革，才能成功地处理现代化面临的问题”，此外，“要摧毁盘根错节的传统权益，常常需要动员新的社会势力参与政治，因此一个正在进行现代化的制度还必须具有将现代化造就的社会势力吸收进该体制中来的能力。”[①]英国在重商主义初期，形成了绝对主义君主制，一方面，国王需要解决日益严重的财政危机和巨额的战争费用，不得不倚重商人等新兴经济力量，在政策上体现为积极促进工商业的发展，而在国家官僚机构中，不断吸收新的社会阶层；另一方面，在国家政治架构中，议会越来越具有举足轻重的作用。议会不断吸纳早期资产者加入，其创制政策的权力也越来越大，能够对国王“不负责任的”行为进行一定制衡。而议会与国王的冲突最终通过革命得以解决，光荣革命后，开创了君主立宪制，国王的权力受到议会的全面制约，这一政治体制的转换对英国经济增长具有显著影响。此后，商业集团的利益得到更为有效的维护。有时，国家作为生产者和消费者直接进入经济过程。在重商主义时代，国家作为消费者，需求日益庞大。“从16世纪后半叶至18世纪头十年这段时期，英国王室在战争期间的开支从每年五六十万镑上升到六百万镑，其中有三分之二用于军费”，因为“战争已不再是一种偶发的、阵发的事件，其规模日益升级，其复杂性也日益增加。因而，战争对于各种物资——对于食品与装备——的需求扩大了”[②]。因此，在现实生活中，经济体制的因素往往和政治体制的因素交织在一起，很难作出严格区分。英国直到15世纪要才着手建立官僚体制，官僚机器规模小，在

---

① ［美］塞缪尔·P. 亨廷顿：《变化社会中的政治秩序》，生活·读书·新知三联书店1989年版，第127、129页。

② ［意］卡洛·M. 奇波拉主编：《欧洲经济史》第2卷，商务印书馆1998年版，第95页。

重商主义时代一直处于不断完善的状态，并且存在权力寻租现象，但英国行政机关长期以来效率较高，到 17 世纪 60 年代以后，政府的活动范围更在，官僚机构也更有效率。①

从财政税收制度来看，英国从亨利八世开始，不断卷入欧洲的纷争，战争费用急剧膨胀，面临着财政危机。为了摆脱财政困境，从亨利八世起不得不采取竭泽而渔的财政政策，但不时遭到议会的抵制和反抗，财政问题一直是困扰都铎王朝和斯图亚特王朝历代君主的大问题，因为财政税收制度关系到生产和分配，直接牵动着经济资源的配置和社会秩序的稳定。只有在光荣革命后，英国创立英格兰银行，确立了公共信贷制度，保证了国家信用，才为国家发展提供了巨额资金。据估算，在 17 世纪末期的英国，人口为 500 万，税收每年竟达 700 万英镑，到 18 世纪，征税额占国民生产总值的 22%。② 英国税负虽重，但税赋结构比较简单，形成了以关税为主体的商税，加上十分之一、十五分之一税和补助金从工商业征收的部分，构成了英国财政收入的主体部分，农业税只占很小一部分，随着英国开征商品税和消费税，英国国家税收持续增长并且以间接税为主，可以有效地减少社会冲突，因为正如布罗代尔所言，间接税是看不见的，容易隐藏在价格里；③ 可以有效地促进商业发展，因为国家只有不断促进商品交换，才能扩大税基。重商政府对于各地商人的经商需求，诸如改善交通、通信设施，创设适应商业的法律，都列入施政考量。

随着市场化程度的深入，社会流动性增强，自由劳动出现，贫富分化加强，出现了大量的流民和流浪者，造成了很大的社会压力。如何应对这项制度性的挑战，考验着一个转型社会的社会技术水平。英国经过探索，建立起一个恩威并施的初步的社会保障制度，从而保障了社会转型的成功。英国通

---

① R. Grassby, *The Business Community of Seventeenth-Century England*, Cambridge University Press, 1995, p.214.

② [法]布罗代尔:《15 至 18 世纪的物质文明、经济和资本主义》第 3 卷，生活·读书·新知三联书店 1993 年版，第 440 页。

③ [法]布罗代尔:《15 至 18 世纪的物质文明、经济和资本主义》第 3 卷，生活·读书·新知三联书店 1993 年版，第 440 页。

过一系列的济贫法，把救济贫民定为国家的责任，走上一条以救济为主、惩罚为辅的济贫道路。开征济贫税，1562 年法律规定自愿纳税，1572 年法令以征代募，规定按每个居民的财产比例交纳，有效地保障了济贫资金的来源。同时解决就业问题，1575—1576 年法令规定，每个城市、自治镇和集镇治安法官应为流民提供绵、麻等生产资料，让年轻人和需要工作的人有工可做。要求每个郡都建立感化院、济贫所，将那些有工作机会而不去工作的人送去强制劳动。治安法官是这些法令的具体实施者，他们将贫民登记造册，任命济贫税征税员和管理员，为流民提供工作机会，建立感化院。①

从经济增长的角度来说，法律制度的演进对保障市场经济发展，提高社会效率至关重要。在重商主义时代，英国逐步走向一个法治社会，其法律制度向有利于市场经济的方向演进。15 世纪末形成的衡平法调整的对象是民事法律关系，主要包括用益、信托、信用等方面，把土地与附着在土地上的封建权利与义务分离开来，从而逃避了土地转移可能带来的领主对继承、监护和婚姻、土地收回等方面的干涉，从而适应了土地自由转移的时代要求，方便了土地的买卖与转让，推动了英国封建土地所有制同资本主义私有制度的转变。此外，衡平法对抵押品赎回权、租赁权、非正式契约规定之权利的保护，都有利于市场货币经济的发展。同时，习惯法法院也逐渐接手处理新的经济关系，保护自由的甚至受奴役的租户的土地所有权和地租契约，把社会的经济基础从使用价值的契约转变为交换价值的契约，为农民创造了财产和自由。习惯法也开始对商人的习惯加以解释，反对国王出售垄断权，逐渐变成了财产、自由和工商业的法律。②

意识形态的转变，也是一种社会技术进步的表现。这里的意识形态，指“社会成员共享的一种意义体系”。③ 在近代早期，英国摆脱了中世纪教会经济伦理的影响，奉行的是重商主义，英国的“商人们希望中央政府规范度量衡，统一市场，维护国内和平和秩序，保护产权，他们认识到，强大的政策

① *Statutes of the Realm. IV*, William S Hein & Co, Inc., 1993, pp.610. 896.

② [美]约翰·R. 康芒斯：《资本主义的法律基础》，商务印书馆 2003 年版，第 286、294 页。

③ J. O. Appleby, *Economic Thought and Ideology in Seventeenth-Century England*, Princeton University, 1978, p.4.

既是经济稳定的原因又是结果”[①]。而国家希望通过发展工商业增强“国家财富和权力”[②]，重商主义应运而生。国家大力支持商业的发展，统一度量衡，规范市场经济秩序，促进工业品出口和原材料进口，通过外交甚至是战争手段支持商人发展对外贸易，开拓殖民地。商人的社会地位不断提高，不少人出任议员、伦敦等市的市长。

社会技术的进步虽然不像科学技术发展一样表现为某种新产品或新发现，不具有可见性，但从以上社会技术构成要素的分析来看，英国社会的“稳定性是奠基在随时准备适应于变革着的环境与条件”[③]，显著地鼓励变革，社会技术大幅提升，富有效率，形成了经济加速度发展和技术取得突破的发展导向。英国市场经济体制正是在重商主义时代社会技术的成长中，随着经济和政治情势的不断演变，不断调整国家与市场经济的关系，使之符合市场经济发展的规律，确立了政府与市场各自的边界，为英国市场经济体制的最终确立奠定了坚实的基础。

走出中世纪之后，民族国家和市场经济同步发展、同步成长是近代早期英国经济和社会转型的重大特点之一。国家与市场经济的关系呈现出一个动态演进的过程，在这一过程中，国家力量和市场力量通过一系列的博弈，不断调整国家和市场经济的关系，从都铎王朝和斯图亚特王朝早期对市场经济的全面控制，到 18 世纪国家控制体系的瓦解和自由贸易的出现，最终实现了双赢，新兴的国家和市场经济都获得了成长，国家机构得到了完善，功能得到了扩张，社会也更有效率，市场要素也从国家的控制下和利益集团的垄断下不断解放出来，市场机制配置资源的范围越来越大。[④]

在中世纪晚期，虽然市场在不断扩张，商品交换也越来越频繁，但这个

---

① R. Grassby, *The Business Community of Seventeenth Century England*, Cambridge University Press, 1995, p.213.

② L. Magnusson, ed., *Mercantilism: Critical Concepts in the History of Economics*, Vol. 1, London and New York , 1995, p.4.

③ [美] 罗伯特·金·默顿:《十七世纪英格兰的科学、技术与社会》，商务印书馆 2000 年版，第 281 页。

④ 李新宽:《论英国重商主义政策的阶段性演进》，载《世界历史》2008 年第 5 期，第 73—83 页。

时候英国的经济还不是市场经济。只有在重商主义时代，市场机制才开始形成并最终发挥调节经济资源的作用，市场经济这部复杂而精良的机器通过价格和市场体系来协调英国的各种经济活动。政府从都铎王朝时的全面干预立场后退到维护市场经济发展秩序的立场上，并且成功地拓展了新的职能，那就是通过实施有效的社会政策保护社会免受市场无情的侵害。正是在重商主义市场经济体制下，国家和市场经济通过互动确立了各自的功能和职责，“看得见的手”与“看不见的手”共同促使英国成为一个贸易大帝国和工业革命的发源国。

第二，英国市场经济体制的形成历史表明，只有让市场机制逐步发挥基础性作用，只有让市场主体利用市场规律、抓住市场机遇，推动生产方式变革和产业组织创新，才能促使市场经济向各个领域全面渗透，才能促进市场机制的全方位形成，带动财富的积累和商业的繁荣，促进经济的全面增长。

生产方式的变革，首先体现在经济体制的变革。经济体制的变革在生产方式转换的基础上也是一种质变，是从旧模式向新模式的转换。体制变革或转轨是一个制度变迁的过程，制度变迁一般有两种方式：强制性制度变迁和诱致性制度变迁，前者“指的是由政府法令引起的变迁”；后者“指的是一群（个）人在响应由制度不均衡引致的获利机会时所进行的自发性变迁”。[①]英国在重商主义时代的制度变迁两种方式都存在，其基础是生产力的发展，其基本走向是市场经济和资本主义，这就带动和促进了生产方式的变革。

不管是出于财政考虑，还是出于王权制约贵族的需要，国家对商业和商人的支持，使得英国商品化进程加快。农业和手工业在越来越强大的商品经济的旋涡中越来越身不由己，商品化程度的加深促使农业和手工业的生产方式日益取决于市场的需要，不得不作出调整和变革。商业的发展对旧有的生产方式有一种自发的“分解作用”。不论在哪种生产方式的基础上，工商业都能使自给自足的生产逐步转化为以交换为目的的生产，从而使产品的生产日益从属于交换，具有为交换价值而生产的性质。“起初，商业是行会手工

① 林毅夫：《关于制度变迁的经济学理论：诱致性变迁与强制性变迁》，《财产权利与制度变迁——产权学派与新制度学派译文集》，上海三联书店1991年版，第374页。

业、农村家庭手工业和封建农业转化为资本主义经营的前提。它使产品发展成为商品，这部分地是因为它为产品创造了市场，部分地是因为它提供了新的商品等价物，为生产提供了新的原料和辅助材料，并由此开创了一些生产部门，它们一开始就以商业为基础：既以替市场和世界市场生产为基础，也以世界市场造成的生产条件为基础。”但也要看到，商人资本发展所产生的商人支配生产虽然起过巨大的过渡作用，但最终要向产业资本转化，“对外贸易的扩大，虽然在资本主义生产方式的幼年时期是这种生产方式的基础，但在资本主义生产方式的发展中，由于这种生产方式的内在必然性，由于这种生产方式要求不断扩大市场，它成为这种生产方式本身的产物。”①生产方式最大的变革无疑是雇佣劳动的出现和对小生产者的剥夺，使得农民放弃他们自给自足的生活方式，到工厂里去为工资而工作，最终使资本主义得以成功。对农民的剥夺是通过圈地运动完成的，特别是18世纪的议会圈地，彻底剥夺了农民赖以生存的生活条件，切断了耕织结合的传统。随后到来的产业革命加速了这一进程，从而最终完成了从封建农本经济向资本主义经济的过渡。工业革命也得益于圈地运动为其提供了两个必不可少的条件，一是为工厂提供了劳动力，二是为城市提供了粮食和原料。

重商主义市场经济体制的形成，生产方式的改变，也促使产业组织不断创新和演进，农业中租地农场的出现，工业中集中手工工场的建立，商业中股份公司的形成，一系列制度创新，反过来推动了生产方式变革的广度和深度。特别是股份公司组织形式的出现，成为现代企业制度的源头，在工业革命后与现代工厂制度结合，不断得到完善，并在各行业得到广泛应用和发展，为资本主义社会化大生产提供了组织形式。

在市场经济全面扩张的过程中，英国的经济面貌发生了翻天覆地的变化。在1500年至1700年间，在市场力量的推动下，英国工业和农业专业化加速，产出都翻了一番多，外贸增长了5倍多。城市化的步伐同样惊人，在1500年英国四分之三的人口是农业人口，到1670年农业人口缩减到不超过60%，到1750年，农业人口只占46%。国内生产总值在17世纪翻了

① 马克思：《资本论》第3卷上册，人民出版社1975年版，第364、376、458页。

一番，到1700年，英国比1600年又富裕了两倍。1650年以后，个人收入也在增加，在16世纪早期，伦敦的工资购买力与阿姆斯特丹、佛罗伦萨、维也纳处于同一水平，到1700年，伦敦和阿姆斯特丹工资购买力是其他城市的2倍，1700年之后，伦敦工资购买力继续增长，而阿姆斯特丹则停滞不前。①

随着商品交换规模不断扩大，商品流转速度不断加快，在17世纪60年代至80年代之间，英国从亚洲的进口增长了4倍，到1700年，亚洲和美洲提供了英国三分之一的进口品。② 商人资本的放量扩张，英国商人的财富不断积累增长。在17世纪初，英国伦敦以外的各地商人资产一般在2000镑至4000镑之间，而同时期伦敦作为经济中心，其商人财富积累得较快，大约有50多名伦敦商人的资产在2万镑至10万镑之间。③ 到17世纪末期，英国社会各阶层的收入都比该世纪早期高很多，根据格雷戈里·金的估算，在1688年，160家世俗领主每家平均年收入是2800镑，26家教会领主是1300镑，800家准男爵是880镑，600个骑士家庭是650镑，3000家绅士是450镑，12000个乡绅是280镑。这一年度英国的总财富增加了1825100镑。④ 而据重商主义者查尔斯·达维南特的推算，英国的社会财富在1600年达到1700万镑，到1630年增加近一倍，达2800万镑，1660年增加一倍，达5600万镑，到1688年增加50%以上，达8800万镑。⑤ 比如，达德利·诺思通过自己的努力和奋斗，到1691年去世时账面资产达到32058镑，其中不包括他妻子的财产。1692年，他的信托地产到期，价值33388镑，其中包括一些未付的利润和额外的利息，不包括个人的盘子、珠宝、家庭动产

---

① Paul Slack, *The Invention of Improvement: Information and Material Progress in Seventeenth-Century England*, Oxford, 2015, pp.8–10.

② Paul Slack, *The Invention of Improvement: Information and Material Progress in Seventeenth-Century England*, Oxford, 2015, p.154.

③ S. M. Jack, *Trade and Industry in Tudor and Stuart England*, London, 1977, p.42.

④ J. Thirsk, and J. P. Cooper, eds., *Seventeenth Century Economic Document*, Oxford, 1972, p.780.

⑤ ［英］查尔斯·达维南特：《论英国的公共收入与贸易》，商务印书馆1995年版，第160页。

和他在卡姆登房屋的租金。加上他妻子的个人财产 18, 137 镑，共为他的继承人留下了 51, 525 镑的产业，再加上在布里斯托尔的财产和在圣布里维尔的地产，这些年总收入可以达到 360 镑。所有这些财产可以确保继承人每年收入至少达到 2, 400 镑，迈入了中等乡绅的行列。① 到了 18 世纪，随着股票、债券交易的活跃和投资渠道的增多，使许多人一夜暴富，当南海公司的财产被充公时，有两人每人的财产达到了 24.3 万英镑，5 人的财产在 10 万—20 万英镑之间，5 人的财产在 5 万—10 万英镑之间，还有 10 人的财产在 2.5 万—5 万英镑之间，② 格拉斯比教授将伦敦商人按照财富的多少分为 7 大类，最富者财产数达到 10 万镑以上，在 1600—1660 年间有 10 人，在 1660—1720 年间有 15 人，第七类不足 500 镑的占伦敦市民的 40%。在地方城镇中，虽然没有巨贾大亨，但一些人的财产仍超过 1 万镑，纳税记录表明，每个城镇中都有几个特别富有的人。许多人的财产都在 5000—10000 英镑之间。③ 财富的增加促进了商业和消费的增长，从伦敦一个女奶贩在 17 世纪 90 年代一周平均向每位顾客出售 16 品脱就可以看出这种增长的势头。④

无论在什么样的经济体制，经济增长都是社会追求的主要目标之一，尽管增长的社会目的可能有本质不同。体制的变革带来生产关系的变革，生产关系的变革不断释放生产力蕴藏的巨大能量，带来经济的发展。在重商主义时代这一长时段里，由于统计资料的缺乏，给出现代意义上的统计证明是困难的，但是，英国经济发展是无可置疑的，⑤ 这从英国产业演进中可以得

① Richard Grassby, *The English Gentleman in Trade: The Life and Works of Sir Dudley North, 1641–1691*, Clarendon Press, 1994, p.113.

② ［德］维尔纳·桑巴特：《奢侈与资本主义》，上海人民出版社 2000 年版，第 9 页。

③ R. Grassby, *The Business Community of Seventeenth Century England*, Cambridge University Press, 1995, pp.247–249.

④ Joan Thirsk, *The Rural Economy of England: Collected Essays*, London, 1984, p.186.

⑤ “增长”和“发展”是两个不同的概念，“增长”指的是产量的增加，它所表示的是数量上的变化；“发展”指的是质量上的变化，或者像它经常表示的，是结构上的变化。参见［英］罗伯特·杜普莱西斯的《早期欧洲现代资本主义的形成过程》，辽宁教育出版社 2001 年版，前言。

到佐证。农业实现了革命性的发展，[①] 在16、17世纪本土农业不仅能够为全国人口提供几乎所有饮食，而且为制造业提供了许多原材料，鱼是唯一大多数人饮食中的重要项目，却不是英国农业的产品。英国从外国进口的其他食物都是其生产要求不同气候条件的奢侈品，如葡萄酒、香料、糖、茶、咖啡等。[②] 通过圈地运动和技术变革，农业经营方式发生了历史剧变，亩产量和粮食商品率都增加了，18世纪英格兰和威尔士谷物产量增加了40%。汤森通过轮作等技术革新，使小麦在自己的土地上每英亩的产量从10蒲式耳增至24蒲式耳。而另一位罗伯特·贝克韦尔的科学培育法使小牛的平均重量从50磅增至148磅，使菜牛的平均重量从370磅增至800磅，使绵羊的平均重量从28磅增至80磅，使羔羊的平均重量从18磅增至50磅。[③] 罗伯特·艾伦也指出了近代早期英国农业和畜牧业生产力提高的相同趋势，"例如每头奶牛的产奶量在1300年只有100加仑／年，到1800年已增加至380加仑／年。每只绵羊的剪毛量从1.5磅增加到3.5磅，宰杀后可食用的羊身部位的重量也从22磅增加到60磅。同样，小麦的单产也近乎翻了一番。1300年，在英国大部分地区每英亩耕地只能产10蒲式耳小麦（当然也有一些地区的小麦单产高于此数），到1700年已增至20蒲式耳。"[④] 工业的部类不断增多，出口数量不断攀升，以1700年的出口指数为100，到1730年就增长到142，到1750年增长到176。[⑤] 而商业的发展从前面提到的商人资本的增加即可看出。正是在重商主义时代，英国市场经济的发展为英国工业突

① 传统观点认为英国在16、17世纪发生了农业革命，但马克·奥弗顿在结合各种农业革命的看法后认为，1750年以后英国才发生了农业革命。Mark Overton, *Agricultural Revolution in England: The Transformation of the Agrarian Economy, 1500–1850*, Cambridge University Press, 1996.

② C. G. A. Clay, *Economic Expansion and Society Change: England 1500–1700*, Vol. I, Cambridge, 1984, p.102.

③ ［英］查尔斯·达维南特:《论英国的公共收入与贸易》，商务印书馆1995年版，第160页。

④ ［英］罗伯特·艾伦:《近代英国工业革命揭秘：放眼全球的深度透视》，浙江大学出版社2012年版，第91页。

⑤ C. Wilson and G. Parker, ed., *An Introduction to the Sources of European Economic History 1500–1800, Vol. 1: Western Europe,* George Weidenfeld and Nicolson Ltd., 1977, p.122.

破和经济起飞奠定了坚实的基础。

第三，英国在重商主义时代市场经济体制的形成历史表明，只有从生产和消费两个维度全力推动，形成重商社会和创新社会，才能出现技术的大突破和生产力水平的大跃升，才能孕育和升级工业文明。

在重商主义时代，英国正是由于通过商业的扩张推动了工业的发展和农业的增长，市场的庞大需求成为技术变革特别是机器发明的动因。消费的增长极大地促进了技术的变革、产品的革新，加速了重商社会的形成。克里斯托弗·戴尔的研究表明，在14、15世纪，已经像18世纪消费革命中一样，生产者通过尽可能地开发和制造新产品来刺激需求。① 玛丽安娜·科瓦雷斯基也认为，消费革命开始于中世纪晚期，黑死病之后人口急剧减少，促进人均消费更高，消费的物品和服务更加多样，反过来促进了商业和工业部门的发展。② 到16、17世纪，通过一系列的企划和国家的帮助，英国生产出了大量的新消费品，随意比较一下农民的标准家内用品就一目了然。在1550年之前，农民的家里拥有基本的家具：长凳、桌子、凳子、床、少量的家庭日用织品，基本的做饭和吃饭器具。到17世纪末期，农民拥有如此多的不同质量的家用织品可供选择，可以用作家用和个人穿戴，多得不可胜数，更多的铁制、黄铜制和铜制容器陈列在厨房、食品室和乳品间的架子上。从个人穿戴来说，人们可以从大量不同颜色、设计和尺寸的针织袜中作出选择。商店陈列着11种或12种丝线，带蕾丝的、精制的、粗制的，花色各不相同，还有布带、缎带、亚麻织带，服饰的范围多种多样，像今天的大型服装店一样。饮食同样可以在一个广阔范围的食品中选择，乡绅最好的果园可以生产60种不同种类的苹果、20种梨、16种樱桃、35种杏和李子。如果你在1677年左右从伦敦订购莴苣种子，你可以从卷心莴苣、亨伯莴苣、罗马莴苣、阿拉伯莴苣、萨伏依莴苣、粉红色莴苣、红色莴苣和皱叶莴苣之间选择；如果你想要洋葱，你可以从施特拉斯堡洋葱、西班牙红色洋葱、西班

---

① Christopher Dyer, *An Age of Transition? Economy and Society in England in the Later Middle Ages*, Clarendon Press, 2005.

② Maryanne Kowaleski, "A Consumer Economy", in Rosemary Horrox and W. Mark Ormrod, ed., *A Social History of England: 1200–1500*, Cambridge University Press, 2006, p.239.

牙白色洋葱、法国洋葱和英国洋葱之间选择；黄瓜可以选择长的、短的或者多刺的；即使是水芹，在我们今天的蔬菜水果店里总是看起来一样，在当时可以选择印度水芹、独行水芹、宽叶水芹或者卷叶水芹。① 所有这些消费品都是当时的企划家为满足国内市场需求，从国外引进或在国内培育、生产的。玛克辛·伯格指出："外来消费品的输入，特别是从亚洲的进口，促进英国人重新思考本国生产的消费品的特点，这一创造性交流的结果是新产品的发明，在 18 世纪和 19 世纪早期形成了一个可辨认的英国消费品部门的基础。"② 这些新消费品的生产，推动了英国在 18 世纪的产品和工艺革新。③ 桑巴特认为，市场在地理上的扩张，并不是资本主义得以确立的决定性因素，决定性因素在于奢侈品消费的增长，"在我看来，奢侈品消费的增长在更大的程度上影响着工业生产的组织。在很多情况下（虽然不是全部），为资本主义打开大门，并使之渗透到各行各业的，恰恰是消费的增长。"④ 桑巴特的这一观点值得重视，因为重商主义社会就是市场经济向各行各业、各个领域全面渗透的社会，而消费是渗透进去的第一滴水，水滴石穿，最终在 18 世纪上半期汇成了市场经济的汪洋大海，形成了消费社会，推动了技术的革新和创造，为工业革命铸就了动力强大的引擎。

过去，我们对英国发生的工业革命耳熟能详，津津乐道。⑤ 实际上，早

---

① Joan Thirsk, *Economic Policy and Projects: The Development of a Consumer Society in Early Modern England*, Clarendon Press, 1978, pp.106–107.

② Maxine Berg, *Luxury and Pleasure in Eighteenth-Century Britain*, Oxford University Press, 2005, p.85.

③ Maxine Berg, "From Imitation to Invention: Creating Commodities in Eighteenth-Century Britain", *The Economic History Review*，Vol. 55, 2002, p.3.

④ ［德］维尔纳·桑巴特：《奢侈与资本主义》，上海人民出版社 2000 年版，第 212 页。

⑤ 现在，许多历史学家都避免使用"工业革命"一词，其他人则用它来指代 19 世纪而不是 18 世纪的发展，甚至有人建议用它描绘 19 世纪 80 年代以后的历史时期而不是 18 世纪 80 年代以后的历史时期。见 H. T. Dickinson, *A Companion to Eighteenth-Century Britain*, Oxford: Blackwell Publishers Ltd., 2002, p.128; 尼古拉斯·克罗夫茨通过实证研究表明，在 1830 年之前，蒸汽机对经济增长的贡献微不足道，在瓦特改良蒸汽机 100 年之后才对经济发展形成影响。这与我们过去对工业革命的理解大相径庭。见 Nicholas Craft, "Steam as a general purpose technology: a growth accounting perspective", *Economic Journal*, Vol. 114, 2004, pp.338–351。

在工业革命发生之前，英国在工农业技术上已经发生了一场静悄悄的改良和革命，形成了一个创新社会，正因如此，才会出现工业革命的技术大突破。只是由于过去史家对17世纪末至工业革命之前这段时间英国的技术发展不甚了解，许多人认为这一阶段技术停滞不前，如科尔曼就曾经一度认为："这一时代使用的节省劳动力和提高生产率的设备经常是有几个世纪之久，漂洗机，纺轮，圈围或合并的农场，水力鼓风炉，其他的在17世纪末刚刚崭露头角。低下的生产率，停滞的技术，劳动力是主要生产要素，都意味着生产很少的东西付出长时间艰辛的劳动"，而且"质量改进几乎是不可能的。"① 后来，科尔曼也认识到，实际上，英国工业在1650—1750年间呈现出一系列的革新，其中一些具有彻底革新的性质，代表了对提高生产率起作用的固定资本投入，一些革新涉及动力驱动机械的新运用。② 默顿的研究表明，在重商主义时代，由于经济发展提出了许多最紧迫的需要解决的问题，发明被朝气蓬勃的经济发展引入了特定的轨道，发明的热潮日益高涨，使得17世纪成为一个"工程的时代"。③1662年英国皇家学会成立以后，以促进科学技术在现实中的运用为己任，在起草的学会章程前言中明确提出："皇家学会的业务是：增进对自然事物的知识，通过实验促进有用的技艺、制造业、机械技术、器械和发明。"④ 皇家学会的各种实验和报告目的是在工业和农业中有实际运用。各地的地方学会掀起了普及科学知识和把科学知识运用到改进工农业实际技艺中去的大潮。这就成为培育英国革新的土壤。这样在17世纪中期以后，英国进入了一个发明狂热的时代。许多人对创业和冒险十分渴望，导致17世纪和18世纪上半期成为创业者的黄金时代，也是一个投机的时代，当时人们提出了各种计划和奇思妙想吸引大众投资，英国人开始自己发展新型工业技术，英国工匠开始扮演欧洲先进工艺先驱者的角色。

① D. C. Coleman, "Labour in the English Economy of the Seventeenth Century", *Economic History Review*, Vol. 8, No. 3, 1956, p.287.

② D. C. Coleman, *The Economy of England 1450–1750*, London, 1977, p.156.

③ 罗伯特·金·默顿：《十七世纪英格兰的科学、技术与社会》，商务印书馆2000年版，第194页。

④ Peter Mathias, *The Transformation of England*, London and New York: Routledge, Reprinted, 2006, p.51.

安德鲁·亚伦顿在其著作《英国海上和陆地的进步》中，用几百页列举了在每一个可能的领域的无数计划，目的在于“不用战斗就打败荷兰，不用花钱就清偿债务。”①20年后，丹尼尔·迪福也对许多特别是商业领域的工程和计划作了评论。在1561年到1688年间英格兰公布了317件专利，其中，43%与煤炭工业直接相关，32%与煤炭工业间接相关，14%是解决矿井排水问题的。与农业相关的有6件。此外，科学家和技术人员对与交通航运、军需装备、纺织工业、农牧业相关的技术问题进行了大量有益的探索，作出了一些重要的发明。②此后，这一热潮不断升温，在1660—1700年的40年间，英国共批准236项发明专利。在1691—1693年，就批准64项。③在18世纪的前50年，数量相对少一点，没有像18世纪晚期那样突然爆发，原因在于这一时期英国申请专利的只占英国人发明创造的一小部分，更重要的是，下面将会提到，这一时期英国的技术革新还体现在产品和工艺革新上，这样的革新在当时不会去申请专利。这样，到1760年，英国在采用节省劳动机械设备方面，已经处在欧洲国家的最前列。④

重商主义者约书亚·塔克1757年在《旅行者指南》中生动地描绘了这种创新热潮的结果:“很少有国家能赶上，可能没有一个国家能超过英国用来节省劳动力的机械发明的数量。事实上荷兰在利用风力轮锯木、榨油、造纸等方面优于英国，但是涉及采矿和冶炼各种金属方面，英国人在机械动力发明上罕见地灵巧。适合于在矿坑中提升矿石的发明，如吊车或马力机;其他的发明有抽水设备，如水力轮和蒸汽机;还有其他的发明来减少四轮马车的费用，如配上本制构架能让马车在倾斜或向下的路面奔驰的机械，同时能载运大量东西。对这些发明来说，在不同的工序中运用时必须添加各种操作杆。也包括黄铜系列

---

① Richard C. Wiles, “The Theory of Wages in Later English Mercantilism”, *Economic History Review*, Vol. 21, No. 1, 1968, p.122.

② 罗伯特·金·默顿:《十七世纪英格兰的科学、技术与社会》，商务印书馆2000年版，第192页。

③ K. G. Davies, “Joint-Stock Investment in the Later Seventeenth Century”, *The Economic History Review*, Vol. 4, 1952, p.285.

④ Alfred P. Wadsworth and Julia de Lacy Mann, *The Cotton Trade and Industrial Lancashire, 1600–1780*, Manchester University Press, 1931, p.411.

部件、切割轮、轧板轮和制作各种精致金属线的设备。所有这些，看上法很奇妙，差不多是为了进一步操作和使用做准备。因此当我们进一步考虑到在伯明翰、伍尔弗汉普顿、设菲尔德和其他制造业地区，几乎每一个制造商师傅都拥有一项自己的新发明，并且每天都在改进其他人的发明。我们可以自信地断言，在英国的这些地区，这些发明可以看作是一种实用技术的典范，在世界其他任何地方都罕有。"塔克的结论就是："物品的价格因此大大低于其他地方可能的价格，并且更多的人得到雇用。"①并且由于应用的这种机械工序越来越多，极大地提高了劳动生产率，使得英国劳动力能够获得高工资。

布里斯托尔商人、著名的重商主义者约翰·卡利对当时的技术进步和高工资的关系已经有比较深刻的观察："炼糖商每磅糖卖6便士，20年前的收益是每磅12便士。蒸馏酒商出售烈酒只卖到从前价格的三分之一。玻璃瓶、丝袜和不胜枚举的其他制造品的售价只有几年前的一半，但没有降低穷苦劳动力的工资。"那么，是怎么做到这一点的呢？卡利的答案是"这源于制造商的独创和他对工作方法的改进：炼糖商一个月之内完成了操作，祖辈需要四个月来完成；蒸馏酒商比以前教他们这门手艺的人……在更短的时间做出更多的烈酒。玻璃制造商找到了更快的制造玻璃方法，成本很小甚至没有，丝袜用机械代替了手工，烟草由动力机械代替小刀来切割，书籍由印刷代替了手写，松木板由轧板机代替人工锯开，铅由鼓风炉代替了手拉风箱的吹风。所有这些节省了许多劳动力，所以这些受雇者的工资不需要减少。"②更为重要的是，"钟表匠已经把技艺发展得如此精湛，劳动力和材料只占购买者支出的最小部分，我们的各种毛织品如此精致，时尚使得一件织品在国内外出售都值两倍的价格。购买者对时尚的追求使商品价值摇摆不定。工匠们使用用途不同的工具造出了这些商品，却对打商标机根据人力劳动的价值来定价困惑不已。铜工利用新发明做一桶10先令的炮弹，对此漠不关心的他猜不出它值至少50先令。"③ 正是由于技术先进、产品附加值高，使得英国

① Josiah Tucker, *Instructions to Travellers*, Dublin, 1758, p.20.

② John Cary, *An Essay on the State of England*, Bristol, 1695, pp.145–146.

③ John Cary, *An Essay on the State of England*, Bristol, 1695, p.146.

能够保持较高的劳动工资。实际上，当时在国内外的有识之士就经常把英国劳动力的高价归因于机械工序的广泛运用。①

即使是传统的纺织行业，也开始关注主要的制造工艺。到处都有不引人注意的进步，比如在1680年左右，一位威尔特郡的呢绒商说，在过去40年里纺线技术进步如此之大，一磅羊毛能比内战之前做出两倍的呢绒。其中一些革新更加彻底，像洛姆的捻丝机从海外引进。荷兰的带织机或者动力织机（尽管名字叫动力织机，根本不是由动力驱动）相当大地增加了缎带、线带和此类产品的生产率，在17世纪早期当移民引进伦敦的时候，引进了混乱，因为被视为就业的威胁。但是在17世纪60年代，它被不断扩展的曼彻斯特纺织城镇采用，曼彻斯特成为纺织业和纺织业变化的关键点。到1750年，曼彻斯特城有1500架这样的带织机，并进行了水力驱动试验。被证明是工业革命最重要的技术革新之一的动力纺纱机，这一时期在中部和西北部也已经出现。在1673年和1723年，有两项专利授予设计提高纺织纱线产量的设备。在1738年授予刘易斯·保罗的专利事后看来也具有意义，因为它包含了随后时代运用于里查德·阿克莱特著名的棉纺机中的技术。保罗和他的合作伙伴发明这个机械的目的是纺织羊毛线。著名的"飞梭"在1733年由约翰·凯伊申请专利，这一时代在任何纺织地区，不管是呢绒织区还是棉布织区，虽然都传播得很慢，但是由于18世纪上半期工资的上升，使得采用机械已经成为迫不得已的办法。一位法国制造业检查员在1760年左右对英国人一个如此勤劳的民族纺织毛线的时候，为什么偏爱大纺轮而不是小纺轮而迷惑不解，他发现答案就隐藏在经济原因之中："他们的羊毛比我们的更便宜，但纺织过程很贵，这就是为什么他们竭力使用机械来降低手艺的价格，如果可以的话，可以干双倍的工作。"②随着呢绒贸易的扩展，进一步促进了对劳动力的需求，"就呢绒商而言，利润激励他不断扩展贸易，他现在把一部分他以前解雇的工人招了回来，很快在每个环节都需要更多的人手。伴随

① Alfred P. Wadsworth and Julia de Lacy Mann, *The Cotton Trade and Industrial Lancashire, 1600–1780*, Manchester University Press, 1931, p.411.

② Alfred P. Wadsworth and Julia de Lacy Mann, *The Cotton Trade and Industrial Lancashire, 1600–1780*, Manchester University Press, 1931, pp.411–412.

着需求的增长，羊毛的价格上升，牧场主分享到增长的利润。”①

城市无疑是技术革新的中心和高质量产品的生产中心，约翰·鲁尔就指出：“总体而言，城市的工匠制造的产品质量更高，设菲尔德市生产的餐具就比周边乡村生产的更好。伍尔弗汉普顿和威伦霍尔集中生产锁具，而黑区（Black Country）的村民生产的是铁链和钉子。考文垂的丝带式样在沃里克郡编织的丝带之上。在专业生产花边之前，诺丁汉的织袜工与东米德兰乡村编织工相比，是为更‘高端市场’生产长统袜。”②但是如果我们因此就认为在乡村地区没有技术进步，那是绝对不正确的。农民是“住在乡下的劳动大军”，乡村手工业也有相当程度的专业化，这就使得乡村制造业的生产率实现持续增长成为可能，“许多农村制造业工人通过专业的应用变得技巧娴熟，并且传承到下一代，他们特制的产品获得了良好的声誉。”③这样，由于英国在技术上整体领先，并且逐渐开辟出一个广阔的世界市场，这一市场由英格兰、威尔士、苏格兰、爱尔兰以及英国在北美和西印度等地的殖民地组成，需求多种多样，因此“即使是乡村地区生产的低等品……仍旧在国内市场甚至是国际市场扮演着重要角色”④。

除了机械的发明和创造，英国当时发生的工艺和产品革新的意义也极为显著，提升了产品的质量，拓展了产品种类，扩大了英国的就业范围，改变了英国过去由单一呢绒构成的出口商品结构，开拓了市场空间。过去史家多把工业革命视为技术革命，重视机器发明和创造的研究。而M.伯格从物质文化的角度阐述了史家都不关注的18世纪产品和工艺革新，集中阐述了当时的工艺和产品革新，这些革新所创造出的新产品被赋予了时尚和品位的特性，从而激起了消费者的强烈购买欲望。⑤正如琼·瑟斯克和约翰·斯蒂尔斯所看到的那样，这一变革进程从16、17世纪就已经开始，到18世纪形成了厚

① Alfred P. Wadsworth and Julia de Lacy Mann, *The Cotton Trade and Industrial Lancashire, 1600–1780*, Manchester University Press, 1931, p.418.

② John Rule, *The Vital Century,* Longman, 1992, pp.98–99.

③ John Rule, *The Vital Century,* Longman, 1992, p.99.

④ John Rule, *The Vital Century,* Longman, 1992, p.99.

⑤ Maxine Berg, “From Imitation to Invention: Creating Commodities in Eighteenth-Century Britain, ” *The Economic History Review*, Vol. 55, No. 1, (Feb. 2002), p.3.

积薄发的态势。琼·瑟斯克指出，在16、17世纪之交，英国许多商品都是从国外进口，但在企业家的引进和推动下，新工业如织袜业、制扣业、制针业、制钉业、制盐业、淀粉业、肥皂业、刀具业、烟斗业、灶具业、采矾业、缎带和花边业、亚麻布纺织业、麦酒醋酿造业、酒精蒸馏业等逐步创立、壮大，在新农业方面，为了榨油的油菜种植业，为了榨油和制作麻线、亚麻布和帆布的亚麻和大麻种植业，为了染料的靛蓝、茜草、黄木犀草种植业，烟草种植业，花卉和蔬菜种植业，葡萄种植业，为了养蚕的桑树种植业都发展了起来。① 约翰·斯蒂尔斯认为从1550年到1750年两个世纪间在英国物质文化史上见证了无比非凡和前所未有的革新。一些产品是全新的，在那些英国发明或者至少彻底改型的加工品中，包括袖珍显微镜、用铅玻璃做的酒杯和钟表等。② 虽然有一些技术和产品英国还没有，但英国人善于学习、模仿和改进。著名的重商主义者波斯特勒维特就对中国、印度、日本制造品的技术、质量和工艺极度着迷，他在《贸易和商业通用辞典》中"机械技艺"词条下，褒扬孟加拉、中国和日本的工匠，认为英国工匠应该向他们学习："总体而言，在机械或制造工艺方面，其他民族可能优于大不列颠，我们的能人随时留意，不仅仅是模仿，而且要超越……对于进口的物品，对于他们能够了解、操作和详细检查的物品，他们最好模仿或者超越。"③ 以英国的陶瓷业为例，虽然在学习中国和欧洲陶瓷的过程中存在仿冒和剽窃，但更多的是自主创新，如伍斯特制造厂就生产出了实用、雅致和中小乡绅能够支付得起的器皿。④ 这种通过模仿和创新制造出的新产品被称为"英国奢侈品"。⑤ 一位瑞士印染工在

---

① Joan Thirsk, *Economic Policy and Projects: The Development of a Consumer Society in Early Modern England*, Clarendon Press, 1978, pp.6–7.

② John Styles, "Product Innovation in Early Modern London", *Past and Present*, No. 168, 2000, p.125.

③ Malachy Postlethwayt, *Universal Dictionary of Trade and Commerce*, in Maxine Berg, "From Imitation to Inventtion: Creating Commodities in Eighteenth-Century Britain" , *The Economic History Review*, Vol. 55, 2002, p.16.

④ Maxine Berg, "From Imitation to Inventtion: Creating Commodities in Eighteenth-Century Britain" , *The Economic History Review*, Vol. 55, 2002, p.24.

⑤ Maxine Berg, "From Imitation to Inventtion: Creating Commo dities in Eighteenth-Century Britain", *The Economic History Review*, Vol. 55, 2002, p.14.

1766年就注意到："每个人都知道，这个民族的工业和克服任何障碍的不屈不挠的耐心是超乎想象的，他们不敢夸口许多发明是他们的，但敢夸口的是他们完善了别人的发明，因此就有一句谚语，一件完美的东西一定是法国发明的，英国造出的。"①从17世纪90年代起，英国的制造商已经把绝大多数外国竞争商品挤出了国内市场。②此时小商贩的包里就塞满了小的奢侈品，丝吊袜带、袖珍镜子、长丝带和长花边、便宜的玩具、棉围巾、连身式内衣、牛角和象牙，以及许多其他细碎东西，所有这些都是普通家庭主妇意欲选择的东西。③

更为重要的是，这种工艺和产品的革新，或者技术引进与设计的概念紧密联系起来。设计与制造业的结合提升了产品的价值。在18世纪30年代，伦敦制造文化已经了解"设计"的商业重要性。设计开始真正成为公众关心的事务，重商主义者、消费者和生产者关心的话题。④由于重视设计，鼓励制造商创新产品形式，实现产品多样化，这一时期在产品多样化和建立产品特性方面成绩卓著，最根本的革新是品牌的建立和发展。这些带有商标的产品在17世纪就已出现，到18世纪很普遍，生产者甚至在包装和容器上下足了功夫，在上面标上商标名称和其他信息，⑤从而带来了更多的利润，能够为劳动力支付更高的工资。

采矿业、金属冶炼、纺织生产和造船等方面都采用了新的办法，风力和水力一天天地代替了人力和畜力。正是在此基础上，才有蒸汽机的突破，从此进入一个以煤炭、石油等不可再生资源为能源，以机器为动力的工业时

① Alfred P. Wadsworth and Julia de Lacy Mann, *The Cotton Trade and Industrial Lancashire, 1600–1780*, Manchester: Manchester University Press, 1931, p.413.

② Lion K. J. Glassey, ed., *The Reigns of Charles II and James VII & II*, London: Macmillan Press Ltd., 1997, p.194.

③ Angus McInnes, "The Emergence of a Leisure Town: Shrewsbury 1660–1760", *Past and Present*, No. 120 , (Aug., 1988) , p.78.

④ Matthew Craske, "Plan and Control: Design and the Competitive Spirit in Early and Mid-Eighteenth-Century England, " *Journal of Design History*, Vol. 12, No. 3, 1999, pp.190, 188.

⑤ John Styles, "Product Innovation in Early Modern London" , *Past and Present*, No. 168, 2000, pp.148, 153.

代，英国社会得到彻底改造，工业和商业取代农业，成为文明发展的主导。由此可见，正是在重商主义时代的第一个市场经济体制阶段，英国在一个农本社会里培育了新的工商业文明的要素，最终借助不断累积的技术变革，完成了向工业文明过渡的最后一跃。

第四，重商主义市场经济体制的发展表明，在市场经济全面兴起后，面对工资上扬的情势，除了大力推动技术革新之外，只有把产业迁往劳动力更便宜的地区，或者实现地区集聚化生产，专业化分工，才能降低成本，形成新的优势。

纺织行业是英国最大的产业部门，面对17世纪末18世纪上半期劳动工资上升的趋势，英国纺织行业自动进行了产业转移。德文郡的呢绒业在1700年雇用了埃克塞特五分之四的人口，雇用了蒂弗顿和更小的城镇以及这一地区乡村地区的绝大多数人口，[①] 但埃克塞特哔叽出口荷兰的数量在1700—1721年间下降了2/3多，从总值386000镑降到了111000镑。到了18世纪40年代，埃克塞特呢绒市场流行的一句话是："我们有交易但没利润。"[②] 而诺威奇被称为"斯塔夫"（stuff）的呢绒出口数量在18世纪上半期却稳步增长，扩展到所有市场。虽然在国内市场有新机械纺织的棉布和约克郡的粗线精纺织物强有力的竞争，但"斯塔夫"呢在欧洲市场鲜有竞争对手，在1700—1721年间诺威奇向西班牙出口从23,000镑上升到112,000镑，到1750年，诺威奇商人卖给西班牙的布匹在价值上是埃克塞特商人的6倍。即使是精纺织物的产量，也是在七年战争之后才被约克郡西区超越。在发展最高峰时，诺福克工业掌控着12000台织机，工人们为大约30多位大呢绒商—印染商的订单工作，6个人一台织机，共有72000人在诺威奇周围忙碌，平均每台织机的产量价值在100镑左右。据说在1760年诺威奇纺织工匠的工资比西南各郡低40%，从而使得总成本下降了8%—10%。[③] 当时一位作者已经看到了埃克塞特萧条的原因："西部的呢绒贸易已经转移到王国

① John Rule, *The Vital Century,* Longman, 1992, p.102.

② Charles Wilson, *England's Apprenticeship 1603–1763*, London: Longman, 1965, pp.290–292.

③ Charles Wilson, *England's Apprenticeship 1603–1763*, London: Longman, 1965, pp.293–294.

的其他地区，主要是哈利法克斯和约克郡西部地区。”另一位作者也认为呢绒贸易已经转移到“北部地区，那里的燃料更丰富，其他日常生活必需品更便宜，或者税赋更少，使得比南部地区增长更快。”[①] 当然，埃克塞特并没有因此一蹶不振，作为一个市场和地区的中心，埃克塞特的其他收入来源减轻了呢绒贸易衰退的冲击，工人和小作坊主流向商店或各种其他职业。杰里米·布莱克也看到了这一时期英国工业地理的变迁，他说：“在英国北部和中部地区，特别是在煤田或靠近煤田的地区，工业正逐渐变得特别重要。兰开夏、约克郡和西米德兰成为主要的工业化中心。”[②] 这里不但冶金业发展势头良好，而且兰开夏和约克郡的纺织业也开始获得长足发展。

英国制造业在此时已经形成了几个大的中心，初步实现了专业化分工和地区范围内的资源集聚共享，从而降低了生产成本，为高工资形成有利的条件，如被称为“黑巴恩斯利”的巴恩斯利是钢铁制造中心，“所有的铁匠都住在这里”，设菲尔德也是“乌黑一片”，伯斯莱姆在 18 世纪中期作为陶器中心，中午过街也得摸索着前行。[③] 正是由于扎堆生产，才会形成了如此严重的污染。根据丹尼尔·笛福在 1700 年左右在全国漫游所见，全国形成了几个活跃的制造中心，在德文郡，埃克塞特方圆二十英里范围内都在生产哔叽；在诺福克，诺威奇城周围几英里范围都在生产斯塔夫呢；在埃塞克斯，近 40 英里范围内四周都在生产粟绒；在威尔特郡，从沃明斯特到马姆斯伯里，包括布拉德福德、特罗布里奇、韦斯特伯里、泰德伯里、弗罗姆和德维斯等所有的大城镇，生产精制西班牙呢、混纺服装和厚毯；在格洛斯特和伍斯特，为土耳其商人生产白色服装；在沃里克郡和斯塔福德郡，围绕着伯明翰镇，生产五金器具和餐具；在约克郡和兰开夏，在曼彻斯特、设菲尔德、利兹、哈利法克斯等大制造业城镇周围，从事棉品、五金、约克呢的生产等。[④] 纺织业虽然散布在全国各地，但“我们可以分辨出三个主要的工业

---

① Charles Wilson, *England's Apprenticeship 1603–1763*, London: Longman, 1965, p.292.

② Jeremy Black, *Eighteenth-Century Britain 1688–1783*, New York: Palgrave, 2001, p.51.

③ John Rule, *The Vital Century*, Longman, 1992, pp.99–100.

④ Daniel Defoe, *A Tour Through the Whole Island of Great Britain*, Vol. I-III, 7nd. ed., London, 1769.

集聚区：约克郡同利兹和哈利法克斯为一区；诺福克郡同诺里奇为一区；英伦海峡和布里斯托尔海峡之间的西南部为一区。”①

第五，重商主义市场经济体制的发展表明，虽然重商主义国家在市场经济发展之初，为了稳定社会秩序，采取的一些国家干预和控制措施在一定程度上阻碍和扭曲了市场经济发展之路，但市场经济体制在兴起的初期正是通过国家的帮助才实现了商业的腾飞和经济的起飞。与此同时，在市场机制形成、市场经济体制初步确立以后，国家必须及时转变调控方式，变直接干预为间接管理，才能进一步释放经济活力，实现经济的持续增长。

国家的各种管制措施给市场经济带来的损害和束缚在亚当·斯密的《国富论》中已经详细作出了考察。②伊克隆德和托利森等学者根据现代寻租理论，对英国重商主义国家的寻租活动进行了分析，指出了国家干预市场经济活动带来的损害。③客观地分析就可看到，许多英国重商主义政策并没有达到预期的效果，有的甚至起到了相反的作用。唐纳德·A. 沃克通过对斯图亚特王朝早期国家管制对弗吉尼亚烟草的研究说明了，尽管国家的管制取得了些许成功，但由于阻碍了市场的自由发展，造成了一系列的失败：既不能阻止外国烟草走私到英国，又不能防止弗吉尼亚烟草逃税；既不能强迫弗吉尼亚人通过限制烟草生产来改善烟草质量，又不能压制英国人在本国从事烟草生产。④再如面对17世纪20年代和30年代的呢绒出口危机，从生产者的观点来看，首要的任务就是要扩大需求。但英国王室政府在失业人口不断增长的压力下，把工作的重心放在了努力维持工资水平上。在1631年和1636年枢密院试图迫使呢绒商提高工资，这种措施对失业问题几乎没有帮助。枢密院在1630年2月同意了东地公司的请求，禁止私商与欧洲大陆进行贸易，这样限制了呢绒商的销售渠道。在1634—1635年冬天，枢密院

---

① 保尔·芒图：《十八世纪产业革命》，商务印书馆1983年版，第34页。

② ［英］亚当·斯密：《国民财富的性质和原因的研究》下卷，商务印书馆1974年版，第四篇。

③ Robert E. Ekelund and Robert D. Tollison, *Mercantilism as a Rent-Seeking Society*, Texas A & M University Press, 1981.

④ ［瑞典］拉尔斯·马格努松：《重商主义经济学》，上海财经大学出版社2001年版，第232—233页。

不顾艾塞克斯和萨福克呢绒商的抗议，命令压制伦敦独立的呢绒经销商，在首都只允许商人冒险家公司和布料商店主公司成员从事批发和零售贸易。第二年，王室政府进一步剥夺了科尔切斯特的呢绒商直接与欧洲大陆从事的权利。在1637年，枢密院命令艾塞克斯的治安法官逐渐停止当地一种呢绒的生产，仅仅因为枢密院认为这种商品不像以前那样时兴了。但是这些措施直接或间接关系到大多数艾塞克斯人的利益，对他们来说，这样一种措施比瘟疫来袭都更糟糕。[①] 国家的干预措施有的时候并不是反映了全体居民的利益，只不过是反映了特殊利益集团的要求。像1666年禁止进口爱尔兰牛的法案是北部和西北部养牛诸郡的一次胜利，牺牲的是南部诸郡和米德兰地区育肥牛业者的利益。1701年法案限制生丝和棉花进口，不过是东印度公司和本地纺织生产商之间长期斗争的一段插曲。[②] 克雷格·马尔德鲁也看到，17世纪初期的重商主义作家认为英国应该通过与荷兰在贸易、渔业和制造业领域的竞争来变得更为富有，但亚当·斯密批评他们提倡的政策只对垄断公司有利，牺牲了穷人的利益。[③]

但是在英国市场经济发展初期，正是由于重商主义政府的大力扶持，英国才能在与欧洲列强争夺商业霸权和世界市场过程中成功胜出，改写了英国的商业和产业发展格局。英国为了促进本国商业与航运业的发展，一方面后来居上，积极推进海外探险和殖民活动，建立特许贸易公司，开拓和抢占世界市场，垄断对外贸易。在1600年到1700年间，英国在欧洲、非洲、美洲之间建立起跨大西洋贸易网，并建立起对亚洲进行贸易掠夺的通道。到17世纪后半期，伦敦成为跨大西洋多边贸易的中心。另一方面，不惜发动商业战争，向当时垄断大洋和殖民地贸易的西班牙、荷兰及其竞争对手法国发起挑战，成功崛起，为英国商人打开了一个广阔的世界市场。通过三次英荷战争就使伦敦拉开了取代阿姆斯特丹成为欧洲经济世界中心城市的序幕。伦敦

---

① W. Hunt, *The Puritan Moment*, Harvard University Press, 1983, p.248.

② C. G. A. Clay, *Economic Expansion and Social Change: England 1500–1700, Vol. II,* Cambridge University Press, 1984, p.204.

③ Philip J. Stern and Carl Wennerlind, *Mercantilism Reimagined: Political Economy in Early Modern Britain and Its Empire*, Oxford University Press, 2014, p.372.

成为世界商品的集散地，奴隶、烟草、蔗糖、靛蓝、沥青、松脂、丝绸、香料、棉布、葡萄干、茶叶、咖啡等商品源源不断输入伦敦，然后又输出到西欧各国。此外，英国的呢绒、五金制品等也不断出口到欧洲等地。

总而言之，正如克雷格·马尔德鲁所言，重商主义绝不是一堆历史的灰烬，由于自由主义和古典经济学的诞生而尘封起来，相反需要在过去、现在和将来不断反思、修正和重新讨论。① 因为市场经济体制在英国的起源正是凭借重商主义的助力，才最终成长为现代市场经济体制。在市场机制成熟，重商主义思想中的自由贸易思想逐渐占据主流地位，国家直接干预逐渐退出经济舞台，从而大幅提升了英国市场的活跃度，助推了英国经济的起飞。重商主义市场经济体制这一市场经济体制初级形态的形成史，展示了国家与市场经济竞合生长最终确立边界的历程，呈现了市场三大机制逐步形成并发挥基础性作用、市场机制全面渗透的动态演进图景，展现了市场行为主体利用市场规律、抓住市场机遇创新组织形式来获取更大利润的历史。作为市场经济体制的干细胞，重商主义市场经济体制蕴含着现代市场经济发展的原始基因，预示了现代市场经济体制面临的问题和矛盾。一切治愈现代市场经济危机的药方，如果不能追踪溯源，找到具有自我修复功能的基因，激发市场经济固有的潜能，只能是让经济陷入长久的衰退。

---

① Philip J. Stern and Carl Wennerlind, *Mercantilism Reimagined: Political Economy in Early Modern Britain and Its Empire*, Oxford University Press, 2014, pp.371–382.

附录 1：

重商主义概念辨析

重商主义是理解西欧从农业文明向工业文明变迁、从封建社会向资本主义社会转型的关键词，然而对于“什么是重商主义”这一问题，每个重商主义研究者又都困惑不已，因为重商主义这个名词的确切定义一直以来是个有争议的问题。重商主义涉及的问题纷繁复杂，重商主义思想和政策的演变也令人眼花缭乱，重商主义者在初期倡导的观点和政策，可能到了后来的重商主义者那里，又极力表示反对。布罗代尔也注意到，一位历史学家就曾放心大胆地指出：“有多少个重商主义者，就有多少种重商主义。”①

因此，要想深化和细化重商主义研究，首先必须从源头开始，厘清重商主义的概念。

一

造成重商主义概念至今模糊不清的原因很多，既有历史认识的原因，也

① ［法］费尔南·布罗代尔：《15 至 18 世纪的物质文明、经济和资本主义》第 2 卷，生活·读书·新知三联书店 1993 年版，第 599 页。

有学术方法的问题，这里作一简单的分析。

自亚当·斯密以来，学者们在研究重商主义的时候，不断赋予重商主义新的意义，使得重商主义的概念不断发生位移和扩展。斯密首开系统研究重商主义的先河，① 但是，为了创立自己的理论体系，斯密把重商主义的原理简化为两项可以批驳的“谬论”：财富由货币或金银构成和贸易顺差是获得财富的手段。亚当·斯密还对重商主义政策进行了描述和界说，他用相当大的篇幅批判英国的重商主义保护和管制经济的措施，成功地把重商主义树立为自由贸易的对立面，严重地限制和影响了后世学者对重商主义的看法，建构起重商主义等同于国家干预的理论图式，认为重商主义反映的是商人和制造业者的特殊利益。② 而到了德国历史学派手里，重商主义变成了国家建设的过程，代表了民族国家的利益。施穆勒认为，重商主义的“内核是国家建设，不是狭义的国家建设，而是国家建设和民族经济形成的同时进行……这一体系的本质不在于其货币理论，或者贸易平衡，不在于关税壁垒，保护税，或航海法案；而在于更为宏大的事物，也就是在于社会和制度的整体转型，由民族国家的经济政策代替地方的和领地的经济政策”③。这样，重商主义为以后德国的统一奠定了基础。重商主义在施穆勒的眼里变成了一个与亚当·斯密眼中十分不同的事物，且内涵大大地扩展。德国历史学派在英国的追随者 W. 坎宁安在其所著《英国工商业的增长》中把重商主义描绘为一个寻求权力的体系，国家权力是君主和政治家实施管制政策的根本目的。赫克歇尔走得更远，他认为每个人都可以自由地赋予“重商主义”一词意义和范围，以更好地适应他自己设定的特殊任务。从这个角度来说，对这个词的使用没有对错的问题，只有或大或小的恰当性问题。④ 这样经过赫克歇尔之手，

① “商业体系”或“重商主义”的词汇并不是由亚当·斯密首创，见 A. V. Judges, “The Idea of a Mercantile State”, in D. C. Coleman, ed. *Revisions in Mercantilism*. Methuen & Co. Ltd., 1969, p.37。

② [英] 亚当·斯密：《国民财富的性质和原因的研究》下卷，商务印书馆 1974 年版，第 1—229 页。

③ G. Schmoller, *The Mercantile System and Its Historical Significance*, New York, 1931, p. 50–51.

④ Eli. F. Heckscher, *Mercantilism* Vol I, New York, 1983, p. 2.

重商主义的概念扩展得十分宽泛，成为一个无所不包的名词，成为思想和政策搅拌在一起的大杂烩，变得面目不清，使得重商主义的一些基本问题在20世纪引起了广泛的争论。

原因之二是，重商主义的著作中混杂着政策建议，并不纯粹是理论阐述。因此，学者们长期以来把重商主义思想和重商主义政策混为一谈，许多人甚至在两者之间直接画上了等号。亚当·斯密实际上就把重商主义思想与政策混在一起加以批判，认为重商主义是一种商人和制造业者谋求获取特殊利益的学说和政策。19世纪德国历史学派的罗雪尔、斯穆勒、桑巴特，以及受该派思想影响的英国经济史家坎宁安、阿什利等人都把重商主义看作一个旨在通过保护和经济民族主义手段促进经济增长和现代化的经济思想和经济政策学派。① 此后，西方经济学家或经济史家虽然有的侧重于从经济思想演进的角度来考察重商主义，有的侧重于从经济政策史发展的角度来诠释重商主义，但是，他们有一个共同点，不管是有意或无意，都把重商主义定位为一种经济学说和经济政策的混合体。如赫克歇尔在其巨著《重商主义》导言中开宗明义地把重商主义定义为"经济政策史的一个阶段"。② 但由于他在书中把重商主义设定为一种"统一体系""权力体系""保护体系""货币体系""社会概念"，因此，为了阐释和充实他的这种复杂的宏大分析框架，他既需要通过重商主义政策来加以说明，又需要不时地征引重商主义思想加以解释。这样，在他的笔下，重商主义又成为一种经济学说体系，从而把重商主义思想与政策的界限于无形中一笔勾销了。格拉普也指出，"重商主义"一词过去习惯上指这一时期的经济论著及其经济实践。③

此外，对于是否存在一个统一的重商主义体系，学术界争论不已。布罗代尔就认为："重商主义萌芽于14世纪……直到18世纪仍依然存在。这样长的寿命意味着，它绝对不是轻易下个定义就能一劳永逸地确定的'体系'，

---

① L. Magnusson, *Mercantilism: The Shaping of an Economic Language*, New York, 1994, p. 22.

② Eli. F. Heckscher, *Mercantilism* Vol I, New York, 1983, p.2.

③ W. D. Grampp, "the Liberal Elements in English Mercantilism", *Quarterly Journal of Economics*, Vol. LXVI, 1952 , p. 465.

亚当·斯密硬说重商主义是个结构严密的体系，那是为了便于批驳。”[①]科尔曼认为，“重商主义是不存在的实体之一，它被创造出来的目的是防止历史研究滑入好古癖的深渊。”[②]A. V. 贾吉斯对是否存在一种连贯的重商主义学说持怀疑和否定态度，他认为，“重商主义从来没有信条，也没有为其献身服务的神父。”[③]此外，苏普莱、科尔曼、熊彼特等人也持同样的看法，苏普莱就认为，“把这些作者称为‘重商主义者’是危险的，等于含蓄地赋予他们一种学说的连续性，建立在一系列预设的逻辑原则之上，而这是他们所不具备的。”[④]赫克歇尔则持肯定态度，他认为，重商主义的经济理论考察了经济体系是如何创造的，以及怎样才能以一种预期的方式影响它。许多人指出不同的重商主义者提出了相反的要求，赫克歇尔认为，这反而是重商主义一致性的证据，在一定范围内，相反的要求出自同一个有着紧密联系的原则，这种对实践的分歧表明他们的预设不是奠基于实际利益，而是或多或少奠基于公认的原则。[⑤]

原因之三是，是语义的变迁导致易生歧义。许多现代学者一般都把重商主义一词放在现代语境中来理解，这样很容易造成极大的误解。其实，“商业”一词在现代用法中意义狭窄得多，通常指流通过程的一个方面，这一用法误导人们认为重商主义者只重视商业，忽视农业、制造业、航运业以及其他产业，事实上根本不是这样。重商主义者在当时使用“商业”一词时，通常包括当时所有的经济活动。[⑥]

此外，许多经济学家或经济史家都是用现代经济学理论来研究重商主义。维纳、赫克歇尔、凯恩斯、威尔逊、科尔曼、格拉普、马格努松等，这

---

① [法]费尔南·布罗代尔:《15至18世纪的物质文明、经济和资本主义》第2卷，生活·读书·新知三联书店1993年版，第599—600页。

② D. C. Coleman, “Mercantilism Revisited”, *The Historical Journal*, Vol. 4, 1980, p.791.

③ D. C. Coleman, ed., *Revisions in Mercantilism*, Methuen and Co. Ltd., 1969, p.35.

④ L. Magnusson, *Mercantilism: The Shaping of an Economic Language*, New York, 1994, p.44.

⑤ Eli. F. Heckscher, *Mercantilism* Vol I, New York, 1983, p.27.

⑥ W. D. Grampp, “the Liberal Elements in English Mercantilism”, *Quarterly Journal of Economics*, Vol. LXVI, 1952, p.471.

些人都在不同程度上用现代经济理论来研究重商主义。如雅格布·维纳就明确宣称是根据现代贸易和货币理论来研究重商主义学说。① 当然最典型的是凯恩斯用他的宏观经济分析框架、伊克隆德和托利森利用寻租理论来研究重商主义。② 这样一种研究方法，很容易造成削足适履的效果。在已经形成系统体系的现代经济学的眼里，重商主义这种很多时候都是在讨论实际政策问题的理论，只能被看作是一种含混不清的经济学说和经济政策的综合体。

这种对重商主义概念的混淆和误用导致学术界至今对英国重商主义的诸多问题争讼不已，鉴于其容易引发争议，许多历史学者主张取消“重商主义”一词，认为重商主义像许多如资本主义、封建主义等以“主义”结尾的词一样含糊不清和令人讨厌。科尔曼就认为，为了更好地理解 17 世纪的英国经济，首先要做的就是抛弃重商主义这一历史包袱。③ 但越来越多的学者认识到，我们还不能抛弃这一词语，因为不管这个词如何之坏，借用它可以方便地把一系列行为、态度、计划、观念和经验归在一起，它们表明 15 至 18 世纪期间的现代国家在必须解决的具体问题时采取的第一位立场。④ 赫克歇尔也指出，“它只不过是一个工具性概念，如果运用得当，能使我们比以别的方式更清楚地理解一个特殊的历史阶段。”⑤ 马格努松反问：“这一词语对理解 17 和 18 世纪的智力和政治环境仍然有用，为什么不用呢？”⑥ 根据马格努松的看法，可以通过把重商主义嵌入西欧的商业资本时期赋予其“合理的内容”，这一时期“原始积累”掌握在商人资本家手中，他们享受着垄断权力，允许他们降低成本，抬高售价。因此，“重商主义者强调贸易是价值的

① J. Viner, “English Theories of Foreign Trade before Adam Smith”, *The Journal of Political Economy*, Vol. 38, 1930, p.250.

② R. E. Ekelund, and R. D. Tollison, *Mercantilism as a Rent-Seeking Society*, Texas A & M University Press, 1981.

③ D. C. Coleman, “Labour in the English Economy of the Seventeenth Century”, *Economic History Review*, Vol. VIII, 1956, p.295.

④ ［法］费尔南·布罗代尔：《15 至 18 世纪的物质文明、经济和资本主义》第 2 卷，生活·读书·新知三联书店 1993 年版，第 599 页。

⑤ Eli. F. Heckscher, *Mercantilism* Vol. I, New York, 1983, p.2.

⑥ L. Magnusson, *Mercantilism: The Shaping of an Economic Language*, New York, 1994, p.vii.

源泉和进步的驱动力，在商人资本主义的语境下可以予以充分的理解，就像理解国家在不平等交换的再生产中的作用一样。从这一途径来看，重商主义理论和概念基本上是对现实的合理化。”①

二

那么，重商主义到底是什么？笔者认为，要厘清这一问题，鉴于上述重商主义概念复杂的演变过程和模糊不清的面貌，首先要分析的是，重商主义不是什么。

第一，重商主义不等于国家管制和干预。把重商主义等同于国家管制经济或贸易保护主义，是亚当·斯密建构起的分析模式，在 19 世纪以后被许多人广泛接受，以至于 19 世纪的绝大多数作家，认为只要某一种著作带有一丁点“重商主义”气味，就足以判处这部著作的死刑。② 因此，许多学者把重商主义看成是自由放任的反义词。③ 直到今天，这种解释模式仍然影响着学者们对重商主义的定义。④ 就像许多人只知道一元硬币的正面图案，永远对其背面的图案视而不见，但自以为很了解这种硬币一样。J. O. 埃普利贝实际上就持有这种想法，她把 17 世纪明确地划分为“自由的”和“贸易保护的”两个阶段，由于从 17 世纪 90 年代起，英国采取措施阻止印度印花布的输入，以保护本国的纺织业，不断提高关税打击法国的竞争，所以，她认为从此时起，英国才真正出现了重商主义。⑤ 但赫克歇尔对此有清醒的认

① L. Magnusson, “Eli Heckscher, mercantilism, and the favourable balance of trade”, *Scandinavian Economic History Review*, Vol. XXVI, 1978, p.114.

② ［美］约瑟夫·熊彼特：《经济分析史》第一卷，商务印书馆 2001 年版，第 514 页。

③ C. Wilson, *Mercantilism*, London, 1971, p.3.

④ R. H. Fritze, and W. B. Robison, ed., *Historical Dictionary of Stuart England, 1603–1689*, Greenwood Press, 1996, p.330.

⑤ J. O. Appleby, *Economic Thought and Ideology in Seventeenth-Century England*, Princeton University Press, 1980, p.250.

识，他指出："重商主义至少有两个面相，一个指向自由主义，另一个则刚好相反。"[①] 也就是说，自由主义思想也是重商主义的内核之一。17世纪中后期以后，重商主义逐渐走出了早期那种国家对经济生活进行全面控制的理论主张和政策实践，在思想上主张自由贸易，在政策目标中追求放松对经济的控制。

第二，重商主义思想不等于重商主义政策。"重商主义研究通常被当作一种重商主义者小册子的研究，历史学家用这些小册子来拼凑当时经济史图景，理论家们通常是依据古典经济学理论，或多或少地带有同情地甚至常以一种屈尊俯就的姿态，讨论这些小册子所包含的学说。"[②] 尽管在研究重商主义的时候，时刻都不能忘记重商主义思想和重商主义政策两者之间的紧密关系及相互影响，但英国重商主义思想和重商主义政策都有自己独立的发展轨迹，只有在学理上把两者清楚地区分开来，从结果的研究转向过程的研究，弄清楚重商主义思想是通过什么样的传播途径转化为可操作的制度、法律与政策的，才能真正寻得一幅更加完整的重商主义历史图景。

第三，重商主义并不具有一个一成不变的结构，也就是说重商主义有一个阶段性的动态演进过程，每一阶段都有自己的特点和主要内容。从重商主义思想来说，过去学术界一般都把英国重商主义思想划分为两个发展阶段，早期的重商主义思想又被称为重金主义，晚期的思想又被称为重工主义或贸易平衡理论。雅格布·维纳对早期和晚期重商主义思想的区别作了较为详细的论述。[③] 但是，这种把重商主义思想划分为两个时期的做法是建立在对18世纪上半期重商主义思想研究缺失的基础上的，赫克歇尔在其两卷本的巨著《重商主义》中，虽然把重商主义的时间段定位在中世纪到自由放任时代之间，但赫克歇尔自己也承认，他的研究到1714年为止，没有对以后的重商主义思想进行深入分析，如果能对这一时段进行研究，会取得富有成效

① Eli. F. Heckscher, *Mercantilism*, Vol. II. New York, 1983, p.323.

② J. H. Dales, "The Discoveries and Mercantilism: An Essay in History and Theory", *The Canadian Journal of Economics and Political Science*, Vol. 21, 1955, p.141.

③ J. Viner, "English Theories of Foreign Trade before Adam Smith", *The Journal of Political Economy*, Vol. 38, 1930, pp.252–254.

的成果。[1] 随着近年来对 18 世纪上半期重商主义作品研究的深入，这种笼统粗略的分期已经不利于深化对重商主义的认识。英国重商主义时代大体上从 1500 年至 1750 年，横跨两个半世纪。在这么大的时间跨度内，如果在研究重商主义思想的时候，不进行适当的分期，细化研究，就不能把握英国重商主义思想演进的阶段性变化。把重商主义思想放在历史时间尺度内，就会看到，其演变经历了三个时期，雏形时期、成熟时期、完善时期，这种阶段性演进反映了重商主义对经济现象的把握不断深入，对经济语言的运用不断成熟的过程。[2] 从英国重商主义政策来说，第一阶段是都铎王朝时期，国家干预范围广、规模大，并不断向纵深发展，从国内产业的发展，到海外贸易的开拓，甚至日常生活的背后都矗立着国家巨大的身影。第二阶段是从斯图亚特王朝到光荣革命期间，是过渡阶段，反对国家干预和控制的呼声日益高涨，如特许公司的垄断权就受到了持续不断的攻击，被大大削弱，出现了重商主义自由贸易学说，主张发挥市场机制的作用，并且开始影响国家政策。第三阶段是光荣革命到 18 世纪 50 年代，主要采用关税等间接手段来调节经济，对百姓日常生活的控制开始消失，形成了一个由市场来分配资源、调节经济的社会。[3]

三

清楚了重商主义不是什么，就可以在现有重商主义研究的基础上，来探讨重商主义是什么。

现在，对英国重商主义概念作出清晰梳理的条件已经具备，最近关于重商主义思想的研究已经清楚地表明，重商主义思想在许多方面是古典经济学

---

① Eli. F. Heckscher, *Mercantilism*, Vol II. New York, 1983, p.183.

② 李新宽:《英国重商主义思想的分期问题》，载《武汉大学学报》2008 年第 6 期。

③ 李新宽:《论英国重商主义政策的阶段性演进》，载《世界历史》2008 年第 5 期。

的理论先驱，而决不仅仅是针对当时经济危机的政策辩论。把重商主义仅仅看作是经济政策是错误的。① 新近关于英国经济史的讨论也已经使学者们充分认识到，经济思想只构成了具体政策形成背后的诸多因素之一，马格努松就认为，“首先，大多数此类作品不能看作纯粹是 17 世纪和 18 世纪早期王室追求的保护主义或者传统规制政策的辩护。恰恰相反，许多重商主义作者猛烈批评此类政策。我们这里可以提到巴本、达文南特，或被假定为《虚弱的英国》的作者佩蒂特，他因其‘自由贸易’倾向而受到麦卡洛克（McCulloch）的高度赞扬。应该记住的是，孟的目标之一是攻击禁止出口金银的古老政策，这种政策严重侵犯了东印度公司的利益。但是，把这种对政府政策的批评态度归结于公司利益的坚定支持也是错误的。不是这一特殊集团的支持者也持这样一种批评态度。”② 因此，对英国重商主义思想和政策从学理上作出区分已经具备条件。纵观英国重商主义整个发展历程，重商主义思想和政策都可以划分为三个阶段，但重商主义思想和重商主义政策有着不同的演变轨迹，在分期的时间点上也有不同之处，两者的发展有时候并不总是同步，重商主义思想形成后，需经过思想的传播，经意识形态的确认，方可转化为可操作的国家制度、法律与政策，这是一个非常复杂的过程。

此外，许多学者在研究重商主义时，在方法上越来越多地认同“十六和十七世纪的行为模式，必须根据十六和十七世纪的事实和人的观点来考察”。③ 这样的立场、这些新的研究动向为从学理上界定重商主义概念准备了基础。

从本质上讲，重商主义探讨和处理的主要问题是中世纪晚期至工业革命之前的国家与市场经济的关系。因此，重商主义就是商业资本主义时期关于国家与市场经济关系的学说，也是国家与市场经济关系互动的一种实践。重商主义包括重商主义思想和重商主义政策两个层面，必须在学理上对两者作出清晰的区分。无论是重商主义思想还是重商主义政策，都有两个面相，一

---

① L. Magnusson, *Mercantilism: The Shaping of an Economic Language*, New York, 1994.

② L. Magnusson, *Mercantilism: The Shaping of an Economic Language*, New York, 1994, p.17.

③ ［美］约瑟夫·熊彼特:《经济分析史》第一卷，商务印书馆 2001 年版，第 241 页。

个是国家干预，一个是自由贸易，这两个面相就是重商主义这枚硬币的两面，缺一不可，这两个面相随着重商主义的动态演进而此起彼伏。把重商主义等同于国家干预，或者把重商主义等同于自由贸易都是不全面的，没有把握住重商主义的实质。

重商主义和古典经济学之间的区别在于前者主张一个相对受到控制的市场，而后者主张一个相对不受控制的市场，"自由主义者希望通过市场来完成经济组织的功能，这个市场越自由越好。重商主义者相信，如果对市场以某些方式加以控制，那么这种功能将发挥得更好。"①一语道出了重商主义的本质所在。

（原载《东北师大学报（哲学社会科学版）》2009 年第 4 期）

① W. D. Grampp, "the Liberal Elements in English Mercantilism", *Quarterly Journal of Economics*, Vol. LXVI, 1952 , p.495.

附录 2：

本是同根生

——亚当·斯密与重商主义的关系研究

在《国民财富的性质和原因的研究》中，亚当·斯密用很大的篇幅疾言厉色地批判重商主义。从此，重商主义遭到自由主义经济学家的一致谴责，被看成与古典经济学或自由经济学完全对立的经济学说或经济实践。但是，仔细分析斯密著作的文本，研究当时英国发展的历史事实，就会发现，实际上存在着两个斯密，一个是承袭了重商主义经济自由思想的斯密，高举“看不见的手”，大力呼吁实行自由贸易；一个是在一定程度上同情和主张重商主义国家干预的斯密。当然，斯密与重商主义者的关系是既有承袭，又有区别，毕竟在斯密的时代，英国经济发展的状况与重商主义时代相比，已有很大不同。

一

从表面上看，亚当·斯密大力呼吁实行自由贸易，他甚至提出了自由贸易的理想图景：“似乎必须把不列颠宣布为自由港，并对国际贸易不加任何阻碍。如果可能使用其他方法支付政府的费用，应该停征一切的税，关税、消费税等。应该准许和一切国家通商与进行交易的自由，应该准许和一切国家买卖任何东西。”①但在某种程度上，亚当·斯密也主张国家干预，有着某种“重商主义”思想倾向。这已为中外学者所注意，如吴承明就指出：“古典经济学的市场观多少带有重商主义色彩。”②G. M. 安德森等人也认为，斯密实际上是一个富有创造性的重商体系的改造者。③但学界没有对此做深入的研究，笔者拟在这里作一简单的梳理。

在关于法律、警察、岁入及军备的演讲中，斯密明显十分同情政府干预。他认为，警察的目的之一，就是确保商品的廉价，表明他同意警察拥有干预日常生活的权力，并且在演讲中，他把对国家的富裕问题的讨论放在警察这一题目下。④

尽管斯密对重商主义国家干预不遗余力地进行了抨击，鼓吹自由贸易，似乎是毫不妥协的自由放任政策的宣扬者。但是，斯密并不是一个教条式的自由贸易主义者，或者一个市场原教旨主义者。他的结论是：“只能一步一步地、小心翼翼地恢复自由贸易。”这是斯密著作中的一个重大矛盾。虽然他到处宣扬自由贸易有着无往而不胜的好处，但是他却担心“如果骤然撤废高关税与禁止，较低廉的同种类外国货物，即将迅速流入国内市场，把我国千千万万人民的日常职业与生活资料夺去。”他甚至认为：“不能期望自由贸易在不列颠完全恢复，正如不能期望理想岛或乌托邦在不列颠设立一样。”⑤

航海法是英国重商主义立法中最为有名的立法之一，李普森认为，航海法、谷物法和工业保护是英国重商主义的三大支柱。然而这一重商主义法案却得到了斯密的高度赞扬：“在英国各种通商条例中，航海法也许是最明智

① ［英］坎南 编著：《亚当·斯密关于法律、警察、岁入及军备的演讲》，陈福生等译，商务印书馆 2005 年版，第 220 页。

② 吴承明：《吴承明集》，中国社会科学出版社 2002 年版，第 231 页。

③ R. B . Ekelund, Jr. and R . D. Tollison , *Politicized Economies: Monarchy, Monopoly, and Mercantilism*, Texas A & M University Press, 1997, p.12.

④ ［英］坎南 编著：《亚当·斯密关于法律、警察、岁入及军备的演讲》，陈福生等译，商务印书馆 2005 年版，第 31、174 页。

⑤ ［英］亚当·斯密：《国民财富的性质和原因的研究》下卷，郭大力、王亚南译，商务印书馆 1983 年版，第 40、42 页。

的一种。”这一立法的根本目的在于挑战荷兰贸易中心的地位，摧毁荷兰的贸易和海运。斯密极力掩饰这一目的，他为自己找到的借口很蹩脚，他把这一立法同国防联系起来，认为“国防比国富重要得多”。[①]但是，英国由此挑起的英荷战争决不是缘于什么“民族仇恨”，而是不折不扣的商业战争。

亨利·邓达斯在给斯密的信中，谈到与爱尔兰的自由贸易问题时，表示：“十分怀疑爱尔兰的自由贸易真的如此可怕”。这种贸易“对于国家总的贸易规模及政策，其损害程度可以说是微不足道。”但是，他也担心“爱尔兰人因为不需纳税加上劳动力便宜，他们可以以低于我们的价格在外国市场上出售商品。”因此，他认为：“一个聪明的政治家能够以恰当地征收各国原料和商品税收的办法加以调整。”也就是由国家通过税收进行干预。亚当·斯密对这种看法没有提出驳斥，而是表示与自己的意见完全一致。[②]亚当·斯密极力主张满足爱尔兰自由贸易的要求，哪怕爱尔兰要求把他们的农产品和工业品自由输入大不列颠，缴纳与不列颠同类农产品或工业品相同的税金。但随后他就一语道破天机，让人们看到了他为什么支持与爱尔兰的自由贸易，因为他认为：“就眼前爱尔兰的状况而言，要几个世纪以后他们大部分制造品才有力量与英格兰工业品竞争。”[③]

斯密认为政府有管理金融的必要性，他指出：“纸币可加统制，或使其商人之间流通，或推广其流通范围，使商人与消费者间的交易，亦有大部分作用纸币。”他曾号召禁止发行小面额钞票，他建议“把全国各地银行钞票的最低面额，限为五镑……在伦敦，发行的钞票的面值不得少于十镑”。为了能自圆其说，斯密不得不煞费苦心地作出解释，“也许有人会说，银行钞票无论数额大小，只要私人愿受，就应在许可之列。政府禁止其领受，取缔其发行，实在是侵犯天然的自由，不是法律应有的。因为法律不应妨害天然的自由，

---

① ［英］亚当·斯密：《国民财富的性质和原因的研究》下卷，郭大力、王亚南译，商务印书馆 1983 年版，第 36 页。

② ［英］欧内斯特·莫斯纳、伊恩·辛普森·罗斯编：《亚当·斯密通信集》，林国夫等译，商务印书馆 2000 年版，第 330—331 页。

③ ［英］欧内斯特·莫斯纳、伊恩·辛普森·罗斯编：《亚当·斯密通信集》，林国夫等译，商务印书馆 2000 年版，第 335 页。

而应予以扶持。从某观点说，这限制诚然是侵犯天然的自由。但会危害全社会安全的少数人的天然自由，却要受而且应受一切政府的法律制裁，无论政府是最民主的政府或是最专制的政府。”①此外，斯密还接受保护高利贷的法律，他认为“没有任何法律，能把利息减低到当时最低普通市场利息率之下。”②

斯密像一个重商主义者一样支持使用各种手段，促进英国工农业的发展。关税就是他能想到的办法之一，虽然他不时抨击出口税和进口税，但他仍然认为进口税可以刺激纳税货品的国内生产，他还举了一个例子：“征收汉堡亚麻布进口税，可阻止这种布匹大量的进口，并且使更多的亚麻布在国内生产出来。”③此外，斯密还常常支持限制原材料出口，提倡对进口原材料免收关税，以促进工业的发展。举例来说，他曾批评帆布麻织纱的出口关税过低，理由是在生产帆布的过程中，纺织工人的工作占到了 4/5。④他对出口补贴并不像他有时说的那样反感，“使用法律或章程把价格抑低到自然价格之下的措施，只可用之于出口货，例如当粗麻布卖十二便士以下一码时给予一定的补贴。通过这种补贴，麻布就可能出口贩卖。人们偿付麻布的价格的大部分，所以麻布能够以低于足以鼓励人去制造它的价格卖给外国人。又如，政府对售四十先令以下一夸特的麦，每夸特给五先令补贴。由于人民支付了八分之一的价格，麦就能够以便宜这么多的价格在国外市场出售。”⑤斯密生活和写作的年代处于工业革命的前夜或起步之时，当时农业仍然是第一位的产业，其产值高于工业产值，因此，斯密认为在一切技艺中，对社会最有利的是农业。什么东西会阻碍农业的发展，什么东西就对公共利益有极大

---

① ［英］亚当·斯密:《国民财富的性质和原因的研究》上卷，郭大力、王亚南译，商务印书馆 1983 年版，第 296—298 页。

② ［英］亚当·斯密:《国民财富的性质和原因的研究》上卷，郭大力、王亚南译，商务印书馆 1983 年版，第 327—329 页。

③ ［英］坎南 编著:《亚当·斯密关于法律、警察、岁入及军备的演讲》，陈福生等译，商务印书馆 2005 年版，第 253 页。

④ ［英］亚当·斯密:《国民财富的性质和原因的研究》下卷，郭大力、王亚南译，商务印书馆 1983 年版，第 210 页。

⑤ ［英］坎南 编著:《亚当·斯密关于法律、警察、岁入及军备的演讲》陈福生等译，商务印书馆 2005 年版，第 195 页。

的危害。为此，他甚至肯定了出口奖励金的作用，他认为“一个国家制造业愈多，农业就可能有愈大的发展，所以凡妨碍制造业发展的因素，同时也就是妨碍农业发展的因素。……出口奖励金虽然在别的方面有不好的影响，但对促进农业的生产量却起到推动作用。”①

总而言之，从文本分析来看，如果把亚当·斯密的思想看作一枚硬币的话，那么这枚硬币的正面是自由贸易，反面就是国家干预，缺了任何一面，都不成其为一枚硬币。

二

大量的史实表明，亚当·斯密的经济思想，无论是贸易自由，还是国家干预，都不过是对重商主义思想的发展和扬弃。虽然斯密为建构自己的体系而对重商主义进行了浓墨重彩的批评，但熊彼特早已指出，斯密从一大长串因犯有“重商主义错误”而为他轻视的作家中，学到了许多东西，且“不管他实际上从前人那里学到了东西没有，事实都是:《国富论》中所包含的分析思想、分析原则或分析方法，没有一个在1776年是全新的。”② 正是从这种被批判的重商主义体系的灰烬中，产生了斯密自己的学说体系。自由贸易的思想并不是亚当·斯密的首创，而是自重商主义以来就逐渐形成的思想原则。同时，亚当·斯密的思想里留有重商主义国家干预的痕迹也就不足为怪了。

英国重商主义者并不像通常所描绘的那样，只主张国家干预，不主张经济自由。他们不但要求统一市场，而且要求经济资源和市场要素在全社会范围内的自由流动，让人们“有随意销售商品的自由”。在16世纪黑

① ［英］坎南 编著:《亚当·斯密关于法律、警察、岁入及军备的演讲》，陈福生等译，商务印书馆2005年版，第233、239页。

② ［美］约瑟夫·熊彼特:《经济分析史》第1卷，朱泱等译，商务印书馆2001年版，第287—288、291页。

尔斯的著作《论英国本土的公共福利》中，博士与爵士的对话已经涉及由市场来调节价格，爵士问道："你能采取什么办法更好地扶植他们使用犁呢？"博士回答："让他们靠耕种土地比以往获得较多的利益，并使他们可以像人们处理其他物品那样在任何时间、任何地点随便出售小麦。毫无疑问，小麦的价格将上涨，特别是在最初的短时期内；但价格将刺激每个人去拿起犁来耕耘土地，开垦荒地，并把圈用的土地从牧场改为可耕地；因为每个人都将乐于趋向他们看出可以从中获得较多利润和收益的行业。这种办法一定可以保证小麦充盈，并由此将大量财富带入我国；此外，其他一切食物也将在我们中间大量增加。"① 他们对世界市场的价格、供需等运行机制及市场的利益驱动机制进行了初步考察，并要求人们按照市场规律来开展商业活动。托马斯·孟就看到，"由于我们能够在土耳其以低廉的价格出售我们的纺织品，所以我们已经大大地增加了它的销路，而威尼斯人的纺织品却因为索价较高，在那些国家里已经没有什么销路了。而从另一方面来看，在几年以前，当时我们的纺织品因为羊毛价格过高以致价格高昂，因此我们输出到外国去的衣服至少减少了一半，其后也只是因为羊毛和纺织品价格大落，才能够（很接近地）再行恢复。"因此，要利用市场规律开展商业竞争，"在纺织品贵的时候，别的国家就立即从事衣着的制造，并且我们知道它们做这种工作，并不缺乏技巧和原料。但是当我们减低价格的时候，我们就可以把它们从这门行业中赶出去，而当我们再行提价的时候，它们便也会再施故技以资挽救。② 因此，重商主义者极力主张自由贸易，巴本便是其中之一。他反对靠国家干预和限制贸易达到贸易平衡的做法，他认为，"任何国家制定禁止一切外国货物的法律，都会使其他国家也制定同样的法律，后果将是毁掉一切对外贸易。"同时，他认为一切商品的价值来自商品的用途，"市场是价值最好的裁判，因为从买方和卖方的汇集能够最清楚地知道商品的数量和它们出售的机会。物品能

① ［英］伊丽莎白·拉蒙德编：《论英国本土的公共福利》，马清槐译，商务印书馆 1989 年版，第 70—71 页。

② L. Magnusson, ed., *Mercantilism: Critical Concepts in the History of Economics*, Vol. I, London and New York: Routledge, 1995, p.87.

卖多少钱，它就正好值那么多钱。”[①]诺思在著作中也反复阐述贸易自由的思想，他说：“阻碍贸易的法律，不论是关于对外贸易或是国内贸易，不论是关于货币或其他商品，都不是使一个民族富裕、使货币和资本充裕的要素。”同时，他也指出了供求关系决定价格。[②]达维南特也认为“贸易本质上是自由的，遵循自己的路线，掌握着自己的进程，所有加诸其身的规章、指示以及限制的法律服务于私人的特殊目的，很少有利于公众。”[③]蔡尔德明确反对市场控制，他列举了一长串妨碍贸易和就业的法律，像禁止出口货币，提高出口价格，降低啤酒价格，垄断收购谷物和其他商品，等等。他认为商人会受利润引导，满足市场的需求。[④]

总之，约翰·黑尔斯、杰拉德·马林斯、尼古拉斯·巴本、达德利·诺思、罗杰·科克、马修·迪克尔、查尔斯·达维南特、乔赛亚·蔡尔德、威廉·佩蒂、艾萨克·格维斯等或反对垄断，或反对外贸管制，提倡自由竞争；或从供求关系阐述价格机制。实际上，巴本、豪顿（Houghton）等人甚至已经揭示了市场的“看不见的手”，只不过没有像斯密那样作出清晰的表达而已。如巴本就曾解释，正是商人专注于为满足人们的需求提供足够的物品，那么，他如何发现提供多少呢？从市场销售情况作出判断。[⑤]总之，他们是经济自由和市场机制的积极提倡者和理论先驱，亚当·斯密只不过是这个长长链条上的最后一环。许多经济史家直接或间接注意到了这一点。雅格布·维纳注意到，有些重商主义者甚至比斯密更相信自由贸易，他指出，“大多数重商主义者主张一些特别的自由，他们珍视这些自由，既为他们自

① ［英］尼古拉斯·巴本等：《贸易论（三种）》，顾为群等译，商务印书馆 1997 年版，第 79、58 页。

② ［英］尼古拉斯·巴本等：《贸易论（三种）》，顾为群等译，商务印书馆 1997 年版，第 119、121 页。

③ L. Magnusson, ed., *Mercantilism: Critical Concepts in the History of Economics*, Vol. II, London and New York: Routledge, 1995, p.220.

④ L. Magnusson, ed., *Mercantilism: Critical Concepts in the History of Economics*, Vol. III, London and New York: Routledge, 1995, pp.52–53.

⑤ J. O. Appleby, *Economic Thought and Ideology in Seventeenth-Century England*, Princeton University Press, 1978, p.176.

已，也为他们的同胞。”[①]E. F. 赫克歇尔认为重商主义者支持贸易自由，“正如我们所看到的那样，重商主义至少有两个方面，一个方面指向自由主义，另一个方面正好相反。”[②]W. D. 格拉普考察了英国重商主义的自由因素，他把充分就业看作重商主义政策的目标，因此他从充分就业入手进行分析，得出了重商主义是古典经济学的先驱的结论，他认为“重商主义者预见了古典经济学的许多重要成分，包括利己主义的古典概念、价格机制、交换的互利和国家在经济组织中的地位。”他对重商主义者和自由主义者的差别进行了分析：“自由主义者希望通过市场来完成经济组织的功能，这个市场越自由越好。重商主义者相信，如果对市场以某些方式加以控制，那么这种功能将发挥得更好。”由此可见，重商主义者和古典经济学家之间手段的差异仅在于前者主张一个相对受到控制的市场，而后者主张一个相对不受控制的市场。[③]也就是说，仅在于国家干预的程度不同而已。马格努松更开宗明义地指出：“很清楚，在斯密的体系中，著名的‘看不见的手’源于苏格兰的自然理论讨论。但是，这场关于公共利益和私人恶行的讨论有一个长得多的谱系。这一问题实际上在17世纪许多重商主义者的小册子里已经提出来了。”[④]

此外，马歇尔、凯恩斯、李普森等经济学家或经济史学家都不同程度地认识到，在一定意义上，重商主义是现代经济学的奠基者，亚当·斯密的思想是在重商主义基础上得以形成的。经济学发展到19世纪，亚当·斯密才被神化为经济学的鼻祖，亚当·斯密对重商主义的批评才进一步被奉为圭臬加以发展，以至于此时的著作带有一丁点重商主义气息，就会被判死刑。熊彼特早已指出了这一点，他说：“从大约1790年起，斯密就成了导师，不是初学者或公众的导师，而是专业人员特别是教授们的导师。……于是斯密便

---

① J. Viner, “The Intellectual History of Laissez Faire”, *The Journal of Law and Economics*, Vol. 3, 1960, p.56.

② Eli. F. Heckscher, *Mercantilism*, Vol . 2, New York, 1983, p.323.

③ W. D. Grampp, “the Liberal Elements in English Mercantilism”, *Quarterly Journal of Economics*, Vol. LXVI, 1952 , pp.466–467, 495.

④ L. Magnusson, *Mercantilism: The Shaping of an Economic Language*, Forword, New York: Routledge, 1994.

被授予了‘创立者’的称号（没有哪一个与他同时代的人会想到授予他这一称号），而他以前的经济学家而成了所谓的‘前驱者’，但如果抽掉这些前驱者的思想，是否还能剩下斯密的思想，是很值得怀疑的。”①雅格布·维纳强调指出，斯密并不是一个19世纪意义上的自由贸易者和自由主义者，而是踏着前面一长串足迹而来。②马格努松虽然认为在重商主义者和斯密之间肯定存在着重大的差异，但是他也指出，这些差异在19世纪肯定被强调过分了，斯密比过去人们所承认的更接近于他的前辈，19世纪的学者竭力模糊这一明显的事实。马格努松的结论是，“实际上，17世纪是我们称之为‘现代经济学’的东西的诞生地。产下这个新生儿的人是重商主义者。”③马克·布洛格也明确指出：“创立经济科学的荣誉不是像通常认为的那样，归于坎梯隆、休谟和斯密，而应给予达德利·诺思、约翰·洛克和威廉·配第。”④

三

从上面的分析可以看出，亚当·斯密与重商主义者属于同一个思想谱系，这个思想谱系的任务是将经济学科学化、规范化。这一任务在17世纪已经初步完成，正如W. 莱特温所言：“17世纪最伟大的科学成就是经济学的形成”，⑤斯密在18世纪所做的工作就是将其进一步系统化、学理化。亚

---

① ［美］约瑟夫·熊彼特：《经济分析史》第1卷，朱泱等译，商务印书馆2001年版，第302—303页。

② J. Viner, “The Intellectual History of Laissez Faire”, *The Journal of Law and Economics*, Vol. 3, 1960, pp.60–61.

③ L. Magnusson, *Mercantilism: The Shaping of an Economic Language*, Forword, New York: Routledge, 1994.

④ M. Blaug, “Economic Theory and Economic History in Great Britain, 1650–1776”, *Past And Present*, Vol. 28, 1964, p.112.

⑤ W. Letwin, *The Origins of Scientific Economics: English Economic Thought 1660–1776*, London: Methuen ＆ Co., 1963, p.148.

当·斯密探讨的问题正是重商主义探讨的问题的继续，如垄断、补助金、航海法案、殖民地、规约公司与合股公司的利弊、君主或国家的收入、财富的创造和分配等，是 17 世纪的热门话题，只不过是侧重点不同罢了。斯密的贡献正在于成功地把前人的思想成果综合起来，融会贯通，并用一只“看不见的手”来统领他的经济自由思想。但是“如果不与以前对这些经济问题的论述联系起来，那么斯密的《国富论》的主题选择和整体结构就不能清晰地被理解。”①

由此可见，斯密与重商主义者“本是同根生”。这个共同的“根”，一方面指的是两者都对当时的国民经济进行了初步的宏观考察，是发展、创立和完善经济学的人，另一方面就是指无论斯密还是重商主义者提倡自由贸易还是主张国家干预，“其目的在于富国裕民”。② 看看斯密著作的名称与黑尔斯等重商主义者著作的名称和内容，就可一目了然。他们探讨都是财富的形式和增加国家财富的途径等问题。雅格布·维纳甚至认为，“亚当·斯密尽管不是一个重商主义者，但当他说‘每个国家的政治经济学的最大目标，就是增加该国的财富和权力’时，他是代表重商主义者也代表他自己说的。”③ 斯密与重商主义者思想具有一致性的深层原因就在于，他们都是对商业资本主义的分析，都是对真正的大工业生产到来之前经济运行的解释。在亚当·斯密生活和写作的时代，仍是商业资本占优势的时代，制造业虽然发展势头迅猛，但此时工业革命只是星星之火，斯密在著作中也并未注意和认识到被后世赋予重要意义的工业革命，④“《国富论》没有认识到工业生产的事实，它的价格分析不能解释工业市场的根本特点……斯密的自由放任学说中含有与众不同的价值预设，目的在于宣扬一种重农主义精神，即平等主义的

---

① L. Magnusson, *Mercantilism: The Shaping of an Economic Language*, Forword, New York: Routledge, 1994.

② ［英］亚当·斯密：《国民财富的性质和原因的研究》下卷，郭大力、王亚南译，商务印书馆 1983 年版，第 1 页。

③ D. C. Coleman, ed., *Revisions in Mercantilism*, Methuen & Co., Ltd., 1969, p.74.

④ R. Koebner, “Adam Smith and Industrial Revolution”, *Economic History Review*, Vol. 11, 1959, pp.381–391.

农业资本主义。”[①]虽然斯密在著作中对国家照顾商人和制造业者利益颇有微词，力图从消费者的角度出发分析问题，站在一个更为客观公正的立场上，但是，纵观斯密著作的全部内容，他仍然是商业资本和正在形成中的产业资本的代言人。

在对经济现象解释的思路更替中，每一思路都比前一思路更具广泛性和基础性，同时也包含和化解了前一种思路。亚当·斯密与重商主义就是这样一种关系，两者具有继承性，但也应该看到两者又有根本区别。这样一种复杂关系的形成是由于英国发展状况和经济学形成规律所导致的。

斯密所处的时代，仍处于商业政治化的阶段，英国产业界仍需要国家的大力帮助。实行保护关税和商业禁令，争夺殖民地，发动贸易战争，是西欧国家间的常态，特别是与法国的竞争，仍在不断进行，重商主义大行其道。格拉斯拜指出，1660 年后，尽管对食品供应和学徒的控制大部分停止了，但政府的活动范围实际上扩大了，官僚机构更有效了。[②]J. O. 埃普利贝认为，英国重商主义在 18 世纪初才首次展露面孔，此时保护主义获得了胜利，任何雄心勃勃的人都不得不掩藏他们的自由贸易观点。[③]查尔斯·威尔逊也认为 1660 年到 1760 年是实行重商主义的伟大时代，也是一个经济扩展的时代。[④]R. 戴维斯的研究表明，英国的关税保护体系起始于 17 世纪最后几年，在斯密写作《国富论》的时候，这一体系得到发展，并在 18 世纪末的战争年代里进一步扩展和加强，他认为，“这一保护主义体系的建立，标志着它成为一项全面的和得到认可的政策。如果这一势头强劲、深思熟虑的保护主义浪潮存在的话，其时正是亚当·斯密收集材料，写作对商业规章重击的《国富论》的 10 年。在 1763 年到 1776 年间，是新的保护性立法集中期。颁布了许多新的进口禁令，禁止进口外国丝质和皮革手套、长袜、天鹅绒和其

---

① H. Caton, “The Preindustrial Economics of Adam Smith”, *Journal of Economic History*, Vol. XLV, 1985, p.833.

② R. Grassby, *The Business Community of Seventeenth-Century England*, Cambridge University Press, 1995, p.214.

③ J. O. Appleby, *Economic Thought and Ideology in Seventeenth-Century England*, Princeton University Press, 1978, pp.250–251, p.267.

④ C. Wilson, *Mercantilism*, The Historical Association, Repinted, 1971, p.27.

他丝织品，同时增加了亚麻布和一些种类的纸的关税。”而“皮特 1787 年伟大的关税法案仅仅是对庞大立法的法典化……它对税收标准和各种免税、禁令、退税及奖励金没有触动。”① 身处其时，斯密不可能不受到现实的影响，也不得不与现实妥协。斯密著作中的重商主义思想残余是对当时英国贸易现状的反映。

这种状况也在斯密的身上得到体现。一些学者曾指责斯密言行不一致，因为他一方面痛斥政府对经济的干预，另一方面又“积极寻求他们（政府官员——引者注）的帮助，以便为自己谋得收税官的职务。具有讽刺意味的是，作为收税官，他执行政府规定的力度，和他之前在书中对他们诋毁的力度一样大。”② 的确，从斯密的通信中可以看出，苏格兰海关专员孟席斯一死，斯密就迫不及待地写信托下院议员威廉·斯特拉恩到财政部打探消息，探听能否得到委任，并多方托人帮忙，最终获得任命，他焦急地等待委任状的到来，并为及时收到委任状而给朋友写信表示感谢。③ 现实生活和心中理想总是有差距的，斯密为生活所迫而言行不一是可以理解的。深陷现实生活泥淖的斯密在著作中出现矛盾现象，只不过是对现实生活的折射。

但是，斯密所处的时代毕竟与 16、17 世纪有着根本的不同。市场经济体制日臻完善，工业革命呼之欲出，市场经济的发展必将提出自由贸易的要求。早在 17 世纪初，商人们就在议会下院提出了旨在废除贸易公司的垄断权，要求与所有国家进行自由贸易的法案。④ 从 17 世纪后半期起，饥馑的消失使政府逐渐丧失对日常经济活动干预的合法性，工资和物价获得弹性。道路交通和安全得到改善，航运网完成，使得各地的经济联系更为紧密，竞争也更为激烈。海外贸易不断扩展，竞争对手荷兰衰落，制造业和航运业的效

---

① R. Davis, “The Rise of Protection in England, 1689–1786”, *Economic History Review*, Vol. 2, 1966, pp.314–315.

② ［英］迈克尔·佩罗曼：《资本主义的诞生——对古典政治经济学的一种诠释》，裴达鹰译，广西师范大学出版社 2001 年版，第 208 页。

③ ［英］欧内斯特·莫斯纳、伊恩·辛普森·罗斯编：《亚当·斯密通信集》，林国夫等译，商务印书馆 2000 年版，第 310、319、320—321 页。

④ J. Thirsk, and J. P. Cooper, ed., *Seventeenth-Century Economic Documents*, Oxford: Clarendon Press, 1972, pp.436–444.

率逐步提高，货币能够自由流动，特别是可以自由出口，贷款利率下降，金融活动十分活跃，传统的贸易公司很难再保持他们旧有的特权。经济活动的目标集中在消费和需求的满足上，国内贸易满足消费需求的能力已经被人们所认识，“市场参与者的经济理性主义能够为经济提供秩序，以前是通过权力提供的。”① 自由贸易正在成为历史发展的潮流。英国已经在世界市场上已具有相当的竞争优势，正逐步成为世界经济的中心。提倡自由贸易对英国来说，正越来越有利。斯密在不经意间透露出他对自由贸易的实质洞若观火，他说：“我们给予俄国上等麻布和其他工业制造品。我们以少许的工业制造品换回大量的原料。这种贸易是非常有利的贸易，因为未加工的物品给我们提供了雇用和养活大量工人的可能性。”② 所谓的自由贸易，与国家干预一样，不过是继续保持英国发展优势的手段而已。在这样一种历史语境下，斯密超越了重商主义的视野，大力倡导自由贸易。与此同时，在新的经济条件下，在 17 世纪成型的经济学也急需要走出不成熟、不系统、不规范的稚嫩状态，完善自身，形成对时代更强的解释力。斯密为创建和完善自己的思想体系，力批重商主义，“把经济管制看作一种错误思想的结果，可能是有用的。”③ 斯密正是站在一个学者的角度，在对商人、政府官员的重商主义思想批判、吸收的基础上，成功超越了重商主义，使经济学第一次实现了学理化、系统化。

其实，斯密思想上的矛盾正是当时资产阶级的矛盾。从当时的资产者来看，是由许多相互竞争的利益团体组成，他们对政府干预的态度是矛盾的。从商人来说，“商人希望政府对度量衡实行标准化，统一市场，维护和平和秩序，保护产权。他们认识到，费用庞大的强有力政府既是经济稳定的原因，又是结果。”与此同时，商人希望通过枢密院或像航海法案那样的立

---

① J. O. Appleby, *Economic Thought and Ideology in Seventeenth-Century England*, Princeton University Press, 1978, p.175, p.188.

② ［英］坎南 编著：《亚当·斯密关于法律、警察、岁入及军备的演讲》，陈福生等译，商务印书馆 2005 年版，第 253 页。

③ L. Magnusson, ed., *Mercantilism: Critical Concepts in the History of Economics*, Vol. I, London and New York: Routledge, 1995, p.2.

法在国内外市场保护他们，排除外国竞争者。他们也希望国家能够打击海盗和私掠者，保护他们在海外市场的利益。但是，“与此同时，商人希望把对他们事务的干预减小到最低程度，喜欢只在他们提出要求时才采取行动”①。工业资产者对经济自由主义也是半心半意的，他们一方面反对对生铁征收消费税，为减少对大陆贸易的限制而辩护，另一方面却动用一切游说资源破坏一项与爱尔兰的商业条约。②可见，在斯密的经济思想中，出现既大力主张自由贸易，宣扬“看不见的手”，又要求国家干预经济的内在矛盾是势所必然的。

（原载《学习与探索》2007 年第 6 期）

① R. Grassby, *The Business Community of Seventeenth-Century England*, Cambridge University Press, 1995, pp.210, 213.

② D. C. Coleman, ed., *Revisions in Mercantilism*, Methuen & Co., Ltd., 1969, p.41.

附录 3：

近代早期英国的反垄断活动

在近代早期，英国出现了持续不断的反对垄断的活动，最终促使议会通过了《垄断法》，并逐步废除了各行业中的垄断特权，从而拓展了经济自由，为英国市场经济的发展铺平了道路。因此，有必要对这一时期英国的反垄断活动作一历史的考察。

一、垄断问题的由来

垄断古已有之，反垄断也古已有之，从古希腊的亚里士多德，到罗马法制定者，再到中世纪和近代早期的经济学者，都谴责垄断。① 虽然他们所指的“垄断”具体内涵并不一致，但他们反对的都是经济意义上的“垄断”。根据纳克巴的看法，“垄断”这一词汇从经济意义上来看，指的是“在一个特定的市场只有一个出售商的情况”，或者“不在公开市场购买商品，试图

① R. De Roover, “Monopoly Theory Prior to Adam Smith: A Revision”, *The Quarterly Journal of Economics*, Vol. 65, 1951, pp.492–493.

影响价格”，也用来“描绘影响市场价格的任何行为”。[①]

在近代早期，“垄断”这一词语内涵进一步扩展，不仅指经济意义上形成的自然垄断，而且更多地指向王室授予的独占权。这种独占权的授予源于国王的传统特权。根据这一传统特权，国王有权通过特许状授予和出售垄断权，这一特权在伊丽莎白女王统治时期达到了登峰造极的地步。布莱克斯通认为特许权“就是臣民所持有的一种王室特惠权，或国王的部分特权。既然这些都来自国王，它们也就必须产生于国王的特许；或在某些情况下可以根据预先假定的特许的惯例而持有这种权利。”[②]正是由于授予特许垄断权是国王的特权，伊丽莎白女王就要求议会“不要讨论、评价或干涉女王陛下的特权。”斯图亚特王朝的詹姆斯一世也从君权神授的理论出发，不止一次提出“正如人类质疑上帝可以做什么就属于无神论，犯了亵渎神灵之罪一样，臣民质疑国王运用其最大权力可以做什么就属于无礼犯上，犯了煽动叛乱之罪。”[③]

但是由于国王无限度地行使这一特权给市场经济活动带来了极大的干扰和阻碍，因此近代早期英国反垄断活动的核心是反对国王授予的特许垄断权。这种特许垄断权涉及的范围广泛，种类繁多，要达到的政策目标各不相同，实际产生的经济效果也迥然不同。综合 T. B. 纳克巴等人的看法，这种特许垄断权大致可以分为以下四类：

第一，授予发明创造者对他们发明物的独占权。与现代的发明专利不同的是，这一类别还包括将一项技术或手工业首次引进英国的独占权。[④]在中世纪晚期近代早期，由于手工业技术落后，即使是英国的支柱行业呢绒业，技术也较欧洲大陆落后，因此，英国王室政府通过授予专利特许垄断权鼓励本国人或者外国人引进新技术。这一政策从爱德华三世一直持续到伊丽莎白

---

① T. B. Nachbar, “Monopoly, Mercantilism, and the Politics Regulation”, *Virginia Law Review*, Vol. 91, 2005, pp.1322–1323.

② ［美］约翰 · R. 康芒斯：《资本主义的法律基础》，商务印书馆 2003 年版，第 64 页。

③ ［英］威廉 · 布莱克斯通：《英国法释义》第一卷，上海人民出版社 2006 年版，第 266 页。

④ T. B. Nachbar, “Monopoly, Mercantilism, and the Politics Regulation”, *Virginia Law Review*, Vol. 91, 2005, p.1324.

一世。这样，德国的武器制造者、意大利的造船者和玻璃制造者、法国的铁器铸造者都被吸引到英国创建新工业。① 伊丽莎白女王利用这一特权扶植矿产、新型工业、新的生产过程和新原料或新产品的发展，其中有的是新引进的，有的是新发明的。伊丽莎白女王就对硝石、黑色火药、食盐等特许生产权进行出售。在伊丽莎白女王统治后期，当工业扩展到全国市场时，这种独占市场的特权也不断扩展。于是这一特权逐渐涉及无以计数的商品，并且完全被国王和特权受惠者所滥用。② 最初，特许专利期限只有 10 年，到 16 世纪 70 年代，20 年、21 年和 30 年成为常事，甚至把专利垄断权授予不是新技术的首次引进者。③

第二，是 T. B. 纳克巴所称的“管制特免权”，也就是对特定法律义务的免除。例如，亨利八世时的航海法要求英国的贸易必须使用英国的船只，但亨利八世为了收益，把授予特免权作为一项收入来源，从而经常使这项法律成为一纸空文。④ 在近代早期，英国王室政府出台了多如牛毛的工业、商业和农业的管制法令，但国王为了获得收入，通过授予特免权或人颁发特许执照，让受惠人免受法令的限制，从中谋利，成为典型的设租和寻租行为。如王室政府一方面禁止开设赌场和从事非法游戏，另一方面又授予一些人管制特免权以获取收入，开设赌场和从事非法游戏者只要向垄断者花钱购买执照就可以正常营业。⑤

第三，是“管制权的授权”，⑥ 也就是授予监管一个特定行业的特许权。授予监管垄断权或罚款独占权是国王纯粹为了财政收入而设定的一项特许垄断权，这类特许权不是用来阻止对行业规定的侵犯，而仅仅是为了收取罚款，罚款之后就可以继续营业。一份 1603 年的清单包括 36 项这类特权，

---

① W. D. Price, *The English Patents of Monopoly*, London, 1913, p.5.

② ［美］约翰 · R. 康芒斯:《资本主义的法律基础》，商务印书馆 2003 年版，第 66 页。

③ W. D. Price, *The English Patents of Monopoly*, London, 1913, p.8.

④ T. B. Nachbar, “Monopoly, Mercantilism, and the Politics Regulation”, *Virginia Law Review*, Vol. 91, 2005, p.1325.

⑤ Eli F. Hechscher, *Mercantilism*, Vol. I, New York and London, 1983, p.254.

⑥ T. B. Nachbar, “Monopoly, Mercantilism, and the Politics Regulation”, *Virginia Law Review*, Vol. 91, 2005, p.1325.

其中三分之一是允许垄断者收取违反修整呢绒时禁用刺果起绒机禁令的所有罚款。詹姆士一世时甚至把市场管理员的罚款权也包租了出去。在 1636 年，两位特许人获得了呢绒行业设定工资和监管技术条例的垄断权，为期 31 年。①

第四，是授予贸易组织或商业公司垄断特定的海外市场或殖民地的特许权，包括排斥外人加入公司的特权。英国早期的海外贸易公司，如冒险商人公司、东印度公司、莫斯科公司、非洲公司、利凡特公司等都从国王那里获得了特许垄断权，形成了在其活动领域内的独占权，由此可以提高价格，获得垄断利润。

出售特许垄断权是国王解决财政困难的办法之一。都铎和斯图亚特王朝都面临着入不敷出的困境，经常是借新债以还旧债，例如，在 1552 年，英国的外债达到了 108000 英镑，加上国内的债务，达到了 220000 英镑，三年后外债增长到了 148526 英镑 5 先令 8 便士，利息高达 14%。② 国王于是采取了许多权宜之计来筹措经费，"正如他可以出卖王室的土地一样，他可以出卖特惠权和特许权。"③

这种以出售特许垄断权以纾困的做法到斯图亚特王朝初期愈演愈烈，持续到詹姆士一世时期，形成的局面是：一个典型的英国人只能住在"用垄断的砖块建造的房子里，窗户上安着垄断的玻璃（如果有玻璃的话），靠垄断的煤炭取暖（在爱尔兰是垄断的木材），炉子是垄断的铁制成。他的墙上挂着垄断的挂毯，睡在垄断的床单上，用垄断的梳子梳头，用垄断的肥皂洗脸，用垄断的淀粉浆洗自己的衣服。他穿戴着垄断的缎带，垄断的亚麻布，垄断的皮革，垄断的金丝线，帽子由垄断的海狸皮制成，外加一个垄断的镶边。他的衣服靠垄断的衣带、垄断的纽扣、垄断的别针系起来，这些衣服都是由垄断的染料染色而成。他吃着垄断的黄油，垄断的葡萄干，垄断的熏青鱼，垄断的大马哈鱼，垄断的龙虾。他的食物靠垄断的食盐、胡椒和醋来调

① Eli F. Hechscher, *Mercantilism*, Vol. I, New York and London, 1983, pp.254–255.

② W. R. Scott, *The Constitution and Finance of English, Scottish and Irish Joint-Stock Companies to 1720*, Vol. I, Cambridge, 1912, p.16.

③ ［美］约翰·R. 康芒斯：《资本主义的法律基础》，商务印书馆 2003 年版，第 276 页。

味，用垄断的玻璃杯畅饮垄断的葡萄酒和烈酒，用垄断的锡制成的白镴杯喝由垄断的蛇麻草制成的啤酒，这些酒装在垄断的桶里或瓶子里，在得到垄断特许的啤酒屋出售。他用垄断的烟管抽垄断的烟草，用垄断的骰子、纸牌或橡皮绳游戏。他用垄断的笔在垄断的纸上书写，（在垄断的蜡烛照耀下，通过垄断的眼镜）阅读垄断印制的书籍，这些书籍包括垄断的圣经和拉丁文文法书，这些书籍印制在由垄断收集而来的破布制成的纸上，用垄断的明矾制成的羊皮纸作封面，他坐着垄断的轿子或四轮大马车出行，用垄断的干草来喂拉车的马，他用垄断的法寻来支付小费。在海上，他靠垄断的灯塔指引。如果他能遂所愿，他也要成为一个垄断者。”①

总之，国王授予特许人或特许公司、特许组织以排他性的经营和贸易垄断权，提高了进入门槛，限制了竞争，让垄断者获得了超额利润，阻碍了市场经济的自由发展。

二、反垄断活动的开展

从伊丽莎白女王开始，特许垄断的泛滥就招致激烈的反对，反对王室特许垄断的活动主要从两个战场上展开，一是普通法法院，二是议会，并且得到社会的呼应和支持。

英国普通法法院法官虽然由国王任命，但早在 12、13 世纪期间就逐渐独立于国王。英国普通法是一个完全独立的权利体系，植根于法院的实践，无论是在议会法内还是议会法外，都具有合法的基础。爱德华·科克爵士就认为普通法高于议会法。由于英国政治形势的发展，为普通法法院提供了影响经济条例的机会，普通法法理学家成为抵制国王特权的最强大的力量，特别是科克爵士，为议会下院反对王室特权提供了强大的智力武器。普通法法

① W. D. Stump, “An Economic Consequence of 1688”, *Albion: A Quarterly Journal Concerned with British Studies*, Vol. 6, 1974, pp.26–27.

院在此类案件的判决中采纳的观点是，限制贸易是有害的。从 16 世纪起，英国已经发展出一条普遍承认的法律规则：普通法保护臣民的经济自由，不承认垄断。在 16、17 世纪的判决中，普通法法院表达了这样的观点“根据普通法，任何人都不能被禁止从事任何合法的贸易”；“形成垄断……就是剥夺自由贸易，而自由贸易是每一臣民生来具有的权利。”① 基于王室特权的垄断被认为是无效的。据此推导出，由城市当局和专业团体颁布的规章，如果仅仅基于王室特许状，只要确信其与工业自由相对立，同样遭到否决。当然，由议会法案创立的垄断得到了普通法法院的尊重，基于古老习惯的各种地方权利也得到了尊重。②

普通法法院对排他性贸易特权案件的态度反映在几个典型的例子上，如达文南特对赫迪斯案、达西对艾伦案等。

1599 年高等法院就达文南特对赫迪斯案作出判决，宣布伦敦成衣商公会的一项细则非法，该细则规定公会的每一个“弟兄”在给该公会成员以外的任何成衣工作制作衣服的衣料时，至少要必须给另一名“能操作成衣工人技艺”的弟兄提供同样多的制作材料，否则处以罚款 10 先令，并把他的货物作为强制执行的抵押品。这项细则在早年发给该公会的执照中得到核准，并得到历代国王和历届议会的确认，但还是被认为违反了普通法，违反了人民的自由，作为一项垄断，是无效的。③

1602 年，爱德华·达西向王座法庭起诉托马斯·艾伦侵犯了他的王室特许状，该特许状授予达西在英国制造、进口、出售纸牌的独占权。法院认为，依照普通法，授予达西的特许状无效，因为“不能设想爱德华·达西先生和女王宫内便殿的一个侍臣会有制造纸牌的技艺；……禁止真正掌握这一技艺的人制造纸牌，而让毫无技艺的人专门去做纸牌将会使这种专卖完全无效”。④ 这个案子的判决具有里程碑式的意义，因为它关心的不是被排除在垄断之外的人的利益，而是所有大众的利益，它宣布：“任何机械技

---

① Eli F. Hechscher, *Mercantilism*, Vol. I, New York and London, 1983, p.283.

② Eli F. Hechscher, *Mercantilism*, Vol. I, New York and London, 1983, p.284.

③ Eli F. Hechscher, *Mercantilism*, Vol. I, New York and London, 1983, p.283.

④ ［美］约翰·R. 康芒斯：《资本主义的法律基础》，商务印书馆 2003 年版，第 290 页。

巧的单一经营，或任何其他垄断，不仅对经营同样生意的人是一种损害和歧视，而且对所有其他人民都是一种损害和歧视。”接着列举了三方面的危害，一是同一商品的价格将被抬高，因为拥有任何商品唯一销售权的人将按照他喜欢的价格出售；二是降低了商品的质量；三是使技工及其家庭陷于贫困。①

1614年发生了伊普斯威奇成衣工人公会案件，该公会控告一名成衣工人的过失行为，因为他到市镇上来从事这一行业时无法出示他曾当过七年学徒的证明，他的合格工人身份并未得到师傅和监护人的承认。法院根据习惯法判定：“不得禁止任何人从事任何合法的行业”。② 普通法法院通过一系列判决维护了自由贸易的原则，基于王室特权的垄断被视为无效，对整个工商业管制体系起到了瓦解的作用。

早在1571年4月7日的议会上，国王的特许权问题就被提了出来，认为它使少数人得益，多数人受穷。1597年议会再次提出了垄断问题，伊丽莎白女王答应把垄断问题交付普通法法院审查。到1601年议会，垄断问题成为下议院广泛讨论的主题。在11月20日起草了一份废除王室垄断权的草案以供讨论，在随后的5天讨论中，下院议员们历数垄断的坏处。由于伊丽莎白女王多次警告议员们不要讨论国王的特权问题，议员们在通过一项法案还是采取更温和的请愿方式上举棋不定。结果是伊丽莎白女王不得不顺应反对垄断的呼声，撤销了最不得人心的各种专卖权，再次重申其他的垄断将交给普通法法官去作出判决。③ 女王并且发布王室公告，确认了要废除的各种专卖权。④

在1604年和1605—1606年召开的下议院会议中，特许公司的垄断权成为议员们集中攻击的目标，最终通过了自由进入西班牙、葡萄牙和法国贸易

---

① Eli F. Hechscher, *Mercantilism*, Vol. I, New York and London, 1983, p.288.

② Eli F. Hechscher, *Mercantilism*, Vol. I, New York and London, 1983, p.288.

③ T. B. Nachbar, “Monopoly, Mercantilism, and the Politics Regulation”, *Virginia Law Review*, Vol. 91, 2005, pp.1330–1331.

④ P. L. Hughes and J. F. Larkin, ed., *Tudor Royal Proclamations*, Vol. 3, Yale University, 1969, pp.236–237.

法案，西班牙公司被解散。①

由于詹姆士一世没有满足前二届议会议员们提出的限制王室特权的要求，他也没有从议会获得任何补助金，这打乱了英国政府的正常财政运作，詹姆士不得不另辟财源，包括出卖专利特许状。詹姆士大量出售专利特许状，然后例行公事地找个借口收回，再授予其他人，最后，在发放专利特许状时，就包括了经枢密院决定可以收回的用语。由于管理混乱，詹姆士从出售专利特许状上所得甚微。詹姆士不得不在 1621 年召开第三届议会。在本届议会上，下议院成立了一个由科克为主席的委员会，起草了一个反垄断法案，并在下院通过。尽管议员们对诸多专利垄断进行了攻击，但焦点集中在旅馆、酒馆和金银丝线三项垄断上。詹姆士不得不撤销了这三项垄断。第一次会议后，詹姆士还发布公告，撤销了 18 项垄断，把 17 项交给普通法法院裁决。随着第二次会议后议会被解散，反垄断法案也就胎死腹中。詹姆士在 1623 年 2 月发布公告，设立一个委员会，接受对垄断和额外收费等问题的投诉。在詹姆士的第四届议会上，下议院成立了一个由埃德温·桑德斯领导的委员会，讨论自由贸易的问题，审查垄断特许状。下议院再次通过了垄断法案，经反复修改后，在 1624 年由上议院表决通过，随后下院予以批准。②

1624 年垄断法案规定，禁止国王为了获得收入出售工业垄断权，“所有的垄断和所有此前或此后创设或批准的委托、授予、特许状和专利证”，不管是授予任何人、任何政治团体或任何法人“在本王国或威尔士境内购买、出售、制造、加工、使用任何东西的独占权，或者是授予任何其他垄断，或者是授予权力”去“处分其他人，或者发放执照，或者默许去做”任何违反法律和法规宗旨的事情，以及所有的公告、禁令、限制令、救助令和所有其他东西，旨在创建“支持同类事物的”都违反了本王国的法律，“因此根本是无效的。”③ 法案也规定，国王可以授予新的工业方法发明者 14 年的专利

① P. Croft, “Free Trade and the House of Commons, 1605–6”, *The Economic History Review*, Vol. 28, 1975, pp.18–19.

② T. B. Nachbar, “Monopoly, Mercantilism, and the Politics Regulation”, *Virginia Law Review*, Vol. 91, 2005, pp.1346–1351.

③ *Statutes of the Realm*, Vol. 4, New York, 1993, p.1212.

权。这一法案，一方面剥夺了国王对国内行业的垄断特许权，另一方面，也保护了知识产权意义上的专利制度。这一法案有一个很大的漏洞，就是没有禁止国王向贸易公司出售特许权。但是在此前后，考虑到民意的强烈反弹，英国国王在向贸易公司颁发特许状的时候一般明确要求，向所有人和所有城市开放贸易。

反对国王出售垄断特许权的斗争最终通过政治革命才得以解决。虽然英国革命的起因和内容十分复杂，但取消国王特权和垄断权，包括贸易公司特许权和不经议会同意任意征税权，是商业社会参与斗争的中心之一。在斯图亚特王朝复辟之后，议会已经占了上风，特许垄断权不再是王室行之有效的手段。在此前后，根据议会法案，许多特许公司的垄断权被完全取消或者受到限制。光荣革命后，王室特权被剥夺，英国确立了君主立宪政体。1689 年，首席法官约翰·霍尔特在南丁格尔诉布里奇斯案的判决中，给国王特权最后一击，扩展了普通法对财产权的保护，要求垄断特权必须得到议会的批准。①

在普通法法院和议会的反垄断活动，得到英国社会各界的积极回应和大力支持，早在 16 世纪 80 年代，有人就撰文指出："首先，我写下一条格言：所有的垄断必受所有政治人物的谴责，在一个统治良好的共和国亦如是，因为它会导致物价昂贵，物品稀缺，违背了所有社会的本质。垄断首先在城镇和都市滋长蔓延，城镇和都市本植根于安全、富裕和价廉。"②反垄断的声音一直不绝于耳，爱德华·科克爵士的一位年轻亲戚罗格·科克就极力反对垄断，他认为，如果垄断意味着通过排除其他人来限制生产或销售，那么，首先，对英国臣民的经济优势进行限制是一种对整个世界的垄断。其次，在任何制造业中，把自由运用技艺限制在社团的自由人，是一种对整个国家的垄断。最后，把外贸限制在贸易公司，是一种既对整个世界，又对整个国家的垄断。③ 正是得到了全社会的支持，英国的反垄断活动才能不断取

① W. D. Stump, "An Economic Consequence of 1688", *Albion: A Quarterly Journal Concerned with British Studies*, Vol. 6, 1974, p.28.

② R. H. Tawney and E. Power, *Tudor Economic Documents*, Vol. III, London, 1953, p.266.

③ Eli F. Hechscher, *Mercantilism*, Vol. I, New York and London, 1983, pp.319–320.

得成效。

三、反垄断活动的意义

近代早期英国反垄断活动对市场经济的扩展和资本主义的兴起具有重要的历史意义。

（一）扩展了行业自由和市场空间

反垄断活动削弱了特许公司、特许组织、特许人对行业和市场的垄断权，大大扩展了新兴市场投资各行各业和海外贸易的空间。

在都铎王朝晚期和斯图亚特王朝早期，虽然新兴市场力量对参与各行业和海外贸易表现出极大的兴趣，但是，“他们被排除在经济体制的主要利益之外，他们的投资活动受到官方政策的阻碍。”[①] 比如，在16世纪下半期，向北欧等市场出口呢绒成为英国重要的商业冒险活动。然而，这一市场却被商人冒险家公司所垄断。任何人想参与贸易，都要首先成为公司成员，而商人冒险家公司具有浓郁的行会性质，要成为其成员有一系列严格的限制条件。许多新加入海外贸易者要想分享这一市场，只能成为没有合法性的私商。在社会各界持续不断的反对下，议会在1688年革命后通过法案，公司向低地国家和德国北部口岸出口呢绒的垄断立刻被取消，任何人都可以从事这项贸易。

（二）促进了英国重商主义的转向

英国重商主义的转向主要体现在两个方面：一是重商主义思想的转向，从更多地主张国家控制转向更多地经济自由；二是重商主义政策的转向，那

① L. Stone, “State Control in Sixteenth-Century England”, *The Economic History Review* , Vol. 17, 1947, p.120.

就是过去那种对经济生活全面深入的干预逐渐消失。①

在反对国家特许垄断权、要求开放所有贸易和所有职业的过程中，通过广泛的讨论让英国重商主义者认清了垄断和管制的危害，开始转向自己的另一面，那就是反对垄断，要求自由经营、自由贸易，向所有人开放工商业和海外贸易，这逐渐就成为重商主义者、国内商人以及逐渐参与到国内外贸易中来的乡绅等其他新兴社会阶层的共识。② 从重商主义政策来看，都铎王朝那种对日常经济生活、国内工商业和海外贸易的控制和干预措施逐渐消失了，从此英国重商政策的重心是通过关税保护等间接手段，而不是通过直接干预，来培育国内工业的竞争优势。③

（三）增加了投资渠道，积累了社会财富，形成了消费社会

垄断的取消，节约了社会成本，降低了商品价格，增加了投资渠道，随着股票、债券交易的活跃，财富增长速度加快，中等阶层出现，促进了英国消费社会的形成。

在 17 世纪末期，随着垄断权的消失，英国社会各阶层的收入都比该世纪早期高很多。目前，学术界对这一时期英国人的收支估算主要是依据当时人格雷戈里·金、雅各布·范德林特和约瑟夫·马西等人的测算结果。根据格雷戈里·金的 1688 年英国家庭收支表，无论是城市还是乡村，收支都很可观，如海外贸易商人每年收入 400 镑，支出 320 镑，次一点的海外贸易商人每年收入达到 200 镑，支出 168 镑，店主和零售商年收入 45 镑，支出 42 镑 15 先令，自由持有农年收入 84 镑，年支出 77 镑，次一点的自由持有农年收入 50 镑，年支出 47 镑 10 先令，农场主年收入 44 镑，年支出 42 镑 10 先令。④ 彼得·厄尔认为，格雷戈里·金对城市居民特别是对伦敦市的

---

① 李新宽:《重商主义概念辨析》，载《东北师大学报（哲学社会科学版）》2009 年第 4 期。

② 李新宽:《英国重商主义思想的分期问题》，载《武汉大学学报（人文科学版）》2008 年第 6 期。

③ 李新宽:《论英国重商主义政策的阶段性演进》，载《世界历史》2008 年第 5 期。

④ J. Thirsk and J., p.Cooper, ed, *Seventeenth-Century Economic Documents*, Oxford, 1972, p.780.

店主和零售商的收支估算太低。[①] 约瑟夫·马西在18世纪中期把海外贸易商人分为3个等级，每年分别支出600镑、400镑和200镑，几乎所有的伦敦海外商人都位于前两个等级。[②] 洛娜·韦瑟里尔认为在17世纪末期，中等阶层家庭的收入每年通常是40英镑到200英镑之间，在英国有一半家庭属于中等阶层，到18世纪中期大大超过一半。[③] 乔赛亚·韦奇伍德在1772年8月23日写给托马斯·宾利的信中指出："据我们所知，中产阶级的人数相当庞大，我曾经差点说，优势无限，数目浩大。"[④] 根据J. 马歇尔对坎布里亚1550份遗嘱清单的研究，清单上财产的平均价值从1661—1690年间的71.23英镑增加到1721—1750年间的124.72英镑，增加了大约75%。[⑤] 总之，在17世纪晚期和18世纪早期，英国人的可支配收入比欧洲任何地方都大，[⑥] 已经形成了一个消费社会，从而为工业革命生产的大大扩展准备了条件。

（原载《东北师大学报（哲学社会科学版）》2012年第2期）

---

① P. Earle, *The Making of the English Middle Class*, University of California Press, 1989, p.269.

② P. Earle, *The Making of the English Middle Class*, University of California Press, 1989, p.269.

③ L. Weatherill, *Consumer Behaviour and Material Culture in Britain, 1660–1760*, London and New York, 1988, p.14.

④ L. Weatherill, *Consumer Behaviour and Material Culture in Britain, 1660–1760*, London and New York, 1988, p.1.

⑤ B. Coard, *Social Change and Continuity: England 1550–1750*, Longman, 1988, p.82.

⑥ D. C. Coleman, *The Economy of England 1450–1750*, Oxford University Press, 1977, p.197.

主要人名地名中英文对照表

Accursius　阿柯瑟斯
Antonino, Saint　圣安东尼诺
Antwerp　安特卫普
Antonino Sant'　圣安东尼诺
Appleby　阿普尔比
Ashley　阿什利
Azo　阿佐
Banks, John　约翰·班克斯
Barbados　巴巴多斯
Bartolus　巴托勒斯
Bedfordshire　贝德福德郡
Bentley, Thomas　托马斯·宾利
Bergen op Zoom　贝亨奥普佐姆
Bernardino, San　圣伯纳迪诺
Birmingham　伯明翰
Bohemia　波西米亚
Bolton　博尔顿
Boston　波士顿
Breavil, St.　圣布里维尔
Brewer, John　约翰·布鲁尔
Briddick, Kathleen　凯思林·比德克
Bristol　布里斯托尔
Bruges　布鲁日
Buridan, John　约翰·布里丹
Calais　加莱
Camden　卡姆登
Cantillon, Richard　理查德·坎梯隆
Child, Josiah　乔赛亚·蔡尔德
Clay　克莱
Coke, Edward　爱德华·科克
Coleman　科尔曼
Cossa, Luigi　卢吉·科萨
Coventry　考文垂
Crowley, Ambrose　安布罗斯·克劳利
Cromwell　克伦威尔
Crouzet　克罗泽
Cumbrian　坎布里亚
Cunningham　坎宁安
Davenant　达维南特
Defoe　迪福
Derby　达比
Devon　德文
Dobb, Maurice　莫里斯·多布
Durham　达勒姆
Dyer, Christopher　克里斯托弗·戴尔
Earle , Peter　彼得·厄尔

Edwards, Philip　菲利普·爱德华兹
Ekelund　艾克伦德
Elton　埃尔顿
Essex　埃塞克斯
Exeter　埃克塞特
Flanders　佛兰德斯
Forster　福斯特
Fortescue　福蒂斯丘
Friemar　弗里玛
Garnsey, Peter　彼得·甘西
Gervaise　杰维斯
Giles　贾尔斯
Grampp　格拉普
Grassby　格拉斯比
Gresham, Thomas　托马斯·格雷欣
Hakewill, William　威廉·黑克威尔
Hansen　汉森
Hechscher　赫克歇尔
Hilton　希尔顿
Hispanus, Laurentius　劳伦特斯·希斯帕努斯
Holmes, Geoffrey　杰弗里·霍姆斯
Holt, John　约翰·霍尔特
Hoskins　霍斯金斯
Hull　赫尔
Israel, Jonathan　乔纳森·伊斯雷尔
Jones　琼斯
Judges　贾吉斯
Kent　肯特
King, Gregory　格雷戈里·金
Kussmaul　库斯马尔
Kosminsky　科斯敏斯基
Kowaleski, Maryanne　玛丽安娜·科瓦雷斯基
Lambarde, William　威廉·兰巴德
Langholm, Odd　奥德·兰霍尔姆
Leicestershire　莱斯特郡
Lessius, Leonardus　伦纳德斯·莱瑟斯
Levant　利凡特
Livonia　立窝尼亚
Lincoln　林肯
Lipson　利普森
Lombe, John　约翰·洛马布
London　伦敦
Lynn　林恩
Magnusson　马格努松
Malynes　马林斯
Manchester　曼彻斯特
Marshall　马歇尔
Massie, Joseph　约瑟夫·马西
Masters　马斯特斯
McCuster　麦科卡斯特
Mendels　门德尔斯
Middleton　米德尔顿
Midland　密德兰
Misselden　米塞尔登
Mokyr, Joel　乔尔·莫基尔
Morris　莫里斯
Muldrew, Craig　克雷格·马尔德鲁
Mun Thomas　托马斯·孟
Newcastle　纽卡斯尔
Muldrew, Craig　克雷格·马尔德鲁
Nachbar　纳克巴
Norfolk　诺福克
Northumberland　诺森伯兰
North, Dudley　达德利·诺思

Northampton　北安普敦
Oresme　奥雷斯姆
Ormrod　奥姆罗德
Overton, Mark　马克·奥弗顿
Oxford　牛津
Peck, Linda Levy　琳达·利维·皮克
Penafort　佩尼堡
Petty, William　威廉·配第
Pincus, Steve　史蒂夫·平卡斯
Pirenne　皮朗
Plassey　普拉西
Pomerania　波美拉尼亚
Postan　波斯坦
Postlethwayt　波斯特勒维特
Ramsey, Peter　彼得·拉姆齐
Raymond　雷蒙德
Richard　理查德
Rigby　里格比
Roberts　罗伯茨
Roover, Raymond de　雷蒙德·德鲁维尔
Sandwich　桑德威奇
Schofield　斯科菲尔德
Schmoller　施穆勒
Scotus, John Duns　约翰·邓思·斯科特斯
Southampton　南安普顿
Sheffield　设菲尔德
Stanford　斯坦福
Stern, Philip J.　菲利普·J. 斯特恩
Steuart, James　詹姆士·斯图亚特
Suffolk　萨福克
Supple　苏普莱
Sussex　苏塞克斯
Suviranta　苏维朗达
Sweezy　斯威齐
Taylor, John　约翰·泰勒
Tollison　托利森
Turner　特纳
Utrecht　乌特勒支
Vaggi　瓦基
Valenze, Deborah　德博拉·瓦伦兹
Viner　维纳
Walpole　沃波尔
Warmley　温姆利
Weatherill　韦瑟里尔
Wedgwood, Josiah　乔赛亚·韦奇伍德
Wennerlind, Carl　卡尔·温纳林德
Wilson　威尔逊
Wiltshire　威尔特郡
Wood, Diana　戴安娜·伍德
Wood, Neal　尼尔·伍德
Wrightson, Keith　基思·赖特森
Wrigley　里格利
York　约克

参考文献

三、英文著作及论文

Abulafia, D., ed., *The New Cambridge Medieval History,* Volume V, c. 1198–c. 1300, Cambridge University Press, 1999.

Andrew, B. B. "Unfair Trade, Mercantilism and Economic Development, Great Britain: 1660–1800", PhD. thesis, University of Connecticut, 2002.

Appleby, J. O., *Economic Thought and Ideology in Seventeenth Century England*, Princeton University Press, 1980.

Armitage, D. and Braddick, M. J., ed., *The British Atlantic World, 1500–1800*, Palgrave , 2002.

Bannerman, G. E., *Merchants and Military in Eighteenth-Century Britain: British Army Contracts and Domestic Supply, 1739–1763*, London, 2008.

Baron, H., "Franciscan Poverty and Civic Wealth as Factors in the Rise of Humanistic Thought", *Speculum*, Vol. 13, 1938.

Barry, J. and Brooks, C. ed., *The Middling Sort of People: Culture, Society and Politics in England, 1550–1800*, The Macmillan Press Ltd., 1994.

Berg, M. and Eger, E., *Luxury in the Eighteenth Century: Debates, Desires and Delectable Goods*, Palgrave Macmillan Ltd., 2003.

Berg, M., *Luxury and Pleasure in Eighteenth-Century Britain*, Oxford University Press, 2005.

Bisson, D. R., *The Merchant Adventurers of England: The Company and the Crown, 1474–1564*, Associated University Press, Inc, 1993.

Bland, A. E. and Brown, P. A., and Tawney, R. H. ed., *English Economic History Select Documents*, London, 1915.

Bolton, J. L., *The Medieval English Economy, 1150–1500*, J. M. Dent & Sons Ltd., 1980.

Bradshaw, B. and Morrill, J. ed., *The British Problem, 1534–1707*, London, 1996.

Brenner, R., *Merchants and Revolution: Commercial Change, Political Conflict, and London's Overseas Traders, 1550–1563*, London and New York, 2003.

Brewer, J., *The Sinews of Power: War, Money and the English State, 1688–1783*, Harvard University Press, 1988.

Brewer, J. and Porter, R. eds., *Consumption and the World of Goods*, London, 1993.

Briddick, K., "Medieval English Peasants and Market Involvement", *The Journal of Economic History*, Vol. 45, 1985.

Britnell, R. H., "The Proliferation of Markets in England, 1200–1349", *The Economic History Review*, Vol. 34, 1981.

Britnell, R. H., *The Commercialisation of English Society, 1000–1500*, Manchester University Press, 1996.

Brown, R., *Society and Economy in Modern Britain 1700–1850*, Routledge, 1991.

Canny, N. ed., *The Origins of Empire: Britain Overseas Enterprise to the Close of the Seventeeth Century*, Oxford University Press, 1998.

Canterbery, E., *The Making of Economics*, Wadsworth Publishing Company, 1987.

Carr, C. T. ed., *Select Charters of Trading Companies*, New York, 1970.

Charters, J., *Agricultural Markets and Trade 1500–1750*, Cambridge, 1990.

Cippolla, C. M., *Before the Industrial Revolution: European Society and Economy, 1000–1700*, New York, 1976.

Clark, P. and Slack, P., *English Towns in Transition 1500–1700*, Oxford University Press, 1976.

Clarkson, L. A., *The Pre-Industrial Economy in England 1500–1750*, London, 1971.

Clay, C. G. A., *Economic Expansion and Society Change: England 1500–1700*, Vol. 2, Cambridge, 1984.

Coleman, D. C., ed., *Revisions in Mercantilism*, London, 1969.

Coleman, D. C., and John, A. H., ed., *Trade, Government and Economy in Pre-Industrial England*, London, 1976.

Coleman, D. C., *The Economy of England 1450–1750*, London, 1977.

Cooper, J. P., "The Social Distribution of Land and Men in England, 1436–1700", *The Economic History Review*, Vol. 20, 1967.

Corfield, P. J. and Harte, N. B., ed., *London and the English Economy, 1500–1700*, The Hambledon Press, 1990.

Cox, O. C., *Foundations of Capitalism*, Philosophical Library, Inc, 1959.

Crouzet, F., *Britain Ascendant: Comparative Studies in Franco-British Economic History*, Cambridge, 1985.

Coard, B., *Social Change and Continuity: England 1550–1750*, London and New York, 1988.

Crouzet, F., *A History of the European Economy, 1000–2000*, University Press of Virginia, 2001.

Crowson, P. S., *Tudor Foreign Policy*, New York, 1973.

Cunningham, W., *The Growth of English Industry and Commerce during the Early and Middle Ages*, Cambridge, 1910.

Davies, G., *The Early Stuarts 1603–1660*, Oxford University Press Reprinted, 1945.

Davis, R., *English Overseas Trade 1500–1700*, London, 1973.

Day, J., *The Medieval Market Economy*, Oxford, 1987.

Dean, D., *Law-Making and Society in Late Elizabethan England*, Cambridge University Press, 1996.

Dobb, M., *Studies in the Development of Capitalism*, London: Routledge & Kegan Paul Ltd, 1946.

Dodgshon, R. A., *Society in Time and Space*, Cambridge University Press, 1998.

Dyer, C., *An Age of Transition?Economy and Society in England in the Later Middle*

Ages, Oxford, 2005.

Earle, P. ,*The Making of the English Middle Class*, Berkeley and Los Angeles, 1989.

Eatwell, J. M. M. and Newman, P. ed., *The New Palgrave: A Dictionary of Economics*, Vol. 1, London and Basingtoke: the Macmillan Ltd., 1987.

Edwards, P., *The Making of The Modern English State, 1460–1660*, Palgrave, 2001.

Ekelund, R. E. Jr and Tollison, R. D., *Politicized Economies: Monarchy, Monopoly, and Mercantilism*, Texas A & M University Press, 1997.

Elton, G. R., *The Tudor Revolution in Government*, Cambridge University Press, 1953.

Elton, G. R. ,*England Under the Tudors*, London & New York, 1974.

Elton, G. R., *Tudor Constitution*, Cambridge, 1982.

Fine, B. and Leopold, E., *The World of Consumption*, London and New York, 1993.

Fisher, E. J. ed., *Essays in the Economic and Social History of Tudor and Stuart England*, Cambridge, 1961.

Fritze, R. H. and Robison, W. B. ed., *Historical Dictionary of Stuart England, 1603–1689*, London, 1996.

Garnsey, P., *Thinking about Property: From Antiquity to the Age of Revolution*, Cambridge University Press, 2007.

Gras, N. S. B., *The Evolution of The English Corn Market*, Cambridge: Harvard University, 1926.

Glassey, L. K. J. ed., *The Reigns of Charles II and James VII & II*, London, 1997.

Goff, J. L., *The Medieval World*, London: Parkgate Books Ltd., 1997.

Gras, N. S. B., *The Early English Customs System*, Harvard University Press, 1918.

Grassby, R., *The English Gentleman in Trade: The Life and Works of Sir Dudley North, 1641–1691*, Clarendon Press, 1994.

Grassby, R., *The Business Community of Seventeenth Century England*, Cambridge University Press, 1995.

Groenveld, S. and Wintle, M., *State and Trade: Government and the Economy in Britain and The Netherlands Since the Middle Ages*, Zutphen: Walburg Pers, 1992.

Guilfoyle, J. E.,"The Political Economy of England and Ireland in the Age of Mercantilism, 1660–1760", PhD. thesis, The University of Chicago, 2009.

Guy, J., *The Tudor Monarchy*, London, 1997.

Hansen, E. D., *European Economic History: From Mercantilism to Maastricht and Beyond*, Copenhagen, 2001.

Heaton, H., *The Yorkshire Woollen and Worsted Industries*, Oxford, 1965.

Hechscher, E. F., *Mercantilism*, 2 Vol, New York, 1983.

Hilton, R. H., *The English Peasantry in the Later Middle Ages*, Oxford, 1979.

Hoit, R. and Rosser, G., *The Medieval Town: A Reader in English Urban History 1200–1540*, London, 1990.

Holmes, G., *The Making of A Great Power: Later Stuart and Early Georgian Britain, 1660–1722*, London and New York, 1993.

Holton, R. J., *Cities , Capitalism and Civilization*, London, 1986.

Holton, R. J., *The Transition From Feudalism to Capitalism*, London, 1985.

Hoppit, J., *A Land of Liberty?England 1689–1727*, Oxford, 2000.

Horrox, R. and Ormrod, W. M. ed., *A Social History of England: 1200–1500*, Cambridge University Press, 2006.

Hoskins, W. G., *The Age of Plunder: The England of Henry VIII, 1500–1547*, Longman, 1976.

Hughs, J., *Industrialization and Economic History: Theses and Conjectures*, New York, 1970.

Hume, D., *Essays and Treatises on Several Subjects*, London, 1758.

Hunt, W., *The Puritan Moment*, Harvard University Press, 1983.

Jack, S. M., *Trade and Industry in Tudor and Stuart England*, London, 1977.

Johnston, R. A., *All Things Medieval: An Encyclopedia of the Medieval World*, Oxford: Greenwood, 2011.

Jones, E. L., *The Miracle of Europe*, Cambridge University Press, 1985.

Kosminsky, E. A., *Studies in the Agrarian History of England in the Thirteenth Century*, Oxford, 1956.

Kriedte, P., *Peasants, Landlords and Merchant Capitalists—Europe and the World Economy, 1500–1800*, Cambridge 1983.

Kussmaul, A., *A General View of the Rural Economy of England, 1538–1840*, Cambridge, 1990.

Lambarde, W., *Eirenarcha: Or of The Office of the Justices of Peace in Foure Bookes*, London, Printed by Thomas Wight, 1599.

Langdon, J., *Mill in the Medieval Economy: England 1300–1540*, Oxford University Press, 2004.

Langholm, O., *The Legacy of Scholasticism in Economic Thought*, Cambridge: Cambridge University Press, 1998.

Lipon, E., *The Economic History of England, I. The Middle Ages*, London, 1929.

Lipson, E., *The Economic History of England, II. III. The Age of Mercantilism*, London, 1931.

Luscombe, D., and Riley-Smith, J., *The New Cambridge Medieval History*, Vol. IV c. 1024- c. 1198. Part I, Cambridge University Press, 2008.

Macfarlane, A., *The Origins of English Individualism*, Oxford, 1978.

Mackie, J. D., *The Earlier Tudors 1485–1558*, Oxford, Repinted, 1962.

Magnusson, L., *Mercantilism: The Shaping of an Economic Language*, London and New York, 1994.

Magnusson, L. ed., *Mercantilism: Critical Concepts in the History of Economics*, Vol. 1–4, London and New York , 1995.

Magnusson, L., *The Political Economy of Mercantilism*, London and New York, 2015.

Maitland, F. W. and Monague, F. C., *A Sketch of English Legal History* , New York, 1915.

Masters, B., *The Origins of Western Economic Dominance in the Middle East: Mercantilism and the Islamic Economy in Aleppo, 1660–1750*, New York University Press, 1988.

Mathias, P., *The First Industrial Nation: An Economic History of Britain 1700–1914*,

London, 1983.

McCusker, J. J., *Mercantilism and the Economic History of the Early Modern Atlantic World*, Cambridge University Press, 2001.

McKendrick, N. Brewer, J. and Plumb, J. H., *The Birth of a Consumer Society: The Commercialization of Eighteenth -century England*, London, 1982.

Medick, H., *Industralization Before Industrialization*, Cambridge, 1981.

Mendels, F. F., *Proto-Industrialization : Theory and Reality, General Report of "A" Themes in the Eighth International Economic History Congress*, Budapest (1982).

Minchinton, W. E. ed., *The Growth of English Overseas Trade in the Seventeenth and Eighteenth Centuries*, London, 1969.

Mokyr, J., *The Enlightened Economy: Britain and the Industrial Revolution 1700–1850*, Penguin Books, 2009.

Morris, T. A., *Tudor Government*, London and New York, 1999.

Muldrew, C., *The Economy of Obligation: The Culture of Credit and Social Relations in Early Modern England*, Macmillan Press Ltd., 1998.

Mundy, J. H., *The Medieval Town*, Princeton, 1958.

Ogilvie, S. C. and Cerman, M. eds., *European Proto-Industrialization*, Cambridge, 1996.

Ormrod, D., *The Rise of Commercial Empires: England and the Netherlands in the Age of Mercantilism, 1650–1770*, Cambridge University Press, 2002.

Overton, M., *Agricultural Revolution in England: The Transformation of the Agrarian Economy, 1500–1850*, Cambridge University Press, 1996.

Palliser, D. M. ed., *The Cambridge Urban History of Britain,* Vol. I, 600–1540, Cambridge University Press, 2008.

Peck, L. L., *Consuming Splendor: Society and Culture in Seventeenth-Century England*, Cambridge University Press, 2005.

Pincus, Steve, "Rethinking Mercantilism: Political Economy, the British Empire, and the Atlantic World in the Eighteenth Century", *The William and Mary Quarterly*, Vol. 69, 2012.

Plaa, A. T.,"Mercantilism and the Labouring Poor, 1660 to 1750: The Ideological Origins of the Industrial Revolution", PhD. thesis, Coumbia University, 1994.

Postan, M. M. ed., *The Cambridge Economic History of Europe,* Vol. 1, Cambridge, 1952.

Powell, K. and Cook, C., *English Historical Facts, 1485–1603*, London, 1977.

Reynolds, S., *An Introduction to the History of English Medieval Towns*, Oxford, Reprinted, 1982.

Rich, E. E. and Wilson, C. H., *The Cambridge Economic History of Europe*, Vol. 4, Cambridge University Press, 1975.

Rigby, S. H., *A Companion to Britain in the Later Middle Ages*, Blackwell Publishers Ltd., 2003.

Roover, R. de., "Scholastic Economics: Survival and Lasting Influence from the Sixteenth Century to Adam Smith", *The Quarterly Journal of Economics*, Vol. 69, 1955.

Roover, R. de., "The Concept of the Just Price: Theory and Economic Policy", *The Journal of Economic History*, Vol. 18, 1958.

Roover, R. de., *San Bernardino of Siena and Sant'Antonino of Florence: The Two Great Economic Thinkers of the Middle Ages*, Boston: Baker Library, 1967.

Rowse, A. L., *The England of Elizabeth : A Structure of Society*, London, 1951.

Rule, J., *The Vital Century: England's Developing Economy, 1714–1815*, Longman, 1992.

Schofield, P. R. and Mayhew, N. J., *Credit and Debt in Medieval England*, Oxbow Books, 2002.

Slack, P., *The Invention of Improvement: Information and Material Progress in Seventeenth- Century England*, Oxford, 2015.

Smith, A. G. R., *The Government of Elizabethan England*, Edward Arnold Ltd., 1967.

Smith, W. ed., *Latin-English Dictionary*, London, 1976.

Spufford, P., *Money and Its Use in Medieval Europe*, Cambridge University Press, 1988.

Statutes of the Realm, IV. William S. Hein & Co., Inc., 1993.

Stephenson, C. and Marcham, F. G. ed., *Sources of English Constitutional History*, New York, 1937.

Stern, P. J. and Wennerlind, C., *Mercantilism Reimagined: Political Economy in Early Modern Britain and Its Empire*, Oxford University Press, 2014.

Suviranta, B., *The Theory of The Balance of Trade in England: A Study in Mercantilism*, Helsingfors, 1923.

Tawney, R. H., *The Agrarian Problem in the Sixteenth Century*, London, 1912.

Thirsk, J., *The Agrarian History of England and Wales, Vol. IV, 1500–1640*, Cambridge University Press, 1967.

Thirsk, J. and Cooper, J. P. ed., *Seventeenth Century Economic Document*, Oxford, 1972.

Thirsk, J., *Economic Policy and Projects: The Development of a Consumer Society in Early Modern England*, Oxford, 1978.

Thirsk, J., *The Agrarian History of England and Wales, Vol. V, 1640–1750, I. Regional Farming System*, Cambridge University Press, 1984.

Thirsk, J., *The Agrarian History of England and Wales, Vol. V, 1640–1750, II. Agrarian Change*, Cambridge University Press, 1985.

Thirsk, J., *The Rural Economy of England: Collected Essays*, London: The Hambledon Press, 1984.

Thompson, F. M. L., "The Social Distribution of Landed Property in England since the Sixteenth Century", *The Economic History Review*, Vol. 19, 1966.

Tucker, J., *Instructions to Travellers*, Dublin, 1758.

Unwin, G., *Industrial Organization in the Sixteenth and Seventeenth Centuries*, New York , 1963.

Valenze, D., *The Social Life of Money in the English Past*, Cambridge University Press, 2006.

Vaggi, G. and Groenewegen, P., *A Concise History of Economic Thought: From Mercantilism to Monetarism*, Palgrave, 2003.

Wadsworth, A. P. and Mann, J. de Lacy., *The Cotton Trade and Industrial Lancashire*

1600–1780, Manchester, 1931.

Weatherill, L., *Consumer Behaviour and Material Culture in Britain, 1660–1760*, London and New York, 1988.

Weber, M., *The History of Commercial Parterships in the Middle Ages*, Translated and Introduced by Lutz Kaelber, Rowman & Littlefield Publishers, Inc. 2003.

Willan, T. S., *Studies in Elizabethan Foreign Trade*, Manchester University Press, 1959.

Williamson, J. G., *Coping with City Growth during the British Industrial Revolution* , Cambrige University Press, 1990.

Wilson, C., *England's Apprenticeship, 1603–1763*, London, 1965.

Wilson, C., *Mercantilism*, London, 1971.

Wilson, C. and Parker, G. ed., *An Introduction to the Sources of European Economic History 1500–1800, Vol. 1: Western Europe*, George Weidenfeld and Nicolson Ltd., 1977.

Wrightson, K., *English Society, 1580–1680*, Routledge, 1982.

Wrightson, K., *Earthly Necessities: Economic Lives in Early Modern Britain, 1470–1750*, Penguin, 2002.

Wrigley, E. A. and Schofield, R. S., *The Population History of England 1541–1871*, London, 1981.

Wood, A., *A History of Levant Company*, Oxford, 1935.

Wood, D., *Medieval Economic Thought*, Cambridge University Press, 2004.

Wood, N., *Foundations of Political Economy: Some Early Tudor Views on State and Society*, University of California Press, 1994.

Zins, H., *England and the Baltic in the Elizabethan Era*, Manchester, 1972.

二、中文译著

《马克思恩格斯全集》，人民出版社 1972 年版。

《马克思恩格斯选集》，人民出版社 1995 年版。

《列宁全集》，人民出版社 1989 年版。

《列宁选集》，人民出版社 1972 年版。

[埃及] 萨米尔·阿明:《不平等的发展——论外围资本主义的社会形态》，高铦译，商务印书馆 2000 年版。

[美] 乔万尼·阿瑞吉、贝弗里·J. 西尔弗等:《现代世界体系的混沌与治理》，王宇洁译，生活·读书·新知三联书店 2003 年版。

[美] 克里斯托弗·贝里:《奢侈的概念：概念及历史的探究》，江红译，上海世纪出版集团 2005 年版。

[美] H.J. 伯尔曼:《法律与革命》，贺卫方等译，中国大百科全书出版社 1994 年版。

[美] 莫里斯·博恩斯坦主编:《比较经济体制》，王铁生译，中国财政经济出版社 1988 年版。

[美] 保罗·R. 格雷戈里等:《比较经济体制学》，林志军等译，上海三联书店 1988 年版。

[美] 阿兰·G. 格鲁奇:《比较经济制度》，徐节文等译，中国社会科学出版社 1985 年版。

[美] 塞缪尔·P. 亨廷顿:《变化社会中的政治秩序》，王冠华等译，生活·读书·新知三联书店 1989 年版。

[美] 黄仁宇:《资本主义与二十一世纪》，生活·读书·新知三联书店 1997 年版。

[美] 约翰·R. 康芒斯:《制度经济学（上下)》，于树生译，商务印书馆 1983 年版。

[美] 约翰·R. 康芒斯:《资本主义的法律基础》，寿勉成译，商务印书馆 2003 年版。

[美] R. 科斯:《企业　市场与法律》，盛洪等译，上海三联书店 1989 年版。

[美] 保罗·肯尼迪:《大国的兴衰》，蒋葆英译，中国经济出版社 1989 年版。

[美] W. W. 罗斯托:《这一切是怎么开始的——现代经济的起源》，黄其详译，商务印书馆 1997 年版。

[美] 道格拉斯·诺思:《经济史中的结构与变迁》，陈郁等译，上海三联书店 1994 年版。

[美] 道格拉斯·诺斯、罗伯斯·托马斯:《西方世界的兴起》，厉以平等译，

华夏出版社 1999 年版。

［美］杰弗里·帕克等：《剑桥战争史》，傅锦川等译，吉林人民出版社 1999 年版。

［美］彭慕兰：《大分流——欧洲、中国及现代世界经济的发展》，史建云译，江苏人民出版社 2003 年版。

［美］亨利·威廉·斯皮格尔：《经济思想的成长》，晏智杰等译，中国社会科学出版社 1999 年版。

［美］斯塔夫里阿诺斯：《全球通史——1500 以前的世界》，吴象婴等译，上海社会科学出版社 1992 年版。

［美］斯塔夫里阿诺斯：《全球通史——1500 以后的世界》，吴象婴等译，上海社会科学出版社 1992 年版。

［美］詹姆斯·W. 汤普逊：《中世纪晚期欧洲经济社会史》，徐家玲等译，商务印书馆 1992 年版。

［美］詹姆斯·W. 汤普逊：《中世纪经济社会史》上下册，耿淡如译，商务印书馆 1997 年版。

［美］王国斌：《转变的中国——历史变迁欧洲经验的局限》，李伯重等译，江苏人民出版社 1998 年版。

［美］伊曼纽尔·沃勒斯坦：《现代世界体系》，第 1—2 卷，罗荣渠等译，高等教育出版社 1998 年版。

［美］熊彼特：《经济分析史》第一卷，朱泱译，商务印书馆 1991 年版。

［英］罗伯特·艾伦：《近代英国工业革命揭秘：放眼全球的深度透视》，毛立坤译，浙江大学出版社 2012 年版。

［英］佩里·安德森：《绝对主义国家的系谱》，刘北成译，上海人民出版社 2001 年版。

［英］杰夫里·巴勒克拉夫：《当代史学主要趋势》，杨豫译，上海译文出版社 1987 年版。

［英］亨利·斯坦利·贝内特：《英国庄园生活》，龙秀清等译，上海人民出版社 2005 年版。

［英］查尔斯·达维南特：《论英国的公共收入与贸易》，朱泱等译，商务印书

馆 1995 年版。

[英] 罗伯特・杜普莱西斯:《早期欧洲现代资本主义的形成过程》，朱智强等译，辽宁教育出版社 2001 年版。

[英] 凯恩斯:《就业、利息和货币通论》，李欣全译，商务印书馆 1981 年版。

[英] 约翰・克拉潘:《简明不列颠经济史》，范定九等译，上海译文出版社 1980 年版。

[英] 伊丽莎白・拉蒙德编:《论英国本土的公共福利》，马清槐译，商务印书馆 1989 年版。

[英] 埃里克・罗尔:《经济思想史》，陆元诚译，商务印书馆 1981 年版。

[英] 艾伦・麦克法兰:《现代世界的诞生》，管可秾译，上海人民出版社 2013 年版。

[法] 保尔・芒图:《十八世纪产业革命》，杨人楩等译，商务印书馆 1983 年版。

[英] 托马斯・孟等:《贸易论（三种)》，顾为群译，商务印书馆 1997 年版。

[英] 托马斯・孟:《英国得自对外贸易的财富》，袁南宇译，商务印书馆 1983 年版。

[英] 莫尔顿:《人民的英国史（上册)》，谢琏造等译，生活・读书・新知三联书店 1976 年版。

[英] 肯尼思・O. 摩根:《牛津英国通史》，王觉非等译，商务印书馆 1993 年版。

[英] E・纽伯格、W. 达菲:《比较经济体制》，荣敬本等译，商务印书馆 1985 年版。

[英] 迈克尔・佩罗曼:《资本主义的诞生——对古典政治经济学的一种诠释》，裴达鹰译，广西师范大学出版社 2001 年版。

[英] 亚当・斯密:《国民财富的性质和原因的研究》上下卷，郭大力译，商务印书馆 1997 年版。

[英] T. G. 威廉斯:《世界商业史》，陈耀昆译，中国商业出版社 1989 年版。

[英] 约翰・希克斯:《经济史理论》，厉以平译，商务印书馆 1987 年版。

[英] 大卫・休谟:《休谟经济论文选》，陈玮译，商务印书馆 1997 年版。

[法] 米歇尔・博德:《资本主义史（1500—1980)》，吴艾美等译，东方出版社 1986 年版。

[法]费尔南·布罗代尔:《15至18世纪的物质文明、经济和资本主义》,第1—3卷,顾良等译,生活·读书·新知三联书店1993年版。

[法]费尔南·布罗代尔:《资本主义论丛》,顾良译,中央编译出版社1997年版。

[法]布瓦松纳:《中世纪欧洲生活和劳动》,第2编,潘源来译,商务印书馆1985年版。

[法]德尼兹·加亚尔、贝尔纳代特·德尚等:《欧洲史》,蔡鸿滨等译,海南出版社2000年版。

[法]魁奈:《魁奈经济著作选集》,吴斐丹等译,商务印书馆1979年版。

[德]贡德·弗兰克:《白银资本——重视经济全球化中的东方》,刘北成译,中央编译出版社2000年版。

[德]汉斯·豪斯赫尔:《近代经济史》,王庆余等译,商务印书馆1987年版。

[德]约瑟夫·库利舍尔:《欧洲近代经济史》,石军等译,北京大学出版社1990年版。

[德]弗里德里希·李斯特:《政治经济学的国民体系》,陈万煦译,商务印书馆1997年版。

[德]威廉·罗雪尔:《历史方法的国民经济学讲义大纲》,朱绍文译,商务印书馆1981年版。

[德]马克思:《资本论》,人民出版社1975年版。

[德]维尔纳·桑巴特:《奢侈与资本主义》,侯小河译,上海人民出版社2000年版。

[意]卡洛·奇波拉:《欧洲经济史》,第2卷,贝昱等译,商务印书馆1988年版。

[瑞典]拉尔斯·马格努松主编:《重商主义经济学》,王根蕾等译,上海财经大学出版社2001年版。

[日]青木昌彦、奥野正宽:《经济体制的比较制度分析》,魏加宁等译,中国发展出版社1999年版。

[比]亨利·皮朗:《中世纪欧洲经济社会史》,乐文译,上海人民出版社2001年版。

[波]托波尔斯基:《历史学方法论》,张家哲等译,华夏出版社,1990年版。

[特立尼达—多巴哥] 艾里克·威廉斯：《资本主义与奴隶制度》，陆志宝等译，北京师范大学出版社 1982 年版。

[捷] 奥塔·锡克：《经济体制——比较、理论、批评》，张秀山译，商务印书馆 1993 年版。

一、中文著作

程汉大主编：《英国法制史》，齐鲁书社 2001 年版。

陈曦文、王乃耀：《英国社会转型时期经济发展研究》，首都师范大学出版社 2002 年版。

陈曦文：《英国 16 世纪经济变革与政策研究》，首都师范大学出版社 1995 年版。

陈秀山主编：《比较经济学概论》，中国人民大学出版社 1992 年版。

郭守田主编：《世界通史资料选辑（中古部分）》，商务印书馆 1974 年版。

侯建新：《社会转型时期的西欧与中国》，济南出版社 2001 年版。

侯建新主编：《经济—社会史：历史研究的新方向》，商务印书馆 2002 年版。

黄宗良、孔寒冰：《社会主义和资本主义的关系——理论、历史和评价》，北京大学出版社 2002 年版。

季陶达主编：《资产阶级庸俗政治经济学选辑》，商务印书馆 1963 年版。

蒋孟引：《英国史》，中国社会科学出版社 1988 年版。

金志霖：《英国行会史》，上海社会科学院出版社 1996 年版。

厉以宁：《资本主义的起源——比较经济史研究》，商务印书馆 2003 年版。

罗荣渠：《现代化新论》，北京大学出版社 1993 年版。

马克垚主编：《中西封建社会比较研究》，学林出版社 1997 年版。

马克垚：《英国封建社会研究》，北京大学出版社 1992 年版。

欧阳康：《哲学研究方法论》，武汉大学出版社 1998 年版。

钱乘旦主编：《现代文明的起源与演进》，南京大学出版社 1991 年版。

钱乘旦、杨豫、陈晓律：《世界现代化进程》，南京大学出版社 1997 年版。

沈汉、王建娥：《欧洲从封建社会向资本主义社会过渡研究——形态学的考察》，南京大学出版社 1993 年版。

王加丰、张卫良：《西欧原工业化的兴起》，社会科学出版社 2004 年版。

王晋新：《15—17世纪中英两国农村经济比较研究》，东北师范大学出版社1996年版。

吴承明：《中国的现代化：市场与社会》，生活·读书·新知三联书店2001年版。

吴于廑主编：《十五十六世纪东西方历史初学集》，武汉大学出版社1985年版。

夏继果：《伊丽莎白一世时期英国外交政策研究》，商务印书馆1999年版。

薛永应、张德霖、李晓帆：《生产力经济论》，人民出版社1995年版。

晏智杰主编：《西方市场经济理论史》，商务印书馆1999年版。

张乃和：《大发现时代中英海外贸易比较研究》，吉林人民出版社2002年版。

张仁德主编：《比较经济体制》，陕西人民出版社1993年版。

张卫良：《英国社会的商业化历史进程1500—1750》，人民出版社2004年版。

赵维田：《最惠国与多边贸易体制》，中国社会科学出版社1996年版。

赵文洪：《私人财产权利体系的发展》，中国社会科学出版社1998年版。

朱寰主编：《亚欧封建经济形态比较研究》，东北师范大学出版社1996年版。

朱寰主编：《世界上古中古史》，吉林文史出版社1986年版。

朱孝远：《欧洲涅槃——过渡时期欧洲的发展概念》，学林出版社2002年版。

李新宽：《国家与市场——英国重商主义时代的历史解读》，中央编译出版社2013年版。

后　记

在表达对诸位师友的无上感激之情之前，有必要对本书成书过程做一个简单的交代。

在顺利完成博士论文后，这个课题一直处于积淀之中，期间我在武汉大学博士后工作站对英国重商主义的核心内容，也就是国家与市场的关系进行了研究，出版了《国家与市场——英国重商主义时代的历史解读》一书。在从事博士后研究过程中，我对英国近代早期的市场经济变革有了一个比较深入的了解。之后，我用一段时间对博士论文进行了修改，这一课题有幸入选教育部哲学社会科学研究后期资助项目，并且获得国家留学基金委资助，到英国伯明翰大学访学一年，有机会在英国为本课题收集资料，进行进一步研究。在吸收了国内外最新研究成果的基础上，本书才得以最终成稿。

普鲁斯特曾经写道："我曾经长久地凝视着一株开花的李子树，贪婪地留恋着其中的真理。"仰观宇宙之大，俯察社会之变，学术之美就是在凝视那一株开花的李子树，微妙之处只能亲身意会，非言语所能穷尽。

在本人学习和工作期间，有幸得到我的导师、著名历史学家朱寰先生的悉心指导，得以一窥学术研究的门径。朱寰先生以其学贯中西的广博学识和平易近人的宽大胸怀，让我明白了"身正为师，学高为范"的真谛所在，能够得以亲炙先生的教诲，实在是三生有幸。朱寰先生不仅在选题、搜集资料等诸多方面给予了指点和帮助，而且时时告诫我要开阔自己的视野，站得高才能望得远；不管能不能成一家之言，都要做到能够自圆其说。先生的鼓励，一直是我在学术之路上前行的动力。在本书成书之际，耄耋之年的朱寰先生，在百忙之中仍拨冗为我撰写了序言，虽然由于诸多原因拖延至今才出版，但对先生的感激之情，难以尽言，唯有在以后的研究工作中砥砺前行，才能不负先生的厚望！

感谢东北师范大学世界文明史研究中心的王晋新教授，多次为我申报项目撰写推荐意见，解惑答疑，提携后学，不遗余力。感谢上海市高校高峰高原学科建设计划资助的上海师范大学世界史学科提供的资助。

感谢教育部哲学社会科学研究后期资助项目评审专家提出的宝贵意见，让我在修改书稿时更有针对性。感谢人民出版社的杨美艳编辑，她在本书的编辑出版过程中，倾注了极大的热忱，细致地校对了文稿，提出了许多专业意见，让书稿的内容和形式更为完善。

本书是我从事学术工作的新起点。当前，中国的学术文化正处在一个繁荣周期，但也正徘徊于一个十字路口，中国的世界史研究是高高矗立在坚实的地基之上，还是陷入随风飘转的莽莽流沙之中，是每一位世界史学人必须共同研究担当的命题。我只希望自己的绵薄之力能够汇入到学术良知的力量之中。

本书虽然经过了反复的修改，但由于受个人能力所限，仍有许多不足甚至谬误之处，责任完全由我个人承担。

2019 年 6 月 6 日
于上海师范大学文苑楼